SW
MINERVA
社会福祉叢書
59

現代社会における「福祉」の存在意義を問う

—政策と現場をつなぐ取り組み—

村井龍治/長上深雪/筒井のり子 編著

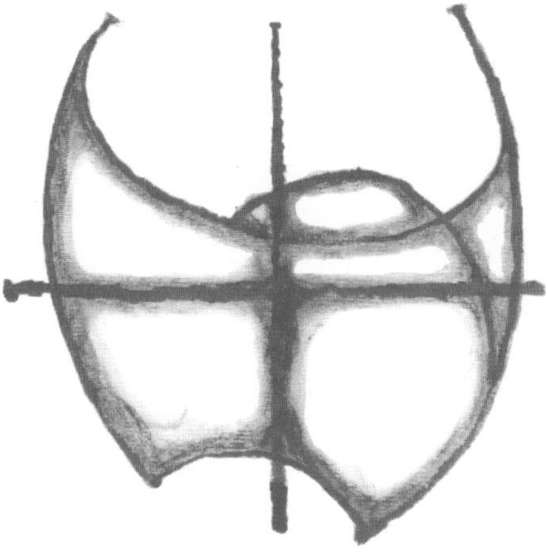

ミネルヴァ書房

まえがき

　近年の社会福祉政策は，個人の尊厳の尊重，生活全体への着目，障害があっても，要介護状態になってもできる限り地域の中でその人らしい暮らしを志向するなどを基本的な考え方として，「利用者本位の仕組み」「市町村中心の仕組み」「在宅福祉の充実」「自立支援の強化」「サービス供給体制の強化」といった福祉サービスの方向性を志向してきた。しかし実際の地域では，公的サービスだけでは対応できない生活課題や，公的な福祉サービスでは対応が不十分であることから生まれる新たな問題が生じ，「福祉」をめぐる環境はますます多様化，複雑化している。さらに，社会的排除や地域社会の無理解が生み出す人権問題も増大している。

　社会福祉政策の基本的な考え方や福祉サービスの方向性は誤っていないにもかかわらず，生活問題を抱える人の問題解決が十全に図られないのはなぜなのか。また，社会福祉実践の場で新たにどのような問題が起きているのか。そして，その解決策はどうすればよいのか。

　本書は，現代の社会福祉政策・制度が抱える問題性を分析するとともに，地域社会の中で「今，何が起きている」のかを，社会福祉実践現場から見据え，新たな取り組みを分析したものである。そして，今後の社会福祉政策の方向性，福祉サービスのあり方はどのようにしていく必要があるのかを検討する。

　第Ⅰ部では，「現代社会の諸相と社会福祉政策の行方」をテーマに，社会構造の変化と社会福祉政策，貧困問題と自立支援政策，介護保険サービスと障害福祉サービスの統合問題，災害と地域福祉の課題，自発的社会福祉の先駆として「市民による社会貢献」と社会的企業について検討し，今後の方向性とそのあり方について考察する。第Ⅱ部では，現代の社会福祉実践現場に求められるソーシャルワーカーについて，「現代社会に求められるソーシャルワーカーの養成と支援」をテーマに，地域共生社会におけるソーシャルワーカーと多職種連携，レジデンシャルワークの専門性，ソーシャルワーカーを支援することの意義と重要性につ

i

いて考察する。そして，第Ⅲ部では，現代の地域社会における新たな福祉問題について，「社会福祉課題を越えるための取り組み――実践現場からの報告」をテーマに，地域包括支援センター，成年後見・権利擁護センター，障害者や家族への相談活動，生活困窮者支援について考察する。なお，第Ⅲ部では，いくつかの章において事例を紹介・分析しているが，いずれの場合も，本人の個人情報が特定されないようにするなどの倫理的配慮を行っている。

　本書が，現代の地域社会に起こっている様々な福祉課題解決の一助となることを願っている。

2018年3月

村井龍治

現代社会における「福祉」の存在意義を問う
――政策と現場をつなぐ取り組み――

目　次

まえがき

序　章　現代福祉の諸相……………………………………村井龍治　1
　　　　──今，問われている「福祉」の存在意義

　1　現代社会の福祉問題……………………………………………………1
　2　日本における社会事業教育の始まり…………………………………2
　3　戦後の福祉専門職養成の歴史的系譜…………………………………3
　4　多様化・複雑化する福祉問題に対応できる専門職養成への挑戦………8

第Ⅰ部　現代社会の諸相と社会福祉政策の行方

第1章　社会構造の変化に社会福祉政策は
　　　　対応できるのか……………………………………長上深雪　12
　　　　──「『我が事・丸ごと』地域共生社会」をめぐる動向から

　1　地域格差を伴った少子高齢化と人口減少社会──社会構造の変化………12
　2　貧困の拡大による国民生活の基盤の脆弱化…………………………13
　　　　──生活不安・困難の深まり
　3　社会的に放置された貧困問題…………………………………………17
　4　「『我が事・丸ごと』地域共生社会」の本質…………………………19
　5　地域住民の「主体性」と「責務」──「地域包括ケア強化法」の真意……25
　6　「地域共生社会」政策に至るまでの社会福祉政策……………………29
　7　「地域共生社会」政策をめぐるせめぎ合い……………………………32

第2章　自立支援による生活保護制度の変容……………砂脇　恵　38
　　　　──個人化される貧困問題

　1　生活保護制度における自立………………………………………………38
　2　労働能力者の生活保護への包摂と自立支援……………………………43

　　　　　　　　　　　　　　　　　　　　　　　　　　　目　次

　　3　「貧困問題」は「個人の問題」？──自立支援策の問題性……………47

第3章　介護保険制度と障害福祉サービス制度
　　　　統合の問題………………………………………髙松智画　56
　　　　──高齢障害者のサービス利用の事例から
　　1　介護保険制度改定における統合の検討…………………………………56
　　2　障害者自立支援法創設以降の統合の検討………………………………59
　　3　統合は今後どうなるのか…………………………………………………62
　　4　改定を繰り返す介護保険制度との統合…………………………………67

第4章　大規模災害における地域福祉の役割………筒井のり子　75
　　　　──福島県・原子力災害による避難住民支援から
　　1　災害と地域福祉の視点……………………………………………………75
　　2　東日本大震災と原子力発電所事故による被災状況……………………82
　　3　双葉郡の町村社協による地域福祉ビジョンの策定……………………92
　　4　災間期における地域福祉の課題…………………………………………99

第5章　「市民による社会貢献」と社会的企業………川中大輔　106
　　　　──自発的社会福祉の先駆性の発揮に向けて
　　1　苦悶する社会福祉の先端──ポスト工業化と社会的排除……………106
　　2　求められる「市民による社会貢献」の事業化…………………………108
　　3　社会的企業としての発展方向……………………………………………111
　　4　社会的企業による変革の波及……………………………………………117
　　5　「出現する未来」から求められる備え…………………………………124
　　　　──緩やかに進行する危機の中で

第Ⅱ部　現代社会に求められるソーシャルワーカーの養成と支援

第6章　幅広い実践力を持つ支援者の育成と多職種連携……………………………山田　容　132
　　──包括的支援に対応するソーシャルワーカーの養成

1　包括的支援と多職種連携………………………………………………132
2　コンピテンシーの概要…………………………………………………135
3　コンピテンシーの再検討………………………………………………137
4　多職種連携時代のソーシャルワーカーの養成………………………143

第7章　レジデンシャルワークの専門性……………………土田美世子　149
　　──ケアワークからの考察

1　生活型福祉施設の役割と機能の経過…………………………………149
2　ケアによる他者の支援…………………………………………………155
3　生活型施設における利用者支援………………………………………159
4　生活型施設におけるソーシャルワークとケアワーク………………160
5　ケアワークの類型………………………………………………………162
6　レジデンシャル・ソーシャルワークの成立に向けて………………164

第8章　ソーシャルワーカーを支えるための支援…………荒田　寛　169
　　──卒後教育における大学の役割

1　スタートラインに立つ卒業生…………………………………………169
2　卒後研修としての「龍谷大学PSW研究会」の開催…………………170
3　社会福祉の現場における新人ソーシャルワーカーの課題…………172
4　ソーシャルワーカーに期待する実践力………………………………174
5　大学の教育と卒後教育…………………………………………………178

6	専門職を支えるネットワークの体系化に向けて	180
7	社会福祉の現場から学ぶ	183

第Ⅲ部　社会福祉課題を越えるための取り組み——実践現場からの報告

第9章　地域包括支援センター社会福祉士による
　　　　　ソーシャルワーク実践……………………………吉岡祐紀　188
　　　　——実践・政策・専門性の視点から

1	ソーシャルワーク実践の3つの困難性	188
2	地域ネットワークを活かしたソーシャルワーク実践	189
3	地域包括支援センターに求められる役割の変化——政策の視点から	193
4	チームアプローチにおける社会福祉士の位置づけ	195
5	ソーシャルワーク実践力向上のための課題整理	197
	——ヒアリング調査を通して	
6	立体的なソーシャルワーク実践の可能性	205
7	ゆらぎながら前を向く姿勢の重要性	206

第10章　地域における成年後見・
　　　　　権利擁護支援システムの構築………………桐高とよみ　209

1	ソーシャルワークと権利擁護支援	209
2	地域の権利擁護支援における相談機関の役割	213
	——甲賀・湖南成年後見センターぱんじーの事例から	
3	甲賀・湖南成年後見センターぱんじーの実践	215
4	利用者本人の生活を中心に置いた支援体制の構築	220
	——相談事業からみる権利擁護支援の課題	
5	地域共生社会と権利擁護支援	223
	——成年後見制度利用促進法による地域連携ネットワーク	

  6 社会福祉士が権利擁護支援に関わる意義……………………………………225

第11章 障害者・家族が自分で
     人生を切り開くための相談活動……………坂本　彩　227
   ——社会福祉専門職が持つエンパワメントの視点が生み出すもの
  1 自分が価値を置く人生を送る……………………………………………227
  2 「家族依存」を軸にした社会の仕組みの中で……………………………228
  3 自分でも気がついていなかった「願い」………………………………234
  4 実践者の自己形成をも創り出す…………………………………………240
  5 生存権保障に深く関わる社会福祉実践が作り出す社会………………242

第12章 「生活困窮者支援」に社会福祉協議会が取り組む意義
   ………………………………………………………山口浩次　245
  1 経済的困窮・社会的孤立に関する相談援助の増加……………………245
   ——「生活困窮者支援」に取り組む背景
  2 多様な社会資源と連携した生活困窮者自立支援事業…………………248
  3 「三方よし」の生活困窮者自立支援事業………………………………254
   ——利用者・地域・行政・社協の視点から
  4 社会福祉協議会における専門職の役割…………………………………258

終　章 問われる「福祉」の存在意義と専門職教育……筒井のり子　263
   ——政策と現場をつなぐ大学の役割
  1 なぜ，今，「福祉」の存在意義を問わねばならないのか？……………263
  2 本書における13の問題提起………………………………………………268
  3 政策と現場をつなぐ——龍谷大学の取り組み…………………………270

あとがき
索　　引

序章　現代福祉の諸相
—— 今，問われている「福祉」の存在意義

1　現代社会の福祉問題

　近年，高齢者，児童，障害者，またその家族などを取り巻く生活問題はますます多様化し，拡大化している。そして家族，地域社会のもつ機能は脆弱化している。貧困，ワーキングプアといわれる若年層，ニート，ひきこもり，自殺，ホームレス，認知症介護，孤立死，高齢者虐待や児童虐待，DV，ゴミ屋敷問題，過疎化の進行に伴う限界集落の増加，さらには更生保護分野における高齢者，知的障害者支援，増加し続ける自然災害の被災者の生活問題対策など，既存の社会福祉システムによる対応は既に限界に達している。まさに今，「福祉」の存在意義が問われているといえる。現代の福祉問題にいかに応えていくのか。一つは既存の制度内福祉サービスの充実と拡大，発展である。そして，既存のシステムでは対応できない生活問題に対する，制度外の福祉サービスの開発，実施も求められている。

　これら解決に向けて大学における社会福祉研究・教育の果たす役割は重要である。行政や社会福祉施設・機関はもちろんのこと，企業や学校，地域は社会貢献できる幅広い人材の養成を求めている。日本における社会福祉に関わる人材の養成が始まって100年が経とうとしている。確実に専門職化は進み，質の高い専門性を有した多くの人材が社会福祉現場で活躍し，発展に寄与している。しかし，慢性的に人材は不足しており，社会福祉を担う人材の養成は常に喫緊の課題である。現代の様々な生活問題が多様化，複雑化，拡大化している中，社会福祉問題の解決に向け，それを担う人材の養成のあり方を問うことは重要なことである。

　本章では，これまでの日本における大学の社会福祉教育の歩んだ道を検証し，これからの大学における社会福祉教育の方向性を検討していくことが，今の「福祉」の存在意義を考える上で重要と考える。

2　日本における社会事業教育の始まり

　日本における社会事業教育は，1918（大正7）年3月に東京女子大学が社会学部に社会事業講座を開設したことが始まりであるとされる。同年5月には宗教大学（現・大正大学）において渡辺海旭や矢吹慶輝によって社会事業研究室が創設された。またこの年には，日本女子大学で生江孝之によって講義が始められ，1921（大正10）年9月には児童保全科と女工保全科からなる4年制の社会事業学部が創設された。1919（大正8）年には，富士川游が中心になり東洋大学に感化救済科が誕生した。そして1921（大正10）年4月には専門学部に3年制の社会教育社会事業科となった。その他，日蓮宗大学（現・立正大学），駒澤大学，龍谷大学，大谷大学，日本大学などにも関係講義が開始された（吉田 1966：232）。

　龍谷大学においては，当時生江孝之の力添えで京都府社会課嘱託として社会事業の創設および設計を担当していた海野幸徳が，1920（大正9）年9月に龍谷大学の教授に就任し，社会政策，社会学特殊講義及び講読として社会事業の講義を担当することになる。1922（大正11）年に，講座制度の導入によって社会学講座に社会学原論と社会政策の2科目を開講し，社会学専攻が実現した（中垣 1999：167）。海野の教育的影響力について，中垣は「早くも1922（大正11）年度以降の卒業論文に露見しており，海野の熱心な指導ぶりがうかがえる。たとえば，卒業論文題目に社会事業や社会政策をテーマにした論題が多く見られるようになったことを通して，海野から受けた薫陶の大きさをうかがうことができる」（中垣 1999：171）と述べている。

　各大学が社会事業教育を始める大正中期から後期は，日本社会事業が成立した時期である。1914（大正3）年に勃発した第1次世界大戦は，急激な独占資本主義の進行に伴う労働者の生活難を招き，労働争議が急増した。1918（大正7）年には富山県滑川市において米騒動が勃発し，1920（大正9）年以降の恐慌は慢性化の傾向を帯びた。こうした近代社会における経済的・社会的変動による労働問題，社会問題への対応として，日本社会事業は成立した。それに伴い，社会事業の理論的研究が官僚や学者，民間社会事業家の間で推進された。官僚の代表的な人物には，窪田静太郎や田子一民，桑田熊蔵などがいる。学者や民間社会事業家

には，矢吹慶輝をはじめ，生江孝之，海野幸徳，長谷川良信，小河滋次郎，高田慎吾，川上肇，安部磯雄，賀川豊彦等々，多くの人々により社会事業研究がなされたのである（吉田 1966：230-231）。社会事業の成立にとって専門家の養成は欠かせないものであり，こうした研究者の活躍が社会事業教育の養成機関を誕生させたのである。

3 戦後の福祉専門職養成の歴史的系譜

戦後の社会福祉教育は時代のニーズにあった専門家養成が主たる役割であり，そこに資格制度を付与する形で形成されてきた。日本における戦後のマンパワーと資格制度の歴史的系譜について，中垣は，第1の時期を社会福祉主事制度の中心とする時期，第2の時期を社会福祉施設における直接処遇職員の確保と養成が中心になった時期，そして第3の時期を国家資格制度の成立を中心とした時期に整理している（中垣 2004：127）。

(1) 社会福祉主事制度を中心とした養成課程――第1の時期

1950（昭和25）年5月に「社会福祉主事設置に関する法律」が成立した。それまでは，民生委員が民間人でありながら生活保護の要否の判定にまで関わっていた。しかし，GHQ は民生委員に依存することに強く反対した。また，生活保護受給が量的にも増加していく中，科学的知識が要求されるなど，公私分離の原則と事務負担の点から社会福祉主事制度が要求されてくることは必然であった。1950（昭和25）年10月の社会保障制度審議会は，「社会福祉の専門化と技術化に伴い，専門の知識技能を有する社会福祉主事の養成確保につとめ，これら専門家をして社会福祉事務に従事せしめる制度を確立することが必要である」ことを勧告し，その後の社会福祉専門職化への方向を示した。こうした状況の中で，公的扶助制度を運用する専門的職員を養成することを目的にGHQが後押しする形で1946（昭和26）年10月に日本社会事業学校（現・日本社会事業大学）が創設された。

戦後の学制改革に伴い社会事業教育を行うため，1947年6月，GHQの推進で社会事業教育基準大綱作成委員会を設置し，8月には社会事業学部設立基準等を決定している。議論の結果，ソーシャルワーク教育の基礎8科目が日本社会事業

学部カリキュラムのモデルとなった。しかしながら、このカリキュラムがアメリカの大学院の社会事業教育をモデルとしたもので、かなり高度なレベルの社会事業教育としてスタートしたため、その後の社会事業教育の混乱を招く原因となった（今岡 1976：561）。

当時の社会福祉教育について、高田が「ここではケースワーク、グループワークをはじめ多様な社会福祉関連科目が既に開講されているが、注目すべきは、ことに社会問題や社会政策に重きを置いていることである」（高田 1984：91）と述べるように、日本社会事業学校では、むしろ社会政策を重視し、「社会政策史」は風早八十二、「社会政策と社会事業」は大河内一男と氏原正治郎という日本を代表する社会政策学者が担当している。

龍谷大学における社会福祉教育の本格化は、1968（昭和43）年の文学部社会学科社会福祉学専攻を設置してからである。また、本格的な社会福祉学教育は、大阪社会事業短期大学から教授として孝橋正一が、同朋大学より特任教授として守屋茂が赴任し、社会福祉学専攻を設立したことにある。孝橋は「社会事業概論」「社会政策」担当し、守屋は「社会事業史」を担当した。両教授を柱とし、龍谷大学短期大学部教員の助力と非常勤講師の補充・強化により、龍谷大学の社会福祉教育が確立した（中垣 1999：174）。

当時の社会福祉学専攻の教育について、中垣は「1969（昭和44）年度卒業生を実質的な第1期生として世に送り出すにあたって、それらの卒業論文を、社会福祉学専攻の発足時から兼任担当して参画していた筆者（筆者注：中垣氏）も加わって審査したのであるが、期待以上の専門的レベルの論文であったと総評された孝橋教授を思い出す」と語り、「これは、とくに孝橋理論の影響と指導力による成果であったと考えてよい」と述べているように（中垣 1996：116）、当時の龍谷大学の社会福祉学専攻が制度・政策論志向の特徴的性格を有していたことを表している。

（2）社会福祉施設職員の確保を目的とした養成課程——第2の時期

この時期は、高齢化問題が社会問題として認識され始めた時期である。1970（昭和45）年11月に中央社会福祉審議会の答申「社会福祉施設の緊急整備について」を受けて、翌年「社会福祉施設緊急5カ年計画」が提出された。これは、高

齢者，重度心身障害児（者），保育に欠ける児童のための緊急整備計画であった。また，施設内処遇の専門化，施設の社会化が注目を集めた時期でもあり，施設の専門従事者の確保が重要な課題となった。また同時に，福祉従事者の資質向上が問われており，1962（昭和37）年10月には東京都社会福祉協議会の資格基準小委員会が，民間社会事業従事者の資格基準を定め，「社会福祉士制度要綱」試案を発表した。

　一方，高度経済成長に伴う地域共同社会の崩壊，過疎・過密，核家族の進行による生活保障機能の減少，また施設ケアの反省，処遇理念の変革，ニーズの増大と多様化，草の根民主主義によるコミュニティ重視，住民参加の重視など，地域福祉が脚光を浴び出した時期でもある。1971（昭和46）年12月，中央社会福祉審議会の「コミュニティ形成と社会福祉」には，収容保護から地域社会において保護を行い，社会福祉対象者の能力のより一層の維持発展を図ると答申している。ドルショック，オイルショックを契機とする高度経済成長の終焉は，「福祉見直し論」を登場させ，住民主体の福祉風土づくりが地方自治体の社会福祉政策の重要な柱に据えられることになった。

　こうした状況下，社会福祉施設，地域福祉の現場にも人材の量的確保と職員の質的向上のための専門職化がますます必要とされた。1971（昭和46）年11月，中央社会福祉審議会職員問題専門分科会起草委員会は厚生省（当時）の諮問に答えて，社会福祉専門職員の充実強化方策としての社会福祉士法制定試案を発表した。これを受けて，日本社会福祉学会は「社会福祉専門職問題検討委員会」を組織し，専門職問題を検討したが，資格制度以前に，職場環境整備と研修充実を先行させるべき等の基本方針を決定した。委員の一人である浦辺は「採用，作用・配置転換，研修の綜合的体制の確立を先行せしめる努力がなければ，現在のルーズで各所に問題をはらむ職場の状態をそのままにしておいて，専門職制度のみをこの実態にハメ込もうとすれば，今日の低い状況によって，かえってグレシャムの法則に支配されるような福祉労働専門職の本質にとって本末転倒の結果をうむことが，強く憂慮されたのである」（浦辺ほか編 1975：113）と述べている。

　1970年代の社会福祉教育の状況を見てみると，研究・教育機関は質量ともに不十分であった。1974（昭和49）年5月，日本学術会議による「社会福祉の研究・教育体制等について」という内閣総理大臣宛の勧告では，「我が国では欧米諸国

にくらべて社会福祉体制の整備はその学術研究・教育体制を含めて極めて不十分である。しかし，今日，高度経済成長と国民生活の変貌する中では，特に低所得者，児童，障害児・者，老人を始め広範な国民が人たるに値する生活を営みうるよう，ゆたかで充実した社会福祉活動を必要としており，社会福祉は国の重要な課題となっている」と，社会福祉従事者が質量ともに不十分で，その確保と労働条件の改善が必要であり，社会福祉研究・教育が重要であると述べられている。

1973（昭和48）年当時，日本社会事業学校連盟加盟校は短大を含め36校である。そのうち大学院課程を設置する大学は13校に過ぎなかった。先の勧告では「社会福祉に関する研究・教育者養成のための大学院を含めて，この種の研究教育組織（とりわけ学部又は少なくとも学科）が国公立大学に早急に新増設されるべきである」とし，私学の研究・教育組織についても，必要な費用負担を講ずる必要性を述べている。また，社会福祉の研究・教育の内容についても触れ，「社会福祉問題についての科学的な理解と，人間の社会的発達を保障するための政策，方法等，系統的な習得を欠かすことができない」と述べている。

この時期，龍谷大学では，他大学と比較しても早い段階から社会福祉学の教育・研究の充実に向けて力を注いだ。1971（昭和46）年に大学院文学研究科社会福祉学専攻（修士課程）を開設し，1984（昭和59）年には博士課程を増設し，社会福祉専門家養成と研究者の育成に取り組んでいる。

（3）国家資格制度に基づく養成課程――第3の時期

1987（昭和62）年に社会福祉士及び介護福祉士法（昭和62年法律第30号）が成立した。成立要因として，相澤は「①我が国の人口構造の変化，②家族機能の脆弱化，③シルバーサービス（産業）の台頭，④現行の「社会福祉主事」資格の低レベル性，⑤国際社会福祉会議の開催と，日本ソーシャルワーカー協会（JASW）の再発足及び日本社会事業学校連盟・全国社会福祉協議会との密接な連携」の5点を挙げている（相澤 1990：48）。

高齢化の進行による人口構造の変化，家族内機能の脆弱化がますます社会問題化し，福祉マンパワー確保は福祉改革の要としての性格を有していた。また，1986（昭和61）年に第23回ソーシャルワーク教育会議が日本で開催され，ソーシャルワーカーの資格制度の必要性に対する認識が高まったことも影響した。そし

てさらに，1997（平成9）年には精神保健福祉士法が成立した。取り組みが遅れていた精神障害者問題に対する専門知識と技術をもち，社会復帰に関する相談及び日常生活への適応に必要な訓練その他の援助に従事する専門職が新たに誕生した。

しかしながら，社会福祉士及び介護福祉士法は，「社会福祉従事者の専門性を評価し，専門職としての地域向上や身分の安定を図るためというよりは，高齢社会に向けてシルバーサービスも含めた『マンパワー』確保のための国家資格の制定という側面が強かった。そのため，社会福祉労働の専門性については十分に議論されないまま，社会福祉士及び介護福祉士法の成立に至ったのである」（阿部・渡邊 2011：114）と指摘されるように，その内実は業務独占ではなく名称独占の資格法であったので専門職の位置づけとしては曖昧なものとなった。

社会福祉従事者の国家資格化は，その後の社会福祉教育に大きな影響を与えた。マンパワー確保という点からすると，この法律成立により福祉系学部・学科を設置する大学は飛躍的に増加した。1987（昭和62）年当時，日本社会事業学校連盟の加盟校は48校であったが，2017（平成29）年にソーシャルワーク教育学校連盟に改組され，2018年現在の会員校は273校と大幅に増加している。

ところで，社会福祉教育への影響から見ると，発足当時から国家試験科目が大学等のカリキュラムにそのまま反映されている。特に，大学では学士号取得に必要な科目を履修させて124単位が取得できる仕組みとしているため，多くの設置科目が国家資格試験受験取得のための指定科目として認定される仕組みになっている。結果，大学における社会福祉教育は，社会福祉士資格を取得させるための社会福祉専門養成教育になり，各々の大学における社会福祉教育の独自性が奪われるという結果を作り出した。

阿部・渡邊は「社会福祉士の誕生にあたり，試験科目を中心とした新たな社会福祉の教育カリキュラムが提示されたが，その内容においては，日本の社会福祉研究のいわば伝統とも言える社会科学の視点が大きく失われていた」と批判している（阿部・渡邊 2011：116）。

こうした時期，龍谷大学では創立350周年を迎え，文学部社会学科社会福祉学専攻を発展させ，1989（平成元）年に滋賀県大津市瀬田に社会学部社会福祉学科を開学した。定員も臨時定員増を加え120名になった。さらに，1998（平成10）年

には地域福祉学科，臨床福祉学科の2学科に発展し，定員は270名と増加した。

2学科設置の目的は，21世紀に向けての高齢化，国際化，情報化，地域化の進展と価値観の多様化などの社会的変化に対応する社会福祉士の養成であった。地域福祉学科は，地域における福祉援助システム構築に向けたソーシャルワーカー養成を目指し，社会福祉原理論・思想・制度・政策などを重視した。一方，臨床福祉学科は対人援助ソーシャルワーカーの養成を目指し，社会福祉援助技術の原理論，実践理論などを重視した。また，どちらの学科でも実践を重視，そのための実習教育システムを構築の場として福祉実習棟を設け，マルチメディア教育を活用した社会福祉教育や社会福祉調査，ケアワークを実践的に学べる実習（社会福祉士養成では日本で初めて），福祉工学が学べるなど，先進的，実践的な取り組みを展開し，単なる社会福祉士養成ではなく，時代を担う社会福祉専門家の養成を目指した。

4 多様化・複雑化する福祉問題に対応できる専門職養成への挑戦

（1）近年の制度改革と人材養成

2008（平成20）年7月の日本学術会議の「近未来の社会福祉教育のあり方について」の提言をみると，社会福祉の制度改革により求められるソーシャルワーカーの高度化について，6点を指摘している。要約すると，以下のようになる。

① 福祉課題を持った人々に対して尊厳を保持しながら，自らの問題に取り組もうする意思を支援するソーシャルワーク支援。
② 利用者の権利擁護を特徴とするソーシャルワーク支援。
③ 自立生活を支えるソーシャルワーク支援。
④ PFIの下で，公的経営から民間経営と移行する民間刑務所をはじめとした新たな分野でのソーシャルワーク支援。
⑤ 地方分権化の中で，地域に密着した包括的生活支援を支えるソーシャルワーク支援。
⑥ 成年後見制度の利用の促進など，権利擁護を推進するソーシャルワーク支援。

ここに見るように，ソーシャルワーカーが果たす役割はますます広範囲にわたり，より高い専門性を求められている。そこには，利用者主体の原則，個人の尊厳の保持，自立支援に向けた専門性をはじめ，利用者の権利保障のシステム，地方自治体の福祉機能の強化など，社会システムづくりが求められている。これら課題解決への取り組みには，生活問題を抱える人々の発見に始まり，その相談に応じ，必要な制度・サービスにつなげる支援が必要であるとともに，地域社会に結び付けるための資源の掘り起こしや開発が求められる。

（2）「従来の社会福祉」を越える——これからの社会福祉教育に求められること

　これからの社会福祉教育を考える時，基本的な課題として，高度で広範囲な役割を遂行しなければならないソーシャルワーカーを養成する社会福祉教育のあり方を，再度問い直すことが必要である。先に見た2008（平成20）年の学術会議の提言では，「社会福祉教育の体系を価値，支援技術，政策でもって位置づけ，教育方法および評価システムについて再検討することが必要である」と述べ，「具体的に言えば，価値とは，生活文化，生活の質，利用者理解等の基本的理念の学習である。また支援技術とは，社会的に存在する利用者への多様な支援方法を学ぶことを目標とした利用者への直接的および間接的な支援に関する教育である。そして，政策とは，計画，参加システム，サービス供給体制を含む，実践的内容に関する教育である」としている。

　近年の社会福祉問題は，社会福祉システムの網の目から漏れてしまう問題が多く，既存の社会福祉制度・サービスでは応えることが困難な問題が多い。また，地方自治体が社会福祉政策の中心となってきた現在においてもなお，地方自治体の政策担当に社会福祉教育を受けた人材は少なく，その福祉力は脆弱な状況にある。特に小さな地方自治体では多様な福祉問題が拡大の一途でもあるにもかかわらず，専門職の人材不足により十分な福祉政策が展開されていないのが現状である。一方，従来の社会福祉を超えた分野でのソーシャルワーカーの活用，活動が見られ，その活躍が期待されている。

参考文献
相澤讓治（1990）「社会福祉士及び介護福祉士法成立の背景と課題」『平安女学院短期大

学紀要』21，48-55頁。
阿部敦・渡邊かおり（2011）「戦後日本における社会福祉従事者の養成政策について」『奈良女子大学人間文化研究科年報』26，109-120頁。
今岡健一郎（1976）「社会福祉教育の系譜──歴史的，国際的一考察」『淑徳大学研究紀要』9/10，125-158頁。
浦辺史・岡村重夫・木村武夫・孝橋正一編（1975）『社会福祉要論』ミネルヴァ書房。
高田真治（1984）「社会福祉教育の課題」『関西学院大学社会学部紀要』，89-100頁。
中垣昌美（1996）『社会福祉学の基礎』さんえい出版。
中垣昌美（1999）「龍谷大学における社会福祉教育の歴史的系譜と研究動向」龍谷大学社会学部創設10周年記念事業委員会編『社会・宗教・福祉龍谷大学社会学部創設10周年記念論文集』法律文化社，165-189頁。
中垣昌美（2004）『社会福祉学原論』さんえい出版。
吉田久一（1966）『改訂日本社会事業の歴史』勁草書房。

（村井龍治）

第Ⅰ部　現代社会の諸相と社会福祉政策の行方

第1章 社会構造の変化に社会福祉政策は対応できるのか
──「『我が事・丸ごと』地域共生社会」をめぐる動向から

1 地域格差を伴った少子高齢化と人口減少社会
──社会構造の変化

　日本社会は，高度経済成長期を経て大きく変貌した。中でも，農村から都市への労働力移動が都市人口を著しく増大させ，それに伴い農村部での人口は激減した。この傾向は現代社会においてますます顕著となり，2015（平成27）年度の「国勢調査」によると，総人口（1億2,770万人）の41.3％が東京，神奈川，千葉，埼玉，愛知，大阪という六大都市に集中している（総務省統計局 2016）。「15-64歳」の人口（約7,728万人）をみると，実にその43.0％が上記の府県に集中しているのである。産業構造の変化や高度化は，地域における産業発展に格差をもたらし，その結果，ますます大都市へと就業者人口が集中している。高度経済成長期から顕著になった労働力移動に伴う過疎・過密問題は全く解消されることなく，現代において一層深刻な地域問題となって顕在化し，人口の著しい減少のために存立基盤そのものが揺らぐ地方自治体も出現してきた。また，都市部では，就業者人口は増大しているが，出生率は依然として低い。

　出生率の低下と高齢者人口の増大がもたらしているのが，人口構造の変化である。1990（平成2）年の「1.57ショック」以来，国は少子化対策に取り組んできたものの，出生率の低下は止まらず，65歳以上の高齢者の増大，ますますの長寿化によって人口構造全体が高齢化してきているのが現状である（厚生省編 1998）。今後の日本経済を誰が支えていくのか，社会発展の担い手をどう創出していくのかは政治的にも経済的にも，そして社会的にも最大の課題である。この間政府は，少子化対策基本法制定（1999〔平成11〕年）以降，3度にわたる少子化社会対策大綱の改定（2004〔平成16〕年・2010〔平成22〕年・2015〔平成27〕年）を経て，2015（平成27）年には子ども・子育て本部を設置するなど，少子化対策や子育て支援に着手し，「個々の取り組みは着実に進展してきた」と評価している（厚生労働省編

2015：第1部)。しかし，これらの取り組みが必ずしも有効に機能していないことは，2016（平成28）年度の合計特殊出生率が1.44にとどまっていることから見ても明らかである。

2　貧困の拡大による国民生活の基盤の脆弱化
―― 生活不安・困難の深まり

（1）解消されない不安感

　内閣府が2017（平成29）年6月に実施した「国民生活に関する世論調査」（以下，「2017年世論調査」）によれば，「日常生活での悩みや不安がある」と答えた人は，調査対象者（6,319人）のうちの63.1％を占め，「ない」と答えた人は36.4％である（内閣府 2017）。1999（平成11）年12月に実施された同調査（以下，「1999年世論調査」）では，「ある」と答えた人が62.4％，「ない」と答えた人は36.2％を占め，およそ20年間たった現在においても生活上の不安や悩みが解消される方向にないことがわかる（内閣府 2000）。

　悩みや不安の具体的な内容を「2017年世論調査」結果から見ると，第1位は「老後の生活設計について」（53.5％），第2位「自分の健康について」（52.1％），第3位「家族の健康について」（42.1％），第4位「今後の収入や資産の見通しについて」（39.7％），第5位「現在の収入や資産について」（32.0％），第6位「家族の生活（進学，就職，結婚など）上の問題について」（29.7％）となっている。この順位は「1999年世論調査」結果と全く変わらない。それどころか，それぞれの比率がより高くなっているのである。このような結果が出るのは，生活上の不安や悩みを意識化せざるを得ない生活実態があるからである。

（2）貧困の拡大と低所得・貧困層の固定化

　「就業構造基本調査」（2012年）によると，雇用労働者層（役員を除く）は年々増え続け，1987（昭和62）年には就業者総数（約6,050万人）の71.2％であったものが，2012年調査では就業者総数約6,442万人，うち雇用労働者は83.1％，「会社などの役員」を加えると，就業者数の88.5％にも達している（総務省統計局 2013）。つまり，雇用の有無が直接的に生活基盤に影響を与え，雇用・労働条件が生活条件を左右するといったいわば生活が常に不安定さをはらんで成り立っている層が

圧倒的多数を占めているのである。雇用労働者層が増大を続けるということは，不安定な生活を余儀なくされる層が拡大することに他ならない。したがって，前述した「世論調査」に表れているように，生活不安はなくなることはないのが現実である。社会保障や社会福祉が制度として必然性をもって登場してきた社会的理由はここにある。

さらに注目すべき実態は，大きな社会問題にもなっている非正規雇用者（パート，アルバイト，契約社員，嘱託など）の割合が年々増加していることである。「就業構造基本調査」によると，正規雇用労働者は1987年には80.3％であったものが段々と割合が減少し，2012年には61.8％にまで下がった。代わって，非正規雇用労働者が増加しており，1987年には19.7％だったものが，2012年には，全雇用労働者のうち38.2％と4割近くにも達している。単に非正規雇用労働者の割合が増加しているというだけでなく，量が増大していることに注意する必要がある。1987年を100とすると，2012年の雇用労働者数は124.3で約5,354万人と増えているが，正規雇用労働者は95.8と減って3,311万人，それに対して，非正規雇用労働者は指数では240.4と2倍以上，その数は2,042万人にも達している。日本経済は，非正規雇用労働者で支えられているといっても過言ではない。

特に女性では，2002年の調査から正規雇用労働者と非正規雇用労働者の比率が逆転し，2012年では，非正規雇用労働者が57.5％を占めるに至った。男性にも非正規雇用が広がっており，1987年には正規雇用労働者が90.9％を占めていたものが，2012年には77.9％まで下がっている。非正規労働者は雇用が不安定だけでなく，賃金も相対的に低い。たとえば，所得金額でみると，非正規雇用労働者のおよそ6割が200万円未満である（厚生労働省 2017a）。政府は非正規雇用が拡大し，社会問題化したことから，2012（平成24）年8月に有期労働契約の労働者を「無期労働契約」に転換できるよう労働契約法を改正した。しかし，賃金などの労働条件が，「無期労働契約」に転換することによって正規雇用労働者と同一水準になるとも限らず，かえって低賃金が長期にわたって固定化する懸念も生じている。「働いても生活が苦しい」「働いても貧しい」という現実は，貧困問題の根底に労働問題が横たわっていることを示している。

貧困が拡大し，層として固定化しつつあることは，日本における相対的貧困率が2015年には15.6％，子どもの貧困率が13.9％に達していることからも明らかで

ある。その比率は、前年度に比べるとやや下がっているとはいえ改善が見られたとは言い難い。さらに、「一人親世帯」の貧困率は50.8％と、2世帯に1世帯が貧困線である122万円（2016年の等価可処分所得の中央値の半分）未満という厳しい生活実態にある。政府が貧困率を公表した2010（平成12）年以来、多少の変動はあるものの、「ひとり親世帯」の貧困率は過半数を割ることは一度もない。こうした実態は、非正規雇用の増大とともに、所得格差が拡大し、それと同時に貧困＝低所得者層の固定化が進んでいることを示している。

世帯の所得をみると、生活保護基準とほぼ同等の「199万円以下」の所得階級の占める割合は全世帯の21.6％となり、1,166万世帯にも及ぶ。特に、世帯主が高齢の場合や無業であるほど所得が低い。たとえば、「65歳以上」では、「199万円以下」が30.9％と1/3を占めている。また、無業者では「199万円以下」が41.6％にも達しているのである。

（3）生活基盤の脆弱化の進行

雇用の不安定さや所得水準の低さは、世帯単位で営まれるくらしの中身や水準、中でも世帯員数や家族構成に直接影響を及ぼす。そこで、世帯員数をみると、高度経済成長が始まる1955（昭和30）年の平均世帯人員は4.68人、「7人以上」が2割以上を占め、「1人」や「2人」という規模の小さな世帯は、全体の2割にも満たなかった。しかし、高度経済成長期を経て、世帯規模の縮小化が進み、2016（平成28）年には、平均世帯人員2.47人、最も多いのは「2人」で全体の31.5％、次いで「1人」が26.9％と、「2人」以下の世帯が過半数を占めるに至った（厚生労働省 2017a）。1955年には43.9％を占めていた「三世代」世帯は激減し、1986（昭和61）年には15.3％、2001（平成13）年には1割を切って7.9％、直近の2016（平成28）年では5.9％にまで下がっている。両親と子ども家族が同居する「三世代」世帯は、100世帯中約6世帯しか存在しない。また、経済の発展とともに主に都市部において増加した「夫婦と未婚の子」世帯は、1975（昭和50）年の42.7％から、2016年には29.5％と減少し、全世帯の3割を占めるに過ぎないのである。代わって、世帯規模の小さい「夫婦のみ」や「単独世帯」が増大し、2016年時点では、この2つの世帯類型が過半数を占めるに至った。親が高齢化する35歳以上の世帯主に限ってみても、この20年の間に、「三世代」世帯は減少し、か

第Ⅰ部 現代社会の諸相と社会福祉政策の行方

表1-1 年齢階層別にみた大都市と郡部における世帯類型の構成割合（2016年と1996年の比較）

（単位：％）

世帯主の年齢階層・都市郡部		単独世帯		夫婦のみ世帯		夫婦と未婚の子		ひとり親と未婚の子		三世代		その他	
		2016	1996	2016	1996	2016	1996	2016	1996	2016	1996	2016	1996
総数	全国	26.9	23.5	23.7	18.9	29.5	34.6	7.3	5.6	5.9	11.6	6.7	5.9
	大都市	30.8	32.4	23.4	18.4	30.5	33.7	7.4	5.6	3.2	5.1	5.2	4.8
	郡部	25.8	15.9	23.3	17.7	25.8	29.2	6.6	5.1	9.6	23.3	9.0	8.8
35-44歳	全国	16.4	14.2	10.4	7.4	57.3	56.4	8.2	6.8	3.8	11.5	4.0	3.7
	大都市	20.1	21.4	12.8	9.2	54.4	55.5	6.9	4.8	2.1	5.6	3.8	3.5
	郡部	13.5	7.1	6.5	4.0	61.3	49.7	8.0	8.2	5.7	26.2	5.2	4.8
45-54歳	全国	18.4	12.8	12.2	9.3	46.2	49.2	9.7	7.9	7.0	15.1	6.5	5.9
	大都市	21.0	18.3	12.5	9.3	46.8	51.1	9.7	7.8	4.4	8.2	5.4	5.3
	郡部	15.8	7.4	12.8	8.5	42.6	41.1	9.4	6.4	11.3	28.4	8.4	8.3
55-64歳	全国	21.4	14.3	24.6	26.4	28.4	32.6	7.4	5.7	8.9	12.9	9.3	8.2
	大都市	24.3	19.9	24.7	25.3	31.8	35.2	7.9	8.0	5.1	6.6	6.2	5.0
	郡部	20.4	9.5	23.8	23.9	23.3	27.6	6.3	4.1	13.9	21.8	12.3	13.1
65歳以上	全国	31.2	25.4	34.9	35.2	14.0	11.0	6.7	4.8	6.0	15.8	7.3	7.8
	大都市	36.5	31.9	34.1	36.6	13.6	12.9	7.4	6.2	3.0	5.7	5.4	6.6
	郡部	28.5	22.9	33.5	30.0	12.8	8.7	6.0	3.6	9.4	25.3	9.9	9.5

注：(1) 熊本県を除いたものである。
　　(2) 総数には年齢不詳を含む。
出所：厚生労働省「国民生活基礎調査」（1996年・2016年）結果を基に筆者作成。

表1-2 世帯業態別にみた世帯類型の構成割合（2016年，推計値）

（単位：％）

世帯業態	総数	単独世帯	夫婦のみ	夫婦と未婚の子	一人親と未婚の子	二世代	その他
総数	100.0	26.9	23.7	29.5	7.3	5.9	6.7
会社・団体等の役員	100.0	12.4	27.0	40.7	4.0	8.2	7.7
企業規模30人以上の事業所	100.0	18.4	16.0	45.2	7.6	6.9	5.8
企業規模1人〜29人の事業所	100.0	21.1	17.5	34.0	11.1	8.1	8.3
日々または1年未満の契約	100.0	28.8	24.5	19.5	11.8	5.9	9.7
自営業者	100.0	15.2	27.6	31.9	5.6	10.4	9.2
所得を伴う仕事をしている人がいる	100.0	9.9	22.9	33.9	11.2	10.9	11.5
所得を伴う仕事をしている人がいない	100.0	52.1	35.9	3.1	4.3	0.4	4.3

注：(1) 表題の「世帯業態」という用語は『国民生活基礎調査』で使用されている用語である。
　　(2) 熊本県を除いたものである。
　　(3) 企業規模および世帯業態不詳は除く。
出所：厚生労働省「国民生活基礎調査」（2016年）結果を基に筆者作成。

わって「単独世帯」や「夫婦のみ世帯」が増えている。また,「ひとり親と未婚の子」も増えている。少子高齢化による人口減少,経済・産業の変化と都市部への人口集中,そして家族のあり方の変化や家族への意識の変化など,多数の要因が絡まりながら,暮らしの単位である世帯は非常に小さく脆弱になっていることがわかる。

全般的な傾向は,大都市部においても農村地域の多い郡部において同様であるが,特に郡部では,45歳以上のどの年齢層でも「三世代」世帯が急減し,かわって「単独世帯」が著しく増大している。郡部ではこれまで家族が高齢者の生活の世話を引き受ける基盤となっていたが,もはやそれは期待できない現実にある(表1-1)。

雇用状況別にみると,非正規(「日々または1年未満の契約」)就業者層では,他の世帯業態に比して,「三世代」世帯が少なく,代わって,「単独世帯」「夫婦のみ世帯」の比率が相対的に高率である(表1-2)。稼働世帯を見ると,「企業規模30人以上の事業所」で働いている就業者に比べ,「企業規模1〜29人の事業所」「日々または1年未満の契約」の就業者の方が,「単独世帯」「一人親と未婚の子」の比率が相対的に高率である。さらに,「所得を伴う仕事をしている人がいない」と答えた人の場合には,「単独世帯」が52.1%と過半数を占めるとともに,「夫婦のみ」世帯が35.9%と高率であり,ほとんどが1人か2人の世帯であることがわかる。この層の典型は,前述の年齢層別にみた世帯類型からも高齢の無業者層であることは容易に推測できる。

このように世帯主の雇用が不安定である場合や,世帯の中で誰も働き手がいない場合ほど,世帯規模はより小さい。世帯規模が小さくなればなるほど,収入源は限られ,病気や事故があっても生活の世話や介護をする人が世帯内に誰もいない。こうしてより生活困難な状況におかれることになるが,その根底には就労・雇用条件の不安定さ,さらにはその延長線上にある老後の年金水準の低さが横たわっているのである。

3　社会的に放置された貧困問題

貧困問題が社会的に放置された結果,行きつく先は「死」である。日本における死者数は,1966(昭和41)年に67万人と戦後最小であったが,人口の高齢化と

ともに年々増え続け，2015（平成27）年には約129万人，そのうちの73.2％は75歳以上の高齢者である（厚生労働省 2015）。まさに，「多死化」社会を迎えているが，129万人の「死」の中に，実は社会的に放置されたあげくの果ての「死」がある。それは何らかの社会的対策があれば，防ぐことのできる「死」といえる。たとえば，「餓死」や「生活苦」「介護疲れ」などによる「死」はその典型である。

（1）「食糧不足による死」

日本には「餓死」の統計は存在しない。そこで，「食糧不足による」死者数について1995（平成7）年以降の統計を見ると，最も多かったのは2003（平成15）年であり93人にも上っている。それ以降はなだらかに減っており，2015（平成27）年では，19人である。1995〜2015年までを合計すると1,225人に上り，そのうち男性が1,007人，女性は218人である。近年の死者数は減っているとはいえ，この日本で「食糧不足による死」が一人であっても存在すること自体，社会的に放置すべき問題ではない。日々の暮らしの中で，生活が苦しくなればなるほど切り詰めた生活を余儀なくされる。最終的に切り詰めるものがなくなれば，生命のエネルギー源である食費を切り詰めざるを得ない。さらに，直接的に生活の中身と水準を保障する生活保護制度が限定的で救貧的なものになればなるほど，自助が強制されることになる。「食糧不足による死」の存在は，生活自助の強制が招いている現実にほかならず，また，国民の生命を守るセーフティネットさえも十分に機能していないことを示している。1995〜2015年の死者数のうち，最も多いのが「60歳以上」（518人）であることは，それを示す一端といえる。また，59歳以下の壮年層や若年層でも看過できない死者数であり，生活自助が強制される社会では生活は個人責任であるとの考え方が支配的になり，結果として「助けて」と言えなくなる現実があることを表している。そこには社会的に「孤立」を余儀なくされた姿も浮かび上がる。

（2）「立会者のいない死」

「人口動態統計」によると，死因が検視を持ってしてもわからないというカテゴリーの中に，「立会者のいない死亡」という項目がある。家族はもちろんのこと友人・知人なども含め，誰にも人生の最期を看取られない「死」である。大抵

は，その人が死に至るまでのことを誰も知らないということであるから，孤独の果てに至る「孤立死」ともいえる。1995（平成7）年度では326人だった死者数はずっと増え続け，2010（平成22）年度には2,504人，7倍以上にも大幅に増大している。その後，上下するものの直近の2015（平成27）年度には2,433人と再び増加傾向にある。1995年以降を合計すると，2万9,396人もの人が誰にも看取られず，死因も特定できないまま死を迎えていることになる。男性が圧倒的多数を占め，2015年度には，全体の79.0％（1,922人）と8割近くを占めるに至った。年齢別にみると，「60歳以上」が68.8％（1,673人）と高齢者が多い。地域で「孤立」した高齢の男性単身世帯の姿がここに見てとれる。また，全体に占める比率は相対的には低いものの，「40-49歳」「50-59歳」を合わせると559人にも上る。前述したように，一人暮らし世帯の増加，一人暮らし世帯の予備軍ともいえる二人暮らし世帯の増加，さらには結婚しないことを選択する人たちの増加は，今後ますます「立会者のいない死」を迎える人を増加させる。それは，「孤立社会の到来」と言ってもよい。

4　「『我が事・丸ごと』地域共生社会」の本質

　生活実態の一部を断片的に取り上げるだけでも，国民生活は危機的な実態にあることがわかる。前述したように，人口減少社会における労働力不足，高齢化に伴う社会保障費の増大，非正規労働の拡大と貧困の顕在化，地域での孤立化など解決すべき社会問題は山積している。勿論，このような実態への認識は，国，厚生労働省の研究会などで共有されていることは言うまでもない。[13]

　これらの課題に対する政府の方針が「地域共生社会」の実現である。国は「今後の福祉改革を貫く基本コンセプト」として「地域共生社会」の実現を位置づけ，2016（平成28）年7月には具体策の検討を進めるため厚生労働大臣を本部長として「『我が事，丸ごと』地域共生社会実現本部」を設置した（厚生労働省 2016）。これは，同年6月に閣議決定された「ニッポン一億総活躍プラン」及び「経済財政運営と改革の基本方針2016について」（骨太方針2016）に基づくものである。どちらにも，これからは「支え手側と受け手側に分かれるのではない」「地域のあらゆる住民が役割を持ち支え合う」「福祉などの公的サービスと協働する」，そし

て「助け合いながら暮らすことのできる仕組みを構築する」、すなわち「地域共生社会の実現」が述べられている。

2017(平成29)年2月には、「『地域共生社会』の実現に向けて(当面の改革工程)」(以下、「改革工程」)が公表された(厚生労働省 2017b)。本節では、それをふまえ、「『我が事・丸ごと』地域共生社会」政策(以下、「地域共生社会」政策)の位置づけや内容について検討する。[14]

(1)「我が事・丸ごと」の本質は「(国には)他人事」「(地域へ)丸投げ」か

第1に、今後の社会福祉政策の「基本コンセプト」として位置づけられる「地域共生社会」とは一体どういう社会なのか、という点である。この点について詳しく見ると、「改革工程」では、「制度・分野ごとの『縦割り』や『支え手』『受け手』」という関係を超えて、地域住民や地域の多様な主体が『我が事』として参画し、人と人、人と資源が世代や分野を超えて、『丸ごと』つながることで、住民一人ひとりの暮らしの生きがい、地域をともに創っていく社会」であると述べている。これらをわかりやすく箇条書きにすると、

① 制度・分野ごとの「縦割り」を超える
② 「支え手」「受け手」という関係を超える
③ 住民や多様な主体が「我が事」として参画する
④ 人と人、人と資源が「丸ごと」つながる

という4つのことに取り組むことを通して

⑤ 暮らしの生きがいや地域をともに創っていく社会

が実現すべき「地域共生社会」の姿ということになる。⑤の主語は③に掲げられている「住民や多様な主体」である。政府の抱く「地域共生社会」のイメージは、「地域のあらゆる住民が役割をもち、支え合いながら、自分らしく活躍できる地域コミュニティ」「公的な福祉サービスと協働して助け合いながら暮らすことのできる『地域共生社会』」に示されている。つまり、住民の助け合い、支え合いこそが「地域共生社会」実現の中心にある。そこでは「公的な福祉サービス」さえも住民「が」協働する相手として位置づけられる。[15]そして、このような「地域共生社会」が実現すれば、「国民一人ひとりが、様々な困難を抱えた場合でも、社会から孤立せず、安心してその人らしい生活を送ることができる」と述べてい

る（厚生労働省 2017b：3）。たとえ困難があっても，さらには公的な福祉サービスが不十分でも，住民同士の支え合いがあるから安心できる地域づくりをするというのが「地域共生社会」の内容であり，それを地域や地域住民の責任に委ねようとしているのが，この政策の本質である。新自由主義的な考え方が核にあるといってよい。「改革工程」として「地域課題解決力の強化」「地域丸ごとのつながりの強化」「地域を基盤とする包括的支援の強化」「専門人材の機能強化・最大活用」と4項目が挙げられているが，何といってもこの政策を推進する基盤となるのは，「地域課題の解決力の強化」である。その具体的な内容として挙げられているのは，「住民が主体的に地域課題を把握し，解決を試みる体制づくり」「分野横断的な相談支援体制の構築」「既存の地域づくりに資する事業の一体的な実施」「地方創生交付金と連携した多様な集いの場の整備」「福祉事業所職員が地域づくり事業・活動へ従事可能であることの明確化」「社会福祉法人の地域における公益的な取組を促進」「民生委員，児童委員，市民後見人など地域生活を支える人材の活動の促進・育成」「ボランティア休暇制度やテレワークの普及促進」である（厚生労働省 2017b：7）。地域住民は勿論のこと，社会福祉や地域福祉に関連する人や資源など地域総動員体制であることがよくわかる。国にとっては「他人事」（各地域の問題）であり，「丸投げ」（地域へ）政策と捉えられても仕方がない。

（2）「地域共生社会」と「住民の参加と自治」——地域づくりをめぐって

　第2に，「地域共生社会」政策は，地域づくりとして位置づけられていることは確かであるが，それは，これまで各地で取り組まれてきた地域福祉活動とどのような関係にあるのか，という点である。

　「改革工程」の中では，具体的な方向性として，「『我が事・丸ごと』の地域づくりを育む仕組みへの転換」を掲げている。前頁③④のことであるが，詳しくは，たとえば「つながりのある地域をつくる取り組みは，地域をより良くしたいという地域住民の主体性に基づいて『他人事』ではなく，『我が事』として行われることこそ，参加する人の暮らしの豊かさを高めることができ，持続していく」「地域住民や多様な主体が『我が事』として参画し，人と人，人と資源が世代や分野を超えて『丸ごと』つながることで，…（中略）…地域をともに創っていく社会を目指す」と述べている。要は，他人事ではなく自分の問題として捉え，

主体的に地域づくりに参画していきましょう，ということである。

　地域課題とそれへの住民の取り組みが重要であることは，すでに地域課題が噴出した高度経済成長期において，議論されている。たとえば，1960（昭和35）年8月には山形を会場に「全国都道府県社協組織指導職員研究協議会」が開催され，地域福祉を推進する社会福祉協議会活動における「住民主体の原則」が確認された。[18] さらに，渡辺（1990：20）が，「地域福祉は，一定の地域社会における生活問題を住民主体原則のもとで組織活動を展開し，その解決に取り組むなかで，地域社会の総合的福祉環境条件の維持・確保に貢献しようとするものである」と指摘したのは約30年前のことである。その後も地域福祉の分野では，住民の主体的で自主的な活動が誰もが人間らしく暮らすことができる地域づくりに不可欠なものであると認識され，今日に至っている。

　また，住民同士のつながりこそ，暮らしの場での「くらしを支える条件」であり，そのつながりを作ることで個々の生活問題が住民同士の共通の課題となり，地域生活条件の改善に向けての取り組みにつながると指摘したのは三塚であった（三塚 1992）。これまで，地域福祉分野で蓄積してきた考えや取り組みと，「地域共生社会」政策として進められる「地域住民の主体性」や「地域づくり」は何が異なるのか。それは，国が政策として，いわば上からの「地域住民の助け合い」を核とした地域づくりを進めようとしている点にある。言い換えれば，国の「地域共生社会」づくりが目指しているのは，社会保障のシステム，すなわち生活問題解決のシステムとして，場としての「地域」と地域住民の「助け合い，支え合い」（相互扶助）を政策的（「仕組み」として）に組み込むことなのである。そこに大きな比重と役割をもたせることによって，国や地方自治体など行政が責任をもつ範囲は限りなく小さくなり，限定的にならざるを得ない。それが新自由主義的「地域共生社会」政策の狙いである。

　したがって，地域で住民の生活課題を共有し，「住民の自主的な参加と自治」に根ざした助け合いやつながりをつくることを通して，くらしと権利を守るために行政責任を追及する運動的な面をもつ地域福祉活動とは自ずと異なるものである（三塚 1992）。暮らしの場での助け合いは，このような人間らしく生きる権利を守るという運動的な面が排除されると，それは，前述したような自助の延長線上にある相互扶助，あるいは共助にとどまる。

「改革工程」には,「地域づくり」は随所に登場するが,「地域福祉」や「地域福祉活動」は一度も登場しない。2016（平成28）年に発足した「地域力強化検討会」[19],2017年9月25日に実施された「地域共生社会」の実現に向けての全国担当者会議（主催：厚生労働省）などにおいて,市町村社会福祉協議会における優れた地域福祉実践活動が繰り返し報告,協議されているにもかかわらず,実際の文書の中には「地域福祉」という言葉は一度も登場してこないのである[20]。それは,「地域共生社会」政策が,当然とはいえ,「住民の自治と参加」に基づいて行政責任を追及するような地域福祉活動を想定していないからである。

いま,各地の市町村社会福祉協議会では,自分たちが取り組んできたことを国・厚生労働省が取り上げてくれた,と賛同する向きもある。「地域共生社会」という用語を事業計画や地域懇談会のテーマに取り入れるところも少なくない。しかし,これまでの地域福祉活動と区別することなく,「地域共生社会」政策に同調すると,住民主体とは言いながらも相互扶助を強制することにつながり,結果として自助の延長線上に過ぎないものとなる。地域住民は疲弊し,孤立を防ぐはずのつながりが逆に孤立を強いるものへと変化することも容易に予測できる。いま,まさに地域が,いのちと暮らしを守るせめぎあいの場になっているのである。

（3）「地域共生社会」政策における公的責任の位置づけと課題

第3に,公的責任による社会福祉が,どのように位置づけられているのかという点である。「改革工程」の中では,「公的な支援制度」あるいは「公的支援」として表現されていることをみても,公的責任における社会福祉の役割をますます縮小しようとしていることは明らかである。1970年代後半からの「日本型福祉社会」の建設,社会保障制度審議会の95年勧告,そこでの社会保障理念の転換をふまえての社会福祉基礎構造改革といった一連の政策展開をみれば,公的責任による生活保障を限りなく縮小することが,これまでの,そしてこれからの社会福祉政策の最も基本的なスタンスであることは明白である。したがって,「公的支援」という言葉を取り上げるまでもなく,地域住民の相互扶助を生活保障のシステムに組み込む「地域共生社会」政策においては,公的責任に基づく社会福祉は今まで以上に限定的にならざるを得ない。

「改革工程」では,「縦割り」から「丸ごと」への転換として,「地域を基盤に

した包括的支援体制」の構築・強化を掲げている。

　確かに，日本の社会福祉分野では，高齢者，障害者，児童というように，対象別に制度やサービスが区分されており，これまで「縦割り福祉」として批判されてきた。また，1980年代以降になると「ニーズ」に応じた「サービス」という考え方が支配的となり，結果としてコマ切れのサービスや事業が多くつくられた。加えて，サービス利用に条件があったり，費用負担が導入されると，「サービスはあっても利用できない」状況を作り出すこととなり，かえって生活困難を深刻化させることにつながったといえる。このような中で顕在化したのが「制度の狭間」といわれる生活問題であり，近年では2013（平成25）年の生活困窮者自立支援制度創設の背景にもなっている。

　「改革工程」の中で具体的な取り組みとして挙げられているのは，①保健，医療，福祉，教育等にまたがり，また，地域住民による支え合いと連動した，包括的支援体制の構築，②介護保険制度，障害福祉制度を横断する「共生型サービス」の創設，③複数分野の支援を総合的に提供する取り組みを支援するためのガイドラインの周知（人員配置基準や設備基準などについて），④保健・福祉行政における包括的支援のあり方についての検討，などである。

　生活問題を個別に切り取って対応するのではなく「丸ごと」捉えるという視点や取り組みは重要である。生活自体が一つのまとまりをもって存在しているし，生活困難は色々な要因がからまり，多様で複雑な現れ方をするからである。今回の「地域共生社会」政策の目玉商品ともいうべき，地域包括ケアシステムを中心におく地域包括的支援の強化は，国民が望んでいた生活問題を「丸ごと」捉えることにつながり，適切な生活保障に資するものになるであろうか。

　まず，指摘すべきことは，公的責任での社会福祉が全体的に縮小されることを考え合わせると，包括的支援の強化についても，その範囲にとどまるという点である。たとえば，様々な人が抱える問題に対して総合的に相談する体制を整備するなら，ジェネラリストとしての専門職の養成や配置が必要となる。養成過程の見直しなども考えられているが，社会福祉分野における専門職の位置づけ，配置基準，賃金など全体的な底上げを図らない限り，現役職員に過重な負担がかかることになる。

　また，地域住民にとって，生活問題の総合相談窓口はなんといっても市町村に

おける福祉事務所である。自治体の責任ある部署であり、地域住民の総合相談・支援体制を構築するのであれば、福祉事務所こそ、その中核に位置づけられる必要がある。生活問題の多くが、貧困問題を基底にして生み出され、それを「丸ごと」捉えるならば、福祉六法、そして生活保護行政を扱う行政部門にこそ生活問題に対する総合相談が可能な専門職の配置と機能を公的責任で強化することが喫緊の課題である。

　第2に、相談を受けたら必ず解決に向けての対応が求められるという点である。今まで通り縦割りの制度設計のままであれば、入り口は一つであっても出口は縦割りの制度であるという、従前と変わらない実態に置かれる。制度の利用にあたっての条件（利用資格）や費用負担の問題も合わせて見直すなど、生活問題の解決に向けて生活保障に総合的に取り組むといった考え方が不可欠である。

　最後に、この包括的支援体制を構築するにあたって重要視されているのも、「地域住民の助け合い」である。前頁①にあるように、包括的支援体制は「地域住民による支え合いと連動」して構築されるものなのである。つまり、上記に指摘したような制度利用に限界があれば、住民の助け合いでカバーするということであり、それなしには地域における包括的支援体制は構築できない。地域住民の助け合い・支え合いが体制の中に明確に位置づけられているといえる。

　いずれにしても、地域によって行政の福祉サービスも住民の活動も大きな違いがあることから、一層地域による格差が開くことは十分に予想される。人口減少地域、とりわけ過疎地域では、行政サービスが乏しい上に、企業、社会福祉法人も少なく、活動を担う住民も少ない。包括的支援体制は可能な地域と不可能な地域に二分され、冒頭の人口構造、生活実態からみても、可能な地域は極めて限られているのである。

5　地域住民の「主体性」と「責務」
——「地域包括ケア強化法」の真意

　2017（平成29）年度に入ると、「地域共生社会」の実現に向けて、法律の改正が急ピッチで進められた。2017年4月12日、衆議院厚生労働委員会において「地域包括ケアシステムの強化のための介護保険法等の一部を改正する法律案」（「地域包括ケア強化法」）が通過、衆議院を経て、5月26日の参議院本会議において可決

された。これは,「地域共生社会」の実現を推進するために社会福祉法,介護保険法など全部で11の法律を改正するものである。これからの社会福祉の方向を決定づける法案であり,国民生活に直接関わる重要な案件であるが,実質的な審議はほとんどされず,短期間のうちに成立した[21]。これに対して,いちはやく反対声明や抗議声明を出したのは,「きょうされん常任理事会」,そして「障害者自立支援法違憲訴訟団」であった。両者とも社会保障や社会福祉の根幹に関わる法案であるにもかかわらず,衆議院で審議途中における強硬採決に至ったことに強く抗議している[22]。しかし,それに耳を傾けることなく,上記に記したように翌月末には成立となった。社会福祉政策は国民生活に直接的に影響するものであるが,新聞紙上でも全く取り上げられておらず,国民の「我が事」にはなっていない。しかも,この法改正には,重大な問題がある。

　ここでは,特に,このたび改正された社会福祉法第4条（地域福祉の推進）,第5条（福祉サービス提供の原則）,第6条（福祉サービスの提供体制の確保等に関する国及び地方公共団体の責務）,第106条第3項（包括的な支援体制の整備）について検討する。これらは,「『我が事・丸ごと』地域共生社会」政策の方向を如実にあらわすものである。

　表1-3に示すように,今回の改正は,「地域住民」をより積極的に課題解決の主体として条文に明記した点に大きな特徴がある。まず,社会福祉法の条文に,「地域住民」が活動の主体として,さらには努力義務ではあるがその推進を担う主体として登場するのは,2000（平成12）年,社会福祉事業法（以下,「旧法」）から社会福祉法へと法律名称も含め改正された時である。「旧法」では,「事業を実施するにあたって理解や協力を得るべき存在にとどまっていた（「旧法」第3条の2）」（社会福祉法令研究会編 2001：110）が,社会福祉基礎構造改革下で実施された社会福祉事業法改正によって,地域住民の位置づけを大きく変更することになった。今回の改正では,「地域住民」を,単なる活動主体としてだけではなく,福祉サービスを必要とする地域住民などが抱える課題を把握し,関係機関との連携等により課題解決を図る主体として位置づけたのである（第4条の2）。それは,新設された第6条第2項により,さらに明確になる。そこでは,国及び地方公共団体の責務として,「地域住民等が地域生活課題を把握し,…（中略）…関係機関との連携等によりその解決を図ることを促進する施策,その他地域福祉の推進

第1章 社会構造の変化に社会福祉政策は対応できるのか

表1-3 社会福祉法新旧対照表

（下線部分は改正・新設箇所）

	旧	新
第4条	（地域福祉の推進）地域住民，社会福祉を目的とする事業を経営する者及び社会福祉に関する活動を行う者は，相互に協力し，福祉サービスを必要とする地域住民が地域社会を構成する一員として日常生活を営み，社会，経済，文化その他あらゆる分野の活動に参加する機会が与えられるように，地域福祉の推進に努めなければならない。	（地域福祉の推進）地域住民，社会福祉を目的とする事業を経営する者及び社会福祉に関する活動を行う者（以下「地域住民等」という。）は，相互に協力し，福祉サービスを必要とする地域住民が地域社会を構成する一員として日常生活を営み社会，経済，文化その他あらゆる分野の活動に参加する機会が確保されるように，地域福祉の推進に努めなければならない。
2	（新設）	地域住民等は，地域福祉の推進に当たっては，福祉サービスを必要とする地域住民及びその世帯が抱える福祉，介護，介護予防（略），保健医療，住まい，就労及び教育に関する課題，福祉サービスを必要とする地域住民の地域社会からの孤立その他の福祉サービスを必要とする地域住民が日常生活を営み，あらゆる分野の活動に参加する機会が確保される上での各般の課題（以下「地域生活課題」という。）を把握し，地域生活課題の解決に資する支援を行う関係機関（以下，「支援関係機関」という。）との連携等によりその解決を図るよう特に留意するものとする。
第5条	（福祉サービスの提供の原則）社会福祉を目的とする事業を経営する者は，その提供する多様な福祉サービスについて，利用者の意向を十分に尊重し，かつ，保健医療サービスその他の関連するサービスとの有機的な連携を図るよう創意工夫を行いつつこれを総合的に提供することができるようにその事業の実施に努めなければならない。	（福祉サービスの提供の原則）社会福祉を目的とする事業を経営する者は，その提供する多様な福祉サービスについて，利用者の意向を十分に尊重し，地域福祉の推進に係る取組を行う他の地域住民等との連携を図り，かつ，保健医療サービスその他の関連するサービスとの有機的な連携を図るよう創意工夫を行いつつ，これを総合的に提供することができるようにその事業の実施に努めなければならない。
第6条	（福祉サービスの提供体制の確保等に関する国及び地方公共団体の責務）（略）	（福祉サービスの提供体制の確保等に関する国及び地方公共団体の責務）（略）
2	（新設）	国及び地方公共団体は，地域住民等が地域生活課題を把握し，支援関係機関との連携等によりその解決を図ることを促進する施策その他の地域福祉の推進のために必要な各般の措置を講ずるよう努めなければならない。
	第十章 地域福祉の推進（新設）	第十章 地域福祉の推進第一節 包括的な支援体制の整備
第106条の2	（新設）	（地域子育て支援拠点事業等を経営する者の責務）（略）
第106条の3	（新設）	（包括的な支援体制の整備）市町村は，次に掲げる事業の実施その他の各般の措置を通じ，地域住民等及び支援関係機関による，地域福祉の推進のための相互の協力が円滑に行われ，地域生活課題の解決に資する支援が包括的に提供される体制を整備するよう努めるものとする。一 地域福祉に関する活動への地域住民の参加を促す活動を行う者に対する支援，地域住民等が相互に交流を図ることができる拠点の整備，地域住民等に対する研修の実施その他の地域住民等が地域福祉を推進するために必要な環境の整備に関する事業二 地域住民等が自ら他の地域住民が抱える地域生活課題に関する相談に応じ，必要な情報の提供及び助言を行い，必要に応じて，支援関係機関に対し，協力を求めることができる体制の整備に関する事業三 （略）

注：第107条および第108条の新設部分については省略。

出所：厚生労働省「地球包括ケアシステムの強化のための介護保険法等の一部を改正する法律案新旧対照条文」より抜粋（http://www.mhlw.go.jp/topics/bukyoku/soumu/houritu/dl/193-09.pdf，2017年8月5日アクセス）。

のために必要な措置を講じるよう努めなければならない」としている。すなわち，課題を把握し，解決するのは国や自治体の責務ではなく，「地域住民」の責務であると明文化したのが今回の改正である。まさに，課題を抱える人たちの問題を「我が事」として捉える主体として，また，その責任が「地域住民」にあることを法律の中に明確に記したといってよい。

　さらに，このたびの改正で「第10章　地域福祉の推進」の第1節として「包括的な支援体制の整備」が加わり，第106条第2項及び第3項が新設された。中でも第106条第3項第1号では，地域住民等が地域福祉を推進するために必要な環境整備事業として，地域住民の地域福祉活動への参加を促す活動への支援，地域住民等が相互に交流を図るための拠点整備や地域住民等への研修の実施などの整備に努めることが新しく加えられた。特に，看過できない問題をはらむのは第2号の条文の内容である。ここには，市町村の努力義務として「地域住民等が自ら他の地域住民が抱える地域生活課題に関する相談に応じ，必要な情報の提供及び助言を行い，必要に応じて，支援関係機関に対し，協力を求めることができる体制の整備に関する事業」と掲げられている。つまり，課題を抱える人の相談にのり，かつ必要な助言などを行い，さらに必要に応じて関係機関に協力を求めるのは「地域住民」であり，それが円滑にできるように体制を整備するのが「市町村」であると位置づけている。

　ここに描かれているのは，課題を抱える人の問題を「我が事」として捉え，互いに助け合う地域住民の姿である。そうなるには，地域福祉活動へ参加したり，交流したりすることが必要で，そのための整備は市町村が努力すべきだと記している。市町村行政は「後方支援」にとどまるということである。

　また，地域住民が問題を抱えている人の相談を受けて，必要な情報提供や助言を行うとあるが，どんな生活課題を想定されているのか。前述したようにいまや，非正規雇用が全体では4割，とりわけ女性では圧倒的に非正規雇用が多い。さらには，比較的若い年代でも非正規雇用が進み，長時間労働が深刻な問題になっている現実もある。こうした労働・生活実態の中で，住民による相談活動には限界があることは明確であるにもかかわらず，国がそれを法改正をしてまで位置づけて推進しているのが「地域共生社会」政策といえる。解決の手立てが乏しければ乏しいほど，住民の中に分断を持ち込むことにつながる。

以上のように，今回の法律改正は，要約していえば，暮らしの場で起こる住民の生活問題に，住民自らが責任をもつことを条文に明記したものといえる。ここに国・厚生労働省の認識と政策意図がよく表れている。国が責任をもって社会保障や社会福祉の推進に必要な「ヒト（専門職），カネ（財源），モノ（施設）」の整備・充実に取り組む姿勢が乏しい中での今回の法改正，条文の新設は，国・地方自治体などの行政責任を地域住民へと転嫁するものに他ならないことは極めて明白である。

6　「地域共生社会」政策に至るまでの社会福祉政策

「地域共生社会」政策は，突然に国の方針として登場したわけではない。ここでは，今日に至るまでの政策の流れを大まかに3つの段階に分けて述べる。

(1)「地域共生社会」政策の源流──「日本型福祉社会」論

今日の「地域共生社会」政策の内容をたどると，1970年代後半の「日本型福祉社会」論に遡ることができる。

高度経済成長期が終焉し，低成長期に入った1970代半ば以降，高齢化の進行，それに伴う社会保障費の増大などの課題とともに，これからの社会保障・社会福祉のあり方が議論された。1973（昭和48）年にスタートしたばかりの老人医療費の無料化は，その年の暮のオイルショックを経て，「バラマキ福祉」と批判の的になり，それはやがてこれまで進めてきた社会福祉政策そのものを見直す「福祉見直し」論へと転換していった（長上 1999）。

こうした中で，当時の政権党であった自民党が提示したのが，家庭を基盤とした「日本型福祉社会」構想である（1979〔昭和54〕年3月）。同年8月には「新経済社会7ケ年計画」をまとめ，政策課題として「日本型福祉社会」構想を経済計画の中に位置づけるに至った（利谷 1987；日本家政学会家庭経営学部会編 1981）。自民党によると「日本型福祉社会」は「個人に自由で安全な生活を保障するさまざまなシステム」からなり，それは①「個人が所属する家庭」，②「個人が所属する企業」，③「市場を通じて利用できる各種のリスク対処システム」，④「最後に国が用意する社会保障制度」からなるとされる（自由民主党 1979：169）。つまり，家庭や企業も安全な生活を保障するシステムの一つであり，それを③が補完し，

最終的には国家が保障するというものであった。こうして登場した「日本型福祉社会」論は，個人，家族，企業，市場さえも生活を保障するシステムに組み込み，それらが機能しない場合の最後の受け皿として国の社会保障制度を位置づけたのである。そこでは，徹底して生活の自己責任原則に基づく自助が強調されていった。その後，「日本型福祉社会」という言葉はあまり使用されなくなったが，個人・家族の「自助」を基本にしてそれを支える地域社会での助け合い（共助・互助），そしてそれらを補完するものとして公的な社会保障を「公助」として位置づけるという社会づくりが，政策の基本的な考えとなっていったのである。「地域共生社会」政策は，生活自助を基本とする「日本型福祉社会」を源流にしながら，より「共助（助け合い）」に力点を置いた政策といえる。

（2）「地域共生社会」の原型──「21世紀福祉ビジョン」（1994年）

「日本型福祉社会」が描く社会保障や社会福祉の姿をより明確にしたのは，1994（平成6）年の高齢社会福祉ビジョン懇談会による「21世紀福祉ビジョン」と題する報告書である。これは，少子高齢社会における社会保障・社会福祉のあり方を示すもので，翌年の社会保障制度審議会の「1995年勧告」（社会保障制度審議会 1995），社会福祉基礎構造改革，そして介護保険制度の創設などに大きな影響を与えたものと位置づけることができる。

とりわけ「地域共生社会」の実現の中で述べられていることと同様のことを「21世紀福祉ビジョン」から抜き出してみると，「『自立と相互扶助』の精神を具体化していくためには，地域社会がもつ福祉機能を拡充，強化していくことが重要」「地域を基盤とし，個人や家庭，地域組織・非営利団体，企業，国，地方公共団体などが各々の役割を果たす」「総合的な保健医療福祉システムを確立していくことが必要」「住民に身近で気軽に安心して利用できる保健医療福祉に関する総合相談体制やサービスのネットワーク」「地域の情報発信体制を整備すべき」「国民自らが主体的に福祉活動に参加し，関わっていくという意識改革が必要であり，政策的にこれを促進するような条件づくりや，社会の側でも評価するようなシステムづくりを行っていく必要がある」などの文章が該当する（全国老人福祉問題研究会編集・協力 1994：21-34）。まさしく，現下の政府が進めようとしている地域を基盤にした地域づくりと包括的支援体制の整備の原型をここに見ること

ができるのである。

(3)「地域共生社会」原案の提示——「新福祉ビジョン」(2015年)

　「21世紀福祉ビジョン」が提示されて以降，厚生労働省は社会福祉基礎構造改革に着手，介護保険制度の創設とともに社会福祉分野の市場化が進んだ。これ以降，日本の社会保障・社会福祉政策は，より強く新自由主義の考え方に基づいて展開されることになる（浅井 2000）。税金を財源とする公的責任による生活保障のしくみである措置制度は一挙に縮小し，利用契約制度が広がった。市場化が進んだことにより，福祉サービスを「購入する」ということへの国民の抵抗感は薄れ，サービスを買える人と買えない人の差は，サービスを利用できる人と利用できない人の生活水準の格差となって露呈していくことになった。次第に，生活問題は個人責任に基づく自助の問題に帰着し，社会的な解決が求められる社会問題としての認識はより乏しいものとなってきている。いまや国や地方自治体の行政責任を真正面から議論することも少ない。一方，冒頭に述べたように，全国的に人口減少と少子高齢化が同時進行をする中で，地域格差や生活格差が拡大し，貧困問題や社会的孤立の問題などが社会問題として顕在化している状況にある。

　こうした社会状況の中で提案されたのが，2015（平成27）年9月の「誰もが支え合う地域の構築に向けた福祉サービスの実現——新たな時代に対応した福祉の提供ビジョン」（「新福祉ビジョン」）である。これは，厚生労働省内につくられた「新たな福祉サービスのシステム等のあり方検討プロジェクトチーム」の文書であり，今までの外部識者を交えた審議会や研究会とは異なり，社会福祉政策を立案する部署内部のチーム討議を経てのいわば官僚提案といえる。この中では，「新しい地域包括支援体制の確立（全世代・全対象型地域包括支援）」「生産性の向上と効率的なサービス提供体制の確立」「総合的福祉人材の確保・育成」という3点が新しい改革の方向性として提示された。そして，これらが「誰もが何らかの役割を担い，人と人とが支え合う」「共生型のまちづくり」という基本理念の下に行われることが重要だと指摘している（厚生労働省 2015）。

　この提案以後，「地域共生社会」の実現に向けての具体的な検討や取り組みが始まる。一つは，厚生労働省所管の研究会での検討である。たとえば，「地域の課題解決のための地域運営組織に関する有識者会議」（2016年3月発足），「地域力

強化検討会」(2016年10月発足),「地域自治組織のあり方に関する研究会」(2016年12月発足) などである。これらの研究会で，厚生労働省官僚の提案をベースに外部識者や社会福祉協議会，NPO，企業人などいわゆる「地域の多様な主体」になりうる団体や人を交えて「地域共生社会」の骨格を固め，そして肉付けをしてきたのである。もう一つは内閣府における「まち・ひと・しごと創生総合本部」での取り組みである。政府は2014 (平成26) 年に,「まち・ひと・しごと創生総合戦略」を策定し，人口減少地域における地方創生に取り組むことを閣議決定した。2017年5月の「地域包括ケア強化法」成立後の6月9日には「まち・ひと・しごと創生基本方針2017」を策定，その中で「地域共生社会の実現」を掲げ，民間活力を社会課題解決に活用するためのモデル事業を実施することなどを述べている。[23]「地域共生社会」は，地方創生の一環としても位置づけられ，「改革工程」の中でも「地方創生交付金」との連携をうたっているのである。[24]この間，内閣府では「共助社会づくり懇談会」を発足させ (2013年), 2015 (平成27) 年3月に「共助社会づくりの推進について——新たな『つながり』の構築を目指して」という報告書を出した。ここでは，「自助」の精神が大事とした上で,「身近な分野で多様な主体が，共に助け合い，支え合うという『共助』の精神」の重要性を述べている。内閣府でのこうした取り組みも「地域共生社会」実現本部に集約されていったと見てよい。

7 「地域共生社会」政策をめぐるせめぎ合い

「地域共生社会」政策は，社会福祉政策にとどまらず，経済政策でもあり地域政策でもある。今後，政権政党が大きく変更しない限りは省庁あげて国の大きな戦略に位置づけられていく。

このような中，2つの研究会での討議が開始された。一つは，2017 (平成29) 年7月に発足した厚生労働省主催の「新たな支え合い・分かち合いの仕組みの構築に向けた研究会」，もう一つは同年10月の総務省主催の「自治体戦略2040構想研究会」である。前者は，低所得層の増加や貧困の問題，社会構造の変化などをふまえて,「新たな支え合い・分かち合いの『心』と『仕組み』を柔軟に組み合わせた『地域共生社会』の構築」に向けて研究を行うとされている。[25]これまで3回の研究会において，国民所得について詳細な資料が示され,「世帯所得や平均

等価可処分所得の低下」「現役世代における相対的貧困率の上昇」「非正規雇用における相対的貧困率の高さ」「相対的貧困率が高い単身高齢者世帯の増加」など，自助の限界に直面している層の厳しい生活実態とそれが拡大していることが改めて浮き彫りにされた。提示された資料には，貧困問題は労働問題であり，そのことを抜本的に解決しない限り，「地域共生社会」が描く姿には到底届かないことがはっきりと表れている。

　後者の総務省主催の研究会は，人口減少と高齢化を迎える中で，地方自治体が「持続可能な形で，質の高い行政サービスを提供する必要がある」という問題認識の下に自治体行政のあり方を研究するとしている。第1回で提示された資料には，人口構造の変化についての詳細な資料とともに，「医療・福祉…（中略）…など住民サービスの多くは地方自治体が支えている」こと，「地方自治体が持続可能な形で住民サービスを提供し続けることが，『住民の暮らし』や『地域経済』を守るために不可欠である」との記述がある。今後，行政課題として医療や社会福祉の課題を取り上げていくのか，「地域共生社会」政策にどのように関わっていくのかが注目される研究会といえる。

　これら2つの研究会の初回の資料を見ただけでも，「『我が事・丸ごと』地域共生社会」政策は現実的な政策ではないことが一目瞭然である。特に厚生労働省主催の研究会での資料が示す貧困と生活困難の拡大は，公的な生活保障が抑制される中で生活自助が国民の意識に浸透していることの表れである。たとえば，生活保護基準が下がれば，より低賃金での労働を余儀なくされるし，年金水準が下がる，あるいは受給開始年齢が引き上げられれば，低賃金・非正規労働を強いられる場合も出てくる。自分の生活は自分で何とかしなければならないという考えが広がれば広がるほど，貧困をはじめとする生活困難は自己責任で解決する課題として捉えられるのである。このような社会の中で，「我が事」は成立するのか。生活は自己責任で営むという考えが払拭されない限り，「共助」は自助の延長でしかない。以下に具体的な問題を指摘しておきたい。

　第1に，地域において，だれが「地域共生社会」づくりを担うのか，という点である。都市部も農村部も少子高齢化が一層進む中で，地域活動や助け合いの担い手として想定されているのは，高齢者である。しかし，一方で，人口減少社会における労働者としても高齢者は期待されている。実際に地域活動を支え，議会

などの行政も支え，かつ労働者として働く高齢者は人口が減少している過疎地では一般的な姿である。しかし，それももう限界に近い。都市部においても，共働き世帯が広がる中で，だれが「我が事」として活動を担うのか。

　第2に，日本社会では，隣近所の人に自分の暮らしの問題をオープンにすることは中々難しいのが現実である。ましてや，他人が生活の中身について相談を受けるのは，よほど信頼関係が育っていない限り不可能である。だからこそ，公的機関での専門職による相談が不可欠なのである。

　第3に，「地域共生社会」の実現に向けて，厚生労働省は2016年度から予算計上をしている。2017年度は「『我が事・丸ごと』の地域づくり推進事業」として「①地域力強化推進事業」と「②他機関の協働による包括的支援構築事業」の2つの事業を立て，合計で20億円，全国で100カ所を想定している。あまりに少ないといえる。さらに，補助額は人口規模によって異なるものの基本的には①が1自治体1,200万円，②が1,500万円である。国庫補助は3/4なので，事業をするためには，1/4の地方自治体予算の計上が必要である。これに手を挙げる地方自治体はかなり限られたものとなることが予測できる。

　「地域共生社会」政策は実際には難航することが予想される。しかし，山積する生活問題には早急に取り組む必要がある。まずは国が雇用保障と賃金保障に本気で取り組み，生活保障体系を国民生活の実態に即して組み換え，充実させていくことが不可欠である。「財政緊縮」の中，増大する医療費，介護保険費用，そして生活保護費を抑制する政策が強められているが，それは国民生活のさらなる貧困，生活問題の深刻化を進めることになり，国民のほんの一部の階層を除いて徒労感や疲弊感は増すばかりである。

　それに歯止めをかけるには，権利としての社会保障・社会福祉という観点から，政策のあり方，財源の確保や配分などを抜本的に見直すことである。「地域共生社会」政策は，いわば上（国）から地域での共助の仕組みをつくるというものである。しかし，様々な生活問題を「我が事」として把握する住民が増えれば増えるほど，公的責任による社会保障・社会福祉の不十分さに気づく結果になるのではないだろうか。そこで社会福祉専門職は，こうした下（地域）から，国の社会保障や社会福祉のあり方を問う声をあげ，その充実を迫る運動につなげていくことが重要な役割であるといえる。

第1章　社会構造の変化に社会福祉政策は対応できるのか

　これから，ますます「地域」が暮らしを守り向上させていく取り組みの基盤として重要となってくる。自助や共助の限界をはっきりさせ，生存権保障の責任を国・自治体に迫る運動しての取り組みを強くしていくのか，単なる住民同士の助け合いのレベルにとどまるのか，まさに地域がせめぎあいの場となっているのである。

注
(1) 厚生労働省編（2015：43-44）では，「人口減少社会を考える──希望の実現と安心して暮らせる社会を目指して」と題して，人口減少社会の実態を詳細に検討している。また，「平成27年度国勢調査」結果を待つまでもなく，1980年以降，東京圏への若者を中心とした人口一極集中が続いていると指摘している。
(2) 急速に過疎化が進行した結果，村議会の廃止を検討せざるを得なくなった高知県大川村の例は，農村地域での先例ともいえる。大川村では，1960（昭和35）年には4,000人余りの人口だったのが，2017（平成29）年には約400人となり，高齢化率は43.2％にも達している（『朝日新聞』2017年5月5日付朝刊）。
(3) たとえば，最も人口が多い東京都の合計特殊出生率は1.15（2017年5月）であり，2016年の全国平均1.44を大きく下回っている（『東京都人口動態統計年報』2015年10月公表〔http://www.metro.tokyo.jp/tosei/hodohappyo/press/2017/01/16/08.html，2017年8月5日アクセス〕）。
(4) 総務省統計局（2013：第4表）より比率計算（http://www.stat.go.jp/data/shugyou/2012/，2017年7月15日アクセス）。
(5) 総務省統計局（2013：第4表）より指数計算。
(6) 「労働契約法の一部を改正する法律」2012（平成24）年8月10日公布，改正内容のうち，無期労働契約への転換については，2013（平成25）年4月1日施行である。
(7) 2017（平成29）年6月27日，厚生労働省は「国民生活基礎調査」結果から，2015（平成27）年の日本における相対的貧困率，および子どもの貧困率を公表した（『朝日新聞』2017年6月28日付朝刊）。
(8) 2014（平成26）年度の相対的貧困率は16.1％，子どもの貧困率は16.3％である（『朝日新聞』同上）。
(9) 2012年度1級地─1の「20-40歳」で一人暮らしの場合は，年間で183万4,200円である（第一類〔4万270円〕＋第二類〔4万3,430円〕＋住宅特別〔5万3,700円〕＋冬季加算〔3,090円〕×5か月分含む）。
(10) 総務省統計局（2013：第211表）より算出。
(11) 各年度の「人口動態統計」死因別死亡数参照。
(12) 「助けてといえない」現実は，NHKクローズアップ現代取材班（2010）に詳しい。
(13) たとえば，2007（平成19）年にスタートした「これからの地域福祉の在り方に関する研

⒁　検討にあたって、川上（2017）には大きな示唆を受けた。
⒂　「『我が事・丸ごと』地域共生社会実現本部について」2016年7月15日、『賃金と社会保障』No. 1677（2017年3月号）所収。
⒃　同前。
⒄　「住民の自主的な参加と自治」による地域福祉の意味と重要性を明らかにしたのは三塚武男である（三塚 1992）。
⒅　『地域福祉活動における住民主体の原則を考える──山形会議40周年記念　社会福祉協議会活動を考える全国セミナー報告書』参照。山形県社会福祉協議会、2001年3月。
⒆　正式な名称は、「地域における住民主体の課題解決力強化・相談支援体制の在り方に関する検討会」。
⒇　当面の改革工程の中には、社会福祉法における地域福祉計画の充実に向けての改定が盛り込まれているが、本文には全く登場しない。
(21)　2017年5月25日の参議院厚生労働委員会では、利用者負担、介護離職、介護職員の処遇などに関わる6点の付帯事項が出された（「地域包括ケアシステム強化のための介護保険法等の一部を改正する法律案に対する附帯決議」『賃金と社会保障』No. 1684（2017年6月下旬号）15頁）。
(22)　「地域包括ケアシステム強化法案衆院厚生労働委員会での可決強行への抗議」（きょうされん常任理事会、2017年4月12日）、「国による『我が事・丸ごと』政策推進に対する意見」（障害者自立支援法違憲訴訟団、2017年4月13日）（『賃金と社会保障』No. 1684（2017年6月下旬号）、16-17頁）。
(23)　「まち・ひと・しごと創生基本指針2017」（http://www.kantei.go.jp/jp/singi/sousei/info/pdf/h29-06-09-kihonhousin2017hontai.pdf、2017年8月20日アクセス）。
(24)　川上（2017）は「地方創生」として位置づけられていることを指摘した上で、「地方創生」が投資を軸とした地域間競争によって進められていることの危険性を指摘している。
(25)　第1回開催要項（2017年7月10日）（http://www.mhlw.go.jp/stf/shingi2/0000170158.html、2017年10月5日アクセス）。
(26)　第1回、第2回研究会での「提示資料」参照、同上。
(27)　第1回開催要項（2017年10月2日）、（http://www.soumu.go.jp/main_sosiki/kenkyu/jichitai2040/02gyosei04_04000071.htm、2017年10月15日アクセス）。

参考文献

浅井春夫（2000）『新自由主義と非福祉国家への道』あけび書房。
NHKクローズアップ現代取材班（2010）『助けてといえない──いま30代に何が』文藝春秋。

長上深雪（1999）「『社会福祉基礎構造改革』と国民生活」『龍谷大学社会学部紀要』15，19-27頁。

川上哲（2017）「『地方創生』と『我が事・丸ごと地域共生社会――『地域共生社会』とは何か」『賃金と社会保障』1686（2017年7月下旬号），4-15頁。

厚生労働省（2015）「誰もが支え合う地域の構築に向けた福祉サービスの実現――新たな時代に対応した福祉の提供ビジョン」（http://www.mhlw.go.jp/file/05-Shingikai-12201000-Shakaiengokyokushougaihokenfukushibu-Kikakuka/bijon.pdf，2017年7月30日アクセス）。

厚生労働省（2016）「『我が事，丸ごと』地域共生社会実現本部第1回資料」（http://www.mhlw.go.jp/stf/shingi2/0000130501.html，2017年8月5日アクセス）。

厚生労働省（2017a）「平成28年　国民生活基礎調査」（http://www.e-stat.go.jp/SG1/estat/List.do?lid=000001184705，2017年7月15日アクセス）。

厚生労働省（2017b）「『地域共生社会』の実現に向けて――当面の改革工程」。

厚生省編（1998）『厚生労働白書　平成10年版』。

厚生労働省編（2015）『厚生労働白書　平成27年版』。

社会福祉法令研究会編（2001）『社会福祉法の解説』中央法規出版。

社会保障制度審議会（1995）「社会保障体制の再構築（勧告）――安心して暮らせる21世紀の社会をめざして」。

自由民主党（1979）『日本型福祉社会』（研修叢書⑧），自由民主党広報委員会。

全国老人福祉問題研究会編集・協力（1994）『老後保障　情報資料集』11，あけび書房。

総務省統計局（2013）「平成24年度就業構造基本調査」（http://www.stat.go.jp/data/shugyou/2012/，2017年7月15日アクセス）。

総務省統計局（2016）「平成27年度国勢調査」（http://www.e-stat.go.jp/SG1/estat/GL08020103.do?_toGL08020103_&tclassID=000001077438&cycleCode=0&requestSender=estat，2017年7月15日アクセス）。

内閣府（2000）「国民生活に関する世論調査」（1999〔平成11〕年12月実施，2000〔平成12〕年5月1日公表，http://survey.gov-online.go.jp/h29/h29-life/4.html，2017年9月1日アクセス）。

内閣府（2017）「国民生活に関する世論調査」（2017〔平成29〕年6月実施，同年8月28日公表，http://survey.gov-online.go.jp/h29/h29-life/4.html，2017年9月1日アクセス）。

日本家政学会家庭経営学部会編（1981）『「日本型福祉社会」と家庭経営学』新評論。

三塚武男（1992）『住民自治と地域福祉』法律文化社。

利谷信義（1987）『家族と国家』筑摩書房。

渡辺武男（1990）「現代のコミュニティと生活」野上文雄・渡辺武男ほか編『地域福祉論』相川書房，16-31頁。

（長上深雪）

第2章	自立支援による生活保護制度の変容
	——個人化される貧困問題

1 生活保護制度における自立

　現行の生活保護法（1950年）は、法律成立から約70年を経た現在まで、最低生活保障とともに自立助長をその目的としてきた。生活保護法は給付により最低生活を保障することとともに、常に要保護者の自立を課題としてきたのである。

　本章では貧困問題対策としての生活保護制度において、自立が問われることの意味を考えたい。特に2005（平成17）年の自立支援プログラム導入以降、生活保護制度における自立支援施策が強化されることとなった。その意義と問題点を検討することが本章の課題である。

（1）生活保護法の2つの側面——無差別平等原理と選別の原理

　労働能力のある生活困窮者に対する生活保護制度のあり方を問うことは、貧困の原因を個人に求めるか、資本主義社会の構造に求めるかという貧困認識と深く関わる。かつて、恤救規則（1874〔明治7〕年）や救護法（1929〔昭和4〕年）は、その対象を「鰥寡孤独」に限定し、労働能力のある生活困窮者を絶対的欠格者とすることを以て、「厳正なる制限救助主義」（井上友一）を貫いてきた。その根拠とされたのが、惰民観であった。すなわち、貧困の原因は個人の怠惰にあり、救済がかえって惰民を養成することとなるため厳に慎むべきである、とする労働規範が救済に値するか否かの判断基準とされたのである。貧困を資本主義制度が必然的に生み出す失業・不安定就労、低賃金から派生する経済問題として捉えるようになったのは、戦後からのことである。

　GHQの強力な影響下に成立した生活保護法は、無差別平等原理、すなわち貧困に至った理由を問わず、生活困窮者に最低生活を保障するという近代的理念をもつものであった。これにより、絶対的欠格者とされてきた労働能力のある生活

困窮者をも対象に含めた一般扶助主義への転換が図られた。実際，敗戦後の経済混乱期，社会保障制度が未整備であった中で，生活保護制度が失業者に対する所得保障の一環として活用されてきたのである(1)。

無差別平等原理が労働能力者に対する保護適用の道を開いたことは，貧困の原因を個人の怠惰ではなく社会構造に求め，国家責任による対応を要する問題として承認したことの制度的表現である。その意味で，戦後の生活保護法は日本における公的扶助の歴史の中で画期的な意義をもつ。しかしながら，ここで旧来の惰民防止の観点が放棄されたわけではなかった。無差別平等に最低生活を保障するという生存権理念と労働能力者の保護への依存をいかに排するかという惰民防止の規範が，生活保護法の中に並存することとなったのである。旧生活保護法から現行法に至る経緯は，まさに生活保護法が「生存権理念と惰民思想の妥協の産物」（清水 1996：323）として形成されたことを示している。

GHQの占領政策の強力な影響下に成立した旧生活保護法（1946〔昭和21〕年）は，無差別平等原理を採用しながらも，惰民防止規定として「能力があるにもかかわらず，勤労の意思のない者，勤労を怠る者その他生計の維持に努めない者」及び「素行不良な者」に該当する者を保護の対象外とする欠格条項（第2条）を含んでいた(2)。旧法施行から4年後の1950（昭和25）年，現行生活保護法が成立し，旧法の欠格条項は「保護の要件」，すなわち「その利用しうる資産，能力その他あらゆるものを，その最低限度の生活の維持のために活用すること」（第4条第1項）に置き換えられる一方，法律の目的に加えられたのが「自立の助長」である。

周知の通り，現行法の自立助長規定の解釈をめぐっては，惰民防止という消極的観点からのものか，無差別平等の生存権理念に根ざした積極的な観点からのものかで見解が分かれてきた。現行法施行当時，厚生省社会局長であった木村忠二郎は，法律の目的に自立助長規定を設けたことについて，「この種の制度に伴い勝ちの惰民養成を排除せんとするものである」とし，保護の補足性原理のうちに保護の要件を定めた理由についても，「権利の濫用と惰民の養成を防止する目的から」であるとした（木村 1950：49-50）。

これに対して，現行法の立案者であった小山進次郎（当時：厚生省社会局保護課長）は，旧法の欠格条項と現行法の自立助長規定に論理的な結びつきはない（小山・仲村 1969：13）として，消極的自立助長論を否定している。小山は，生活保

護法が単に最低生活を維持させるというだけでは十分でなく，要保護者がもつ自主独立の可能性を発見し，これを助長育成し，その能力にふさわしい状態において社会生活に適応させることこそ，真実の意味において生存権を保障するゆえんであるとした。惰民防止のための自立助長論を明確に否定したのである（小山 1951：92-93）。

小山の自立助長論の積極性は，旧法で排除してきた「勤労を怠る者」「素行不良の者」をも最低生活保障（社会保障給付）の対象に包摂すると同時に，その援助の過程において，要保護者のうちに含まれる可能性を見出し，育成するという意味での自立助長（社会福祉援助）を行うとした点に認められる。ここでは，要保護者の主体性を重視する対象観があり，消極的自立助長論が「保護に依存しないようにする」とした要保護者を客体化する視点と対照をなす。また，この小山の自立助長論は，「保護を通じた自立」という視点を示唆するものでもあり，後の「自立支援論」にも引き継がれるものとして注目しておきたい。

ただ，欠格条項を撤廃し，無差別平等原理をもつに至った現行法においても，選別の制度原理は含まれている。それが「保護の要件」である。

「保護の要件」を現行法に設けた理由について，小山は，旧法のような欠格条項を設けるよりも「保護実施の要件として規定することにより，多少の弾力性をもたせることにした」（小山 1951：119）ためであるとした。小山は，欠格条項ではなく要件として規定することによって，より包摂的な制度にすることを意図したと考えられるが，この曖昧性がむしろ運用において「保護に値しない者」を弾力的に判断する余地を残したといえるのではないだろうか。この点について岩田は「一般扶助原理の下で保護の引き締め策が可能であったのは，実質上，受給資格と同じ機能を果たすことになったにもかかわらず，要件という曖昧な表現でこれをぼやかした，この補足性の原理に他ならない」（岩田 2005：184）と指摘している。

仲村は小山の自立助長論を積極的に評価しつつも，「自立助長論が現業との関係で打ち出されるときのニュアンスは，直接端的に惰民防止論ではないまでも，『資産能力の活用を促進すること』と『自立』とが結びつけられるような形で論じられ」（仲村 2002：23），「自立が主として『保護への依存からの脱却』，すなわち『保護を受けないで済むようになること』というニュアンスをもって受けとめ

られることが多かった」(仲村 2003：97) と生活保護行政の実態を評した。

このように，生活保護法は無差別平等原理（労働能力者を含む一般扶助主義）と保護の要件設定による選別原理の二面性をもつものであり，生活保護法の運用の歩みは，後者を強化しながら進展していったのである。

(2) 行政運用による稼働世帯の排除

これまでの多くの研究において指摘されてきた通り，高度経済成長期以降の生活保護動向の最大の特徴は，「被保護世帯の非稼働世帯化」である。

この非稼働世帯化は，景気動向や雇用情勢などの経済的側面，少子高齢化や家族機能・扶養規範の状況などの社会的側面，社会保障制度の整備状況や生活保護制度の運用状況などの制度的側面など多側面からの影響によるものであると考えられるが，ここでは稼働世帯の減少に少なからぬ影響を与えたと考えられる生活保護「適正化」政策との関連で非稼働世帯化を検討したい。

生活保護受給者の非稼働世帯化の契機となったのは，1964（昭和39）年から1966（昭和41）年にかけて重点的に進められた第二次「適正化」政策である。その直接の背景には，エネルギー転換政策による石炭産業「合理化」に伴う失業問題の深刻化があり，特に産炭地・筑豊地方等の保護率が局地的に急増した状況があった。このような状況を受け，第二次「適正化」政策が目指したのは，稼働能力世帯を保護から排除することによって一般の失業者及び低賃金労働者，不安定就業者との摩擦を避けるとともに，保護率を上昇させないことにあった（大友 2000：38）。そのため，1964年度監査方針では，「不正受給者の一掃，稼働収入，資産収入，資産等事実把握の正確化」が求められるとともに，「問題ケース」の筆頭に「稼働能力のある世帯」が挙げられ，訪問調査，生活指導の重点対象とされたのである（大友 2000：236-239）。

実際に，「適正化」政策の実施期間と，「非稼働世帯化」が顕著になる時期とは重なっている。1963（昭和38）年の被保護世帯に占める「稼働世帯」の割合は51.3％で，「非稼働世帯」の48.7％を上回っていたが，1965年には「稼働世帯」が47.4％，「非稼働世帯」が52.6％と逆転する。以降，1970年代を通じて，稼働世帯は2割台に落ち込んだ。こうした運用が，生活保護受給世帯の動向に影響を与えたことは明らかである。

さらに，英米などの先進諸国において新自由主義が席巻した1980年代，日本においても「福祉とて聖域ではない」とした臨調行革路線による社会保障費抑制政策が進められ，公的福祉は縮小の道をたどることになる。特に全額公費によって実施される生活保護制度に対しては，第三次の「適正化」政策が打ち出され，要保護者の選別原理が運用の中で強化されることとなった。

　生活保護の第三次「適正化」政策は，1981（昭和56）年，当時の厚生省社会局長保護課長・監査指導課長の連名による「生活保護の適正実施の推進について」（1981年11月17日付，社保第123号）の発布に始まる。本通知でいうところの「適正実施」とは，「ごく限られた一部の者によるとはいえ厳に不正受給の防止を図り，一方，真に生活に困窮する者に対しては必要な保護を確保する」ことにある。そのための資力調査の厳格化と，不正受給対策の強化が実施機関に求められることとなった。

　「ごく限られた一部の者」の不正受給案件への厳格的対応（要保護者に「正当受給であること」の挙証責任を求める手続き）をすべての要（被）保護者に適用したことは，これまでの「適正化」政策にはなかった点である。ここに至り，生活保護行政の現場において「真に生活に困窮する者」を絞り込むために「一貫して保護対象者を調査の対象として『疑いのまなざし』でとらえ，厳しい制裁的措置でのぞむという態度」（大友 2000：252）が浸透していくこととなったのである。

　こうして第三次「適正化」政策は，稼働世帯，非稼働世帯を問わずその適用を厳格化させていった。その結果，1980年代を通して被保護人員，保護率は急減していく。保護率の最低値（0.7％）を記録した1995（平成7）年，稼働世帯の割合は約1割にまで縮減し，非稼働世帯化が徹底されるに至る。このことが意味するのは，無差別平等の理念に基づく一般扶助主義原理の形骸化である。ここに至り，生活保護制度は，最低生活保障の最後の砦，すなわち他の社会保障制度を補完する機能を喪失し，「経済秩序外的存在」に対応する救貧制度と化したのである（清水 1996：320）。このことは同時に生活保護受給に対するスティグマを生み出すこととなった。これまでの研究で明らかにされたように，生活保護の捕捉率が15～20％と著しく低い状況であったのも，生活保護の救貧制度化の結果である。

　しかしながら，その後の社会経済情勢の悪化は，労働能力者の生活困窮問題に対して生活保護制度が担うべき機能を変化させる。その中で登場するのが自立支

援策である。

2　労働能力者の生活保護への包摂と自立支援

（1）ワーキングプアの増大と生活保護制度改革の経緯

　高度経済成長期に形成された日本型雇用慣行は，生計中心者である男性正社員の安定雇用と，企業内福利（扶養や住宅に係る手当等）を通じて，労働者とその家族の生活を支えてきた。もちろん，日本型雇用慣行にあって，非正規労働者も動員されたが，その多くは家計補助的な主婦のパート労働及び学生アルバイトであり，彼らは，生計中心者たる男性（夫・父）の扶養家族として企業から間接的に護られてきた（そして，非正規労働者の最低賃金の低劣性や失業給付の未整備状況は，このシステムが機能している限りにおいて政策課題とされることはなかった）。濱田は，これを，「いつでも雇い止めできる低賃金のパートやアルバイトのフレクシビリティと，彼らをその夫や父親の高賃金と安定雇用によって保護するセキュリティを組み合わせたモデル」として「幸福な日本的フレクシキュリティ」と表現した（濱田編著 2013：6）。

　しかしながら，この日本型雇用慣行の圏外にあった労働者はもちろん存在していた。その典型は不安定雇用にある低賃金労働者であり，具体的には母子世帯の母や寄せ場の日雇労働者であった。生計中心者でありながら労働市場の底辺に位置づけられた彼らは，豊かな社会に潜在するワーキングプアであった。

　バブル経済の崩壊を契機に，これまでの日本型雇用慣行は崩壊へと進んでいった。1995（平成7）年，日本経営者団体連盟が公表した『新時代の「日本型経営」』に示されるように，企業は，経営にとって中核となる者を正社員として絞り込む一方で，非正規雇用の範囲を拡大させていった。こうした変化は，これまでシングルマザーと日雇労働者が置かれた〈日本型雇用慣行の圏外〉の範囲を拡大化させていく。2000年代以降，「一般世帯の母子世帯化」「社会全体の寄せ場化」と表現される雇用情勢の劣化と貧困化の波は，従来，正社員として採用された男性稼ぎ主や一括採用されてきた新卒者にまで及ぶことになった。とりわけ2008（平成20）年秋のリーマンショックを契機とした派遣切り失業者の問題は，同12月の「年越し派遣村」により社会的注目を集めるに至った[6]。「働けば生活し

ていける」という社会通念は，現実によって否定されたのである。

　ここで顕在化したのは，派遣労働者の雇用と生活の不安定性とともに，失業のリスクがより高い非正規労働者にこそ必要であったはずの雇用保険が，これらの層を排除してきたという問題であった。正社員やフルタイム労働者を主たるターゲットとしてきた雇用保険（第一のセーフティネット）と，非稼働世帯を中心とした生活保護制度（最後のセーフティネット）の間に位置する非正規労働者への失業給付制度の不在は，ワーキングプアの急増を前に，生活保護制度に緊急一時的な対応を迫ることとなった。また，年越し派遣村の報道は，失業者にも生活保護が適用されることを社会に知らしめ，受給することへの抵抗感を弱める効果ももたらしたと考えられる。

　ワーキングプアの急増という事態は，雇用保険をはじめとした他の制度の未整備状況を代替する緊急応急的措置として，生活保護による対応を求めることとなった。このことは，選別原理に偏重した制度運用から，改めて労働能力のある生活困窮者を包摂する方向性に修正するものであったといえる。

　こうした情勢の中で，被保護世帯のうち稼働能力者が多く含まれるとされる「その他世帯」（高齢世帯，傷病世帯，障害世帯，母子世帯以外の世帯）の割合が急増していくこととなった。開始世帯に占める「その他世帯」の割合は，2005（平成17）年度の18.5％から2010年度の35.5％（被保護世帯全体に占める割合は10％から16.2％）に増大したことが厚生労働省においても問題とされるようになり，生活保護からの脱却を目指した自立支援策の必要性を高めることともなった。と同時に，雇用保険が適用されない失業者や長期失業者を含めた労働能力のある困窮者に対しては，生活保護とは別の制度に包摂すべきではないかとの議論が，2012（平成24）年以降，厚生労働省内で本格的に展開されることとなる。

　その一方で，全額公費により支給される生活保護制度のあり方に対しては，一般勤労者から否定的感情が向けられることとなった。それは，最低生活水準を下回るような最低賃金の低さ，さらには所得格差を是正する社会保障制度の再分配機能が十分に機能していない状況を背景としている。このような状況にあって，生活保護制度は，第1に，増大する生活保護費をいかに抑制していくかという観点から見直しが進められていく（最も重大な制度変更は，生活保護基準の引き下げである）。第2に，労働能力のある生活保護受給者に関しては「福祉から就労へ」

というスローガンの下，保護からの脱却を目指した就労指導強化を旨とする「適正化」方策が国と地方の協議を経て形作られていった。こうした見直しの方針を具体化する方策として採用されたのが，自立支援である。

（2）労働能力者の生活保護への包摂と自立支援論

　生活保護制度における自立支援は，法の目的である自立助長から直接に派生したのではない。むしろ，社会福祉基礎構造改革の流れをくむもので，社会福祉法（2000〔平成12〕年）第3条が「福祉サービスの基本的理念」として「利用者が心身共に健やかに育成され，又はその有する能力に応じ自立した日常生活を営むことができるよう支援する」ことを規定したことを受けて，高齢者，障害者，児童，ひとり親世帯，若年無業者，ホームレス，生活保護など広範な社会福祉領域に自立支援施策が導入されるに至った。その背景には，欧米流のワークフェア（workfare），「福祉から就労へ」（welfare to work）路線の影響があり，2000年代以降，就労自立に重点化した自立支援策が進められていくこととなる。

　こうした社会福祉全般の政策動向の中で，2005（平成17）年度から生活保護制度に自立支援プログラムが導入され，2013（平成25）年には法改正により就労支援施策が追加された。また，同年の生活困窮者自立支援法成立によって，生活保護の適用に至らないボーダー層を含めた生活困窮者の就労・自立支援策が創設されるに至った（なお，2005年，2013年はいずれも，生活保護基準の引き下げが行われた年で，自立支援策の強化は生活保護費の抑制策と連動して進められてきたということに留意しておきたい）。

　これら一連の制度化の端緒となったのが，社会保障審議会福祉部会「生活保護制度の在り方に関する専門委員会」（2003〔平成15〕年7月発足，以下，「専門委員会」）が提案した自立支援論である。ここでは，2004（平成16）年12月にとりまとめられた専門委員会の最終報告書及び委員会委員の見解から，自立支援策の意義と問題点について検討しておきたい。

　専門委員会における最も重要な論点は，支援が目指すところの「自立」をどう捉えるか，にあった。ここでいう自立支援とは「就労による経済的自立のための支援（就労自立支援）のみならず，それぞれの被保護者の能力やその抱える問題等に応じ，身体や精神の健康を回復・維持し，自分で自分の健康・生活管理を行

うなど日常生活において自立した生活を送るための支援（日常生活自立支援）や，社会的なつながりを回復・維持するなど社会生活における自立の支援（社会生活自立支援）をも含む」としている。

　最終報告書では，このような新たな自立概念の下，生活保護制度を「利用しやすく自立しやすい制度へ」転換する方向を目指すことが謳われた。そのために，生活保護制度を最低生活保障と自立支援サービスの二本立てにすることによって，被保護世帯が安定した生活を再建し，地域社会への参加や労働市場への「再挑戦」を可能にする「バネ」としての働きをもたせることが提案されたのである[11]。

　この点について，専門委員会委員の布川は，ソーシャル・インクルージョンの観点から「保護の入口で徹底的に絞る」という従来の運用を「利用しやすい」制度へと転換していく提案であったと説明している（布川 2009：125）。資産・能力を使い尽くし，生活困窮状態が極まるまで保護しない運用は，結果として，要保護者の負担を重くするとともに，生活再建にも時間を要する事態を招く。このような制度上の課題を改善するために，専門委員会では，自助努力として活用すべき資産や能力の範囲を限定し，自立の基盤を一定保持したまま保護を開始すべきことを提案したのである（布川 2009：126-128）。

　よって，専門委員会の自立支援論の積極的意義は，これまで排除されがちであった労働能力者をいったん最低生活保障に包摂することを志向した点にある。そして，支援の目標を「就労自立」（「保護からの自立」）に限定するのではなく，「日常生活自立」「社会生活自立」までを含め広く定義したことは，「保護を受けながらの自立」の積極的な根拠を示すものとなった。最低生活保障を基盤としつつ，「能力に応じた自立」が多様であることを承認した点で，評価されるべきである。

　専門委員会の報告を受けて2005（平成17）年度から自立支援プログラムが制度化されることとなったが，一部の実施機関の間で，受給者の自発性，自尊感情の回復を重視した「伴走型支援」，自立支援の「出口」となる正規就労先の開拓など先駆的な取り組みが生み出されていった[12]。その意味で自立支援プログラムの導入は，従来の生活保護行政の転換点となったと考えられる。

　一方で，専門委員会報告書には，福祉給付の条件に就労を義務づけるワークフェアの問題性が含まれていた点に留意すべきである。すなわち，生活保護法第60条に定める被保護者の「生活上の義務」（「常に，能力に応じて勤労に励み，支出の節

約を図り,その他生活の維持向上に努めなければならない」)の履行手段の一つに自立支援プログラムを位置づけたことによって,指導・指示違反への制裁規定(生活保護法第62条第3項,保護の停・廃止)を適用する余地を与えるものであった。受給者が就労自立を目指すことは,もとより支援の目標であったはずである。それが保護継続要件にまで転化しているのである。自立支援プログラムへの取り組みが不十分と見なされた場合には,保護から排除されかねないという問題をはらむものであった。よって,この点については,自立支援プログラムの施行後,厚生労働省と現場との議論を経て修正されることとなった。本人の同意(任意性)を前提とするプログラムと,強制力をもった「指導・指示」との不整合を調整するため,自立支援プログラムは,生活保護法第27条の2「相談及び助言」として実施することが方針化される(奥森ほか 2013:16)。その結果,自立支援プログラム参加者は,指導・指示違反にかかる保護の停止・廃止規定の対象にはならないことが確認された。

しかしながら,従来型の「就労指導」(生活保護法第27条)は,自立支援プログラムと併存する形で生活保護行政の基調に堅持されてもいる。労働能力のある生活困窮者の排除の仕組みは,改正法の就労支援関連給付と連動しながら,精緻化していく。

3 「貧困問題」は「個人の問題」?
―― 自立支援策の問題性

2012(平成24)年8月に成立した社会保障制度改革推進法附則第2条では,生活保護制度に関し,不正受給対策への厳格な対処,生活扶助・医療扶助等の給付水準の適正化,被保護世帯に対する就労促進等の見直しとともに,生活困窮者対策及び生活保護制度改革の総合的実施,貧困の世代間連鎖の防止,正当な理由なく就労しない就労可能者への措置の厳格化等を検討することが定められた。生活保護抑制策を含むこれら見直しの方向性に沿って,2013(平成25)年には,生活保護基準引き下げ,生活保護法改正,生活困窮者自立支援法成立が一体的に進められた。

改正法においては,保護申請手続きの厳格化や実施機関の調査権限の拡大,親族扶養の強化を旨とした重大な変更が,保護基準引き下げと並行して進められた。

本節では，労働能力者に対する就労支援・就労指導に絞って検討をしていく。
　法改正に伴って，創設された就労・自立支援策は，以下の通りである。

① 被保護者就労支援事業（第55条の6）：被保護者の自立の促進を目的とし，就労支援にかかる被保護者からの相談に応じ，必要な情報提供・助言を行う。

② 被保護者就労準備事業：就労意欲が低い者や基本的な生活習慣に課題を有する者など，就労に向けた課題をより多く抱える被保護者に対し，一般就労に向けた準備として就労意欲の喚起や一般就労に従事する準備としての日常生活習慣の改善を，計画的かつ一貫して実施する。

③ 就労活動促進費（一時扶助費）：「早期に就労による保護脱却が可能と判断する被保護者」で「就労による自立に向け，自ら積極的に就労活動に取り組んでいると認める者」を対象に，原則6カ月以内（最大6カ月の延長）で月額5,000円を支給する。

④ 勤労控除の変更：基礎控除全額控除額の引き上げ（8,000円→1万5,000円）と控除率の低減率廃止（一律10％）。ただし，特別控除は廃止されるとともに，保護廃止時の勤労控除率が引き下げられた（100％→70％）。

⑤ 就労自立給付金（第55条の4～5）：保護脱却へのインセンティブ強化のため，安定的な就労の機会を得たこと等により保護を必要としなくなった者に対し，一時金として支給（上限額，単身世帯10万円，多人数世帯15万円）。

　①②は，自立支援プログラムを生活保護法上に位置づけるとともに，生活困窮者自立支援法との一体的実施が意図された相談支援事業である。③④⑤は，求職活動や就労・保護脱却へのインセンティブを強化する目的をもつものである。
　これら一連の自立支援施策は，就労へのインセンティブを付加する点で積極的な制度として評価することができる。しかし，その一方で，保護の停止・廃止を背景にした従来型の就労指導が基調とされており，次にみるような就労・自立支

援策の運用方針により，選別原理は個別プログラムの中で徹底されようとしている。

　生活保護法改正に先立ち，2013年5月，厚生労働省社会・援護局長通知「就労可能な被保護者の就労・自立支援の基本方針について」（社援発0516第18号，2013年5月16日付。以下，「基本方針」）が打ち出された。

　「基本方針」は，生活保護受給世帯の増大傾向への対応として，稼働年齢層に対する集中的な就労支援を通した保護脱却の促進を意図したものである。2013（平成25）年1月の社会保障審議会「生活困窮者の生活支援の在り方に関する特別部会」の報告書を継承し，「保護開始直後から早期脱却を目指し，期間を設定して集中的かつ切れ目ない支援を行うことが必要である」として，「保護の実施機関が就労可能と判断する被保護者」に対する就労自立支援の方針を示したのである。厚生労働省は，前述の「就労活動促進費」が，「基本方針」による就労支援への参加を前提に支給されることから，就労可能と判断する被保護者すべてに確認を行うことを求めている。[14]

　従前の「就労指導」と同じく，求職活動・収入状況の申告書を毎月求めるという方針は，「基本方針」においても引き継がれているが，ここでは，これまでにない踏み込んだ内容が打ち出された。それが，「集中的かつ切れ目ない支援」である。

　「基本方針」では，実施機関が対象者に「稼働能力を十分に活用することが求められていることを十分に説明した上で」，本人の同意を得て，原則6カ月以内を活動期間に定め「その活動期間内に就職できることを目指し」た「自立活動確認書」を策定する。一方，被保護者は，毎月「求職活動状況・収入申告書」の提出を求められ，活動期間の中間時点（概ね開始後3カ月）には，被保護者の求職活動等につき，実施機関からの「評価」が行われる。ここでは，中間段階の達成度に応じ目標の修正が求められる。

　まず，「就労の目処が立たない場合」には，「職種・就労場所の範囲等を広げて」求職活動を，「直ちに保護脱却が可能となる程度の就労が困難と見込まれる場合」には，「パートタイム勤務等短時間・低額であっても一旦就労することに向けた」求職活動を行うよう「本人の同意を得て」，活動内容を見直すとされている。また，「集中的な就労支援の継続が適当でないと判断される者」には，「就

労意欲の喚起のための機会の提供等，本人の状況に即した適切な事業への移行」を検討することが規定されている。

　さらに，自立に向けた計画的取り組みの確認に応じない，申告を行わない者で「求職活動が十分に行われていないと保護の実施機関が判断する者」には，生活保護法第27条の指導・指示を行うこと，指導指示違反の場合には，生活保護法第62条第3項に基づく保護の変更，停止・廃止を検討すること，「稼働能力活用要件を満たしていないと判断される場合」は，保護を停止しながら就労指導を継続することを検討することが規定されていた。

　ここでの問題は，就労支援への参加や取り組み状況が支援の有効性を評価する上で参照されるというよりも，むしろ保護継続要件の確認，すなわち「ワークテスト」として機能していることにある。この「ワークテスト」を介して，就労への努力の程度が測定され，期間内の就労や保護脱却が困難と判断される者は，本人の意向（職種や勤務地・雇用形態），それに合った求人があるかどうかの地域の状況を度外視して，[15]「条件を問わず期間内に就業すること」へと目標を変更させられ，不安定雇用へと振り分けられていく。ここでの自立は，就労によって安定した生活水準が維持されている状態を指すのではない。就労第一主義に立った自立である。

　さらに問題なのは，この「ワークテスト」によって「支援を通して自立した者」と「支援をしても自立しなかった（できなかった）者」にふるいわけされ，後者については支援プログラムだけではなく経済給付も含めた保護の変更，停廃止が可能となる点である。しかも，支援を通しても自立しなかったとされる以上，保護の変更・停廃止が，ほかならぬ本人の「自己責任」に帰され，正当化されかねない。そのような問題性をはらむのがこの自立支援なのである。

　このように，「基本方針」では就労支援が目標とする「自立」（出口）の質を問わず，保護から「より自立的であること」を——指導指示と制裁の権限を背景として——強制する。ここでいう「自立」とは，「働ける者はできるだけ働き，保護に依存しない」状態を意味している。

　ここに至り，社会問題であるはずの貧困問題は，個人の労働意欲や努力の喚起など，個人の問題に回収されようとしている。頑張ったと認められる限りにおいて給付を与えるというのは，もはや権利ではなく，温情による施しである。

非正規労働者が雇用労働者の4割を占め，生活保護制度に先行すべき所得保障制度（雇用保険等）が十全に機能していない現状を顧みず，まずもって就労を求め，あるいは稼働能力不活用を理由とした保護の停止・廃止の措置を行うことは，労働力の窮迫販売（安売り）を受給者に余儀なくする。これは「福祉から就労へ」ではなく「福祉からワーキングプアへ」の放逐なのである（桜井 2017：32）。

　埋橋が指摘するように，ワークフェアは，もともと投げ返される側の雇用情勢の悪化があって採用されたのであり，「福祉から就労へ」と「投げ返す」だけで問題が解決するわけではない（埋橋 2007：15）。自立の社会的基盤が必要である。

　自立の社会的基盤とは，まず第1には安定した雇用・就労である。これが前提となって自立支援策は有効に機能する。第2に，社会保障の再分配機能を高めることである。正規雇用であれ非正規雇用であれ，自営業であれ，失業者であれ，安定した生活を支えるだけの社会保障が求められる。特に，失業や不安定雇用にある困窮者に対する最低生活保障の意義の一つは，労働力の窮迫販売の回避にある。確かな就労自立のためには，まずもって最低生活保障が必要なのである。

　その意味で，〈働けば暮らしていける社会〉とともに〈失業しても安心して暮らしていける社会〉が求められているのである。

注
(1) 旧生活保護法（1946〔昭和21〕年）の下，失業者に対しては，勤労署による職業斡旋や勤労指導等を第一としながらも，現に要保護性が認められる場合には，生活保護の適用を認めていた（厚生省社会局長・勤労局長発通知「勤労署において取扱ふ失業者中生活困窮者の保護に関する件」〔社発題731号，1946年9月16日〕，厚生省社会局長，勤労局長の連名通知「要保護者中失業者に対する就職斡旋並びに生活保護の適用に関する件」〔1947年4月1日，厚生省発社32号〕）。
(2) 現行法の立案者小山進次郎は，仲村優一との対談の中で，当時の「保護課の伝統」として，惰民思想が根強くあったことにふれ，「無差別平等ではあるけれども，受けるには，受ける者の欠格条件というものがあるというんで，それに該当するようなことがあるとすれば，これは，いかに無差別平等な保護といえども及び得ないんだ」として，無差別平等原理の中に「保護に値する者」を選別する装置が必要であったことを指摘している（小山・仲村 1969：12-13）。
(3) 被保護人員の増減を規定する要因について，清水は以下の通り整理している。①社会的要因（経済動向，人口の高齢化，家族形態・扶養規範・離婚率の推移等），②制

度的要因（社会保障制度の整備・拡充，生活保護のスティグマの度合い等），③行政的要因（保護基準の推移，受給資格の緩和状況，保護の「適正」実施，福祉事務所の姿勢等）（清水 2007：174-175）。

(4) 本来，生活保護制度の適正な実施とは，漏救，濫救いずれもがない状態のことを意味する。しかしながら，生活保護「適正化」政策にいう「適正」とは濫救防止に限定されたものであり，その結果，主に稼働能力世帯を排除することとなった。ここでは，本来的な適正な実施と区別するために，「適正化」と括弧付きで表記する。

(5) これまでの研究において，生活保護の捕捉率は，15〜20％とされている（中川〔2002〕，駒村〔2002〕など参照）。また，2010（平成22）年4月に厚生労働省は「生活保護基準未満の低所得世帯数の推計について」を発表し，「平成19年国民生活基礎調査」を基礎とした低所得世帯数に対する被保護世帯数の割合について，所得のみを考慮した場合，15.3％，資産も考慮した場合32.1％と，捕捉率が低水準であることを明らかにした。

(6) 東京・日比谷公園に開設された「年越し派遣村」は，民間の支援団体や市民ボランティアが実施主体となり，仕事と住まいを同時に失った生活困窮者に宿泊所や炊き出し等による食糧支援を行うもので，499名が利用，そのうち230名が生活保護の申請を行った。

(7) 2009（平成21）年3月の厚生労働省社会・援護局保護課長通知「職や住まいを失った方々への支援の徹底について」では，生活困窮者の早期発見と本人の事情や状況に応じた迅速な支援を関係機関の連携により実施する旨が打ち出され，同12月の保護課長通知「失業等により生活に困窮する方々への支援の留意事項」においては，速やかな保護決定，居住支援の確保等，効果的な制度運用に努める旨が通知された。

(8) 2007（平成19）年，最低賃金法が改正され，最低賃金と生活保護の逆転現象解消のために第9条第3項（労働者の生計費を考慮するに当たつては，労働者が健康で文化的な最低限度の生活を営むことができるよう，生活保護に係る施策との整合性に配慮するものとする）が新設されたが，2015（平成27）年まで逆転現象の完全解消が進まなかった。また，各種の社会保険制度においては，保険料負担の増大と給付水準の抑制が進められてきた。こうした状況の中で，一般勤労者からみると生活保護基準が高すぎる，受給者は手厚く保護されているというイメージが流布し，否定的な国民感情が広がったと考えられる。

(9) 生活保護費の増大抑制という方向は，2003（平成15）年6月に閣議決定された「経済財政運営と構造改革に関する基本方針2003」（骨太の方針2003）において，国庫補助負担金の廃止・縮減（2006〔平成18〕年度までの3カ年で4兆円カット）の方針の下，生活保護制度に関しては老齢加算等の扶助基準の見直しの必要性が提起された。さらに，2004（平成16）年11月に「三位一体改革について（政府・与党合意）」が発

表され，国と地方の協議会で生活保護制度及び児童扶養手当の国庫補助率の見直しの検討を進めることが決定された。生活保護制度の国庫補助率を現行の3/4から2/3（ないし1/2）に引き下げるとした厚生労働省原案は，地方の反対によって見送りを余儀なくされた。その代替策として，生活保護費抑制を目的とした「適正化」方策の推進が国と地方の間で合意に至る。それは，2006（平成18）年3月，厚生労働省社会・援護局保護課長通知「生活保護行政を適正に実施するための手引きについて」にとりまとめられており，特に稼働世帯に対しては，履行期限を定めた指導指示，指導指示違反に対する保護の停止・廃止処分に至るまでの手順が規定されていた。この就労指導の強化方針は，2013（平成25）年の就労・自立支援に係る国の基本方針に引き継がれる。

⑽　2002（平成14）年には，母子世帯対策として，自立支援の強化とともに児童扶養手当の目的を「離婚時の激変緩和策」として期限を定めた給付を自立支援策と連動させて実施することとなった。また，同年の「ホームレスの自立の支援等に関する特別措置法」も，最低生活保障よりも就労自立支援策に重点化した内容をもつものであった。2007年2月の「成長力底上げ戦略」に基づき，母子家庭世帯，生活保護世帯，障害者等を対象とした『「福祉から雇用へ」推進5カ年計画』（2007～2011年度）が策定された。

⑾　社会保障審議会福祉部会・生活保護制度の在り方に関する専門委員会「最終報告書」2004年12月。

⑿　先駆的な自治体の取り組みについては，布川編著（2006），釧路市福祉部生活福祉事務所編集委員会編（2009），鈴木（2011）等に詳しい。

⒀　専門委員会報告書を受けて，2005年3月，厚生労働省社会・援護局保護課長通知「自立支援プログラム導入のための手引（案）について」が実施機関に通知された。

ここでは，自立支援プログラムは，被保護者の参加への同意を前提とし，被保護者自身に自立目標，達成期限を設定させることとしている。これを受けて実施機関は個別支援プログラムを開始するが，被保護者からその取組状況について月1～2回の定期報告を徴収し，その取り組みを実施機関が評価していくこととなる。ここで注目したいのは，実施の結果，「取組状況が不十分である」と判断された被保護者に対する扱いである。目標や個別支援プログラムが「適当」――裏返すと本人の取組状況が「不適当」――であると判断された場合，指導指示（口頭・文書）を行い，それでも改善されず「稼働能力活用要件を充たさないと判断された場合」は，「保護の変更，停止又は廃止を検討する」とされている。ここでは，福祉給付の継続要件に，任意参加であるはずの自立支援プログラムが持ち込まれるという問題性があった。

⒁　「基本方針」では，改正法成立に先立ち，2013（平成25）年8月より施行されることとなった「就労活動促進費」（月額5,000円，原則6カ月間）の支給要件と連動させ

るため，2013年7月末を目途に，保護開始となった就労可能な被保護者すべてに，「自立活動確認書」による支援実施の確認を行うことが通知された。この「就労活動促進費」の支給対象は，「自立活動確認書」に基づく就労活動を行う者で自ら申請したもので，自立活動確認書に基づく就労活動参加者で，ハローワークや福祉事務所等による求職活動・就労支援を月6回（週1回）以上を行っていることとされている。

　これまでの生活保護法第27条の2（助言・援助）として実施されてきた自立支援プログラムでは，参加の任意性から，指導指示違反による制裁規定の対象外とされてきたが，「就労活動促進費」の支給対象は，法27条の指導・指示に基づく「基本方針」の対象とされたことにより，指示違反への制裁を伴う，管理的な「就労指導」の方針が制度に組み込まれることになったとみてよいだろう。

⒂　「自立活動確認書」の様式には，「清掃，調理（補助含む），整備，工場・倉庫作業」が例示されていることからもわかるように，本人の希望や職業上の能力・適性・希望する雇用形態にあった就労先よりも，まずもって就労できそうな場での就職を求めている。

参考文献

岩田正美（2005）「『被保護層』としての貧困――『被保護層』は貧困一般を代表するか？」岩田正美・西澤晃彦編著『貧困と社会的排除――福祉国家を蝕むもの』ミネルヴァ書房，171-194頁。

岩田正美（2008）『社会的排除――参加の欠如・不確かな帰属』有斐閣。

埋橋孝文（2007）「ワークフェアの国際的席捲――その論理と問題点」埋橋孝文編著『ワークフェア――排除から包摂へ？』法律文化社。

大友信勝（2000）『公的扶助の展開――公的扶助研究運動と生活保護行政の歩み』旬報社。

奥森祥陽・河村直樹・布川日佐史（2013）「就労・自立支援の『基本方針』と就労支援のあるべき姿――法改正を待たずに始まっている生活保護の就労・自立支援の変化」『賃金と社会保障』1596号，12-30頁。

加美嘉史（2017）「生活困窮者に対する就労支援――ソーシャルワークの課題と可能性」『ソーシャルワーク研究』42(4)，244-254頁。

唐鎌直義（2012）『脱貧困の社会保障』旬報社。

木村忠二郎（1950）『改正生活保護法の解説』時事通信社。

釧路市福祉部生活福祉事務所編集委員会編（2009）『希望をもって生きる――生活保護の常識を覆す釧路チャレンジ』筒井書房。

駒村康平（2002）「セーフティネットの再構築――低所得者世帯の状況」『週間社会保障』2208，24-27頁。

小山進次郎（1951）『改訂増補 生活保護法の解釈と運用』中央社会福祉協議会。
小山進次郎・仲村優一（1969）「公的扶助のあゆみ100年——新生活保護法制定」『生活と福祉』153，10-16頁。
桜井啓太（2017）『〈自立支援〉の社会保障を問う』法律文化社。
清水浩一（2007）「わが国における生活保護の動向」岩田正美・岡部卓・杉村宏編著『公的扶助論』ミネルヴァ書房，171-188頁。
清水浩一（1996）「生活保護法の硬直化とその本質的原因——選別と差別の構造に関連させて」『季刊・社会保障研究』32(3)，319-328頁。
鈴木奈穂美（2011）「釧路市の自立支援プログラムと社会的排除／包摂」『専修大学社会科学研究所月報』，2-24頁。
中川清（2002）「生活保護の対象と貧困問題の変化」『社会福祉研究』83号，32-42頁。
仲村優一（2002）『公的扶助論』（仲村優一社会福祉著作集⑤）旬報社。
仲村優一（2003）『社会福祉の原理』（仲村優一社会福祉著作集①）旬報社。
濱田桂一郎編著（2013）『福祉と労働・雇用』ミネルヴァ書房。
布川日佐史（2009）『生活保護の論点——最低基準・稼働能力・自立支援プログラム』山吹書店。
布川日佐史編著（2006）『策定と援助』（生活保護自立支援プログラムの活用①）山吹書店。
吉永純（2015）『生活保護「改革」と生存権の保障——基準引下げ，法改正，生活困窮者自立支援法』明石書店。
吉永純・布川日佐史・加美嘉史編著（2016）『現代の貧困と公的扶助——低所得者に対する支援と生活保護制度』高菅出版。

（砂脇　恵）

第3章 介護保険制度と障害福祉サービス制度統合の問題
―― 高齢障害者のサービス利用の事例から

1 介護保険制度改定における統合の検討

　2005（平成17）年の介護保険法改定に合わせた統合への検討は，2004（平成16）年1月8日，厚生労働省が設置した「介護制度改革本部」に，介護保険料の徴収年齢を20歳以上に引き下げて障害者福祉施策を介護保険制度に統合する案が提示されたことによって開始された。

　さらに同年6月4日社会保障審議会臨時委員の「障害者福祉を確実・安定的に支えていくために」とする意見において，介護保険制度創設当初から，若年の障害者をどうするかは法律上も検討課題として積み残されており，すでに65歳以上の高齢者は介護保険を利用しているという経緯をふまえて，障害福祉サービスのうち「介護サービスを介護保険制度に組み入れる方向」を，有力な選択肢としている。

　統合にあたっては，「介護保険制度の枠組みを活用する障害者施策の範囲をどのように考えるかについて，介護保険制度で対応する『介護』の範囲を整理するとともに，この『介護』の範囲に収まらない施策について介護保険制度と別建ての施策体系を構築し，両者があいまって，障害特性を踏まえた障害者福祉の制度体系を構成する」という基本的な枠組み（図3-1）が示された。

　この後，社会保障審議会障害者部会において審議がすすめられ，2004（平成16）年7月13日「今後の障害保健福祉施策について（中間的なとりまとめ）」では，「国民の共同連帯の考え方に基づいており，また，給付と負担のルールが明確である介護保険制度の仕組みを活用することは，現実的な選択肢の一つとして広く国民の間で議論されるべきである」として，「介護保険制度によりすべての障害者サービスを担うのではなく，障害者が地域で安心して暮らすことができるよう，介護保険制度とそれ以外の障害者サービス等を組み合わせて，総合的かつ弾力的な

図3-1 障害者施策の体系

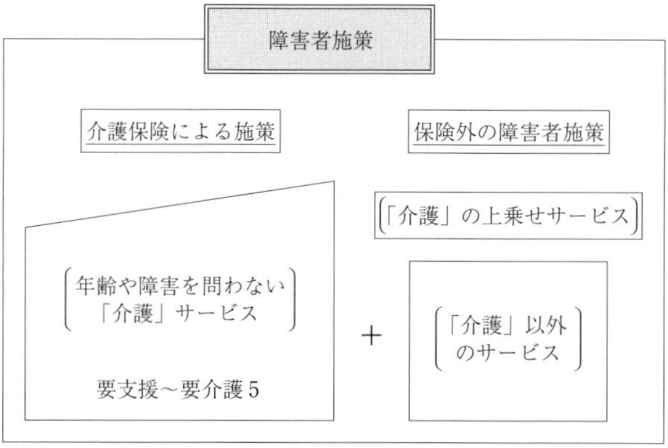

```
                    ┌──────────────┐
                    │  障害者施策  │
                    └──────────────┘

      ┌介護保険による施策┐      ┌保険外の障害者施策┐

                                ┌「介護」の上乗せサービス┐
      ┌──────────────┐
      │ 年齢や障害を問わない │        ┌──────────┐
      │   「介護」サービス   │  +    │ 「介護」以外 │
      │                      │        │  のサービス  │
      │   要支援～要介護5    │        └──────────┘
      └──────────────┘
```

出所：社会保障審議会臨時委員（高橋清久・岡田喜篤・高橋紘士）（2004）「障害者福祉を確実・安定的に支えていくために――支援費制度と介護保険制度をめぐる論点の整理と対応の方向性」。

支援体制を整備する必要がある」と提言をしている。

　このような審議をふまえて，新たな障害者への支援体制の骨格を示したのが，2004（平成16）年10月12日に報告された，厚労省障害保健福祉部「今後の障害保健福祉施策について（改革のグランドデザイン案）」である。

　改革のグランドデザイン案は「現行の支援費制度や精神保健福祉制度は，既存の公的な保険制度と比較して制度を維持管理する仕組みが極めて脆弱であり，必要なサービスを確保し障害者の地域生活を支えるシステムとして定着させるため，国民全体の信頼が得られるよう『給付の重点化・公平化』や『制度の効率化・透明化』等を図る抜本的な見直しが不可欠である」との基本的な視点に立って，「支援の必要度からの尺度として，当面は要介護認定基準を基本に障害種別の特性を踏まえた尺度を設定する，利用者負担の公平性を図る観点から福祉サービスの係る応益的な負担を導入する，制度の効率化の視点から入所施設体系を見直す」などを主な内容としている。

　さらに，身体・知的・精神等と障害種別ごとに対応してきた障害者施策を一元化し，「『障害者のニーズと適性に応じた自立支援』を通じて地域での生活を促進する仕組みへと転換し，障害者による『自己実現・社会貢献』を図ることが重要である」としているが，サービス利用者や実施市町村の増大に対するには，支援

費制度を廃止して介護保険制度のような認定やサービス体系の仕組みにすることが必要であるとしている。

これについての社会保障審議会障害者部会での審議では，障害者団体の中には統合への積極的な意見もあったが，障害当事者，関係団体や支援者，地方自治体から反対の声が上がった。その主なものとしては，2004（平成16）年6月9日，全国での障害者の地域生活を支援している480団体1,200名が，「6.9障害者の地域生活確立を求める全国大行動実行委員会」として厚生労働省前で介護保険統合反対を訴え，厚生労働省に要請文を提出したことや，2004（平成16）年11月11日に全国市長会が「介護保険と障害者施策の一方的統合に反対する緊急決議」を発表したことが挙げられる。最終的には統合は時期尚早であり将来の課題とされた。

こうして介護保険制度と障害福祉サービスの統合は先送りとなり支援費制度を維持継続していくことは困難であるとの見解が，その後の新たな障害福祉サービス制度創設の根拠となったのである。しかし，実施間もない支援費制度がなぜそのような事態になったのか，その経過は以下の通りである。

支援費制度は，身体障害者，知的障害者，障害児を対象とし，市町村は対象者からの支援費支給の申請を受けて，定められた勘案事項に基づいて総合的な判断を行い，適切であると認めた時は支給を決定するとともにサービスの種類と量の決定を行う。利用者は都道府県の指定を受けた事業者・施設と契約によりサービスを利用する。利用にかかった費用のうち，本人及び扶養義務者の負担能力に応じた費用を控除した額を，市町村は事業所・施設に支援費として支給する（代理受理）というものである。

支援費制度の実施については，2002（平成14）年10月からサービス利用の申請受付が開始されたが，（2003年2月末まで），当事者からは支援費制度導入への危機感や，自治体の準備不足などが制度実施前から指摘されていた。

さらに，2003（平成15）年1月14日，厚生労働省から支援費制度のホームヘルプサービス利用時間に上限を設ける方針が出されたことに対して，障害者ら1,000人が厚生労働省に抗議し，障害保健福祉部との交渉の結果，これが撤回されるという事態も起こった。

こうして開始された支援費制度の実施状況をみると，身体障害者のホームヘルプサービス利用については，2003（平成15）年4月分は利用者5万7,000人で総額

44.0億円（一人当たり金額7万7,000円）であったものが，2004（平成16）年3月分では，利用者が7万3,000人で28％増加，総額は61.0億円で39％増加（一人当たり金額8万3,000円）するなど，サービスの利用者数の急増とそれに伴う費用の大幅な増加となった（厚生労働省 2004）。

　この事態に，厚生労働省は2年続けて補正予算を組むという対応を迫られたが，社会保障審議会障害者部会における審議の中で，なぜこのような事態を招いたのか，厚生労働省の実態把握の杜撰さや見積もりの甘さを指摘する意見や，そのことへの厚生労働省の反省を促す意見が出された。その一方で，三位一体の改革による地方分権の推進によって，障害者福祉分野においても国庫負担金の削減と一般財源化の行方が不透明な時期にあって，支援費制度は限界ではないかとの意見も出された（社会保障審議会 2004）。

　さらに，2004（平成16）年11月12日の社会保障審議会障害者部会（第20回）において示された，支援費制度のままで2011（平成23）年度まで実施した場合の障害保健福祉関係費の将来予想に対して，この伸びが維持されることになれば財政的に相当厳しいとの意見や，税を財源とすることは今後の財源確保を困難にするといった意見が出されている。

　こうして支援費制度の予算不足の問題は，厚生労働省の見積もりの甘さが原因であったにもかかわらず，税を財源とする国庫補助の限界へとすり替えられ，支援費制度は廃止されて新たなサービス提供の仕組みを必要とする根拠となったのである。これを受けて創設されたのが，介護保険制度との統合を視野に入れた障害者自立支援法である。

2　障害者自立支援法創設以降の統合の検討

　介護保険制度と障害福祉サービス制度の統合とは，介護保険制度で主に65歳以上の高齢者を対象に実施している介護サービスを提供する仕組みを，障害者にも適用していくことである。そのために障害者自立支援法では，対象と機能別に分類されていた施設体系を見直し，介護保険サービスと類似するサービスを新設した体系が作られるとともに，介護保険制度のような認定制度を設けることとなった。

59

図3-2 福祉サービスに係る自立支援給付の体系

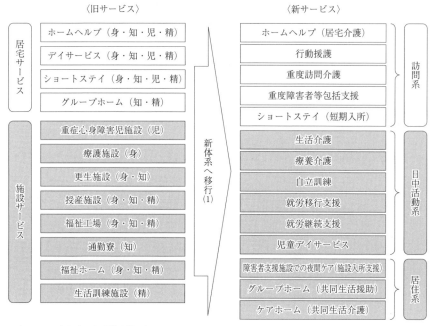

注：概ね5年程度の経過措置期間内に移行。
　　この他，地域生活支援事業として移動支援，地域活動支援センター，福祉ホーム等を制度化。
出所：社会保障審議会障害部会2008年5月28日第32回資料。

　まず，新しいサービス体系であるが，図3-2にあるように支援費制度では大きく居宅サービスと施設サービスに大別されていた体系を，障害者自立支援法では，訪問系，日中活動系，居住系の3分類とした。これによって，施設サービスは，6つの日中活動系サービスと3つの居住系サービスの中から選択して必要なサービスを組み合わせて実施する形になった。
　次に，認定制度は「障害程度区分」という名称となったが，厚生労働省は「障害福祉サービスの必要性を明らかにするため障害者の心身の状態を総合的に示す区分」と説明している。その目的の一つは，介護給付についての対象者の範囲を限定することである。具体的には，生活介護（通所）の対象は障害程度区分3以上，障害者支援施設への入所は障害程度区分4以上，ケアホームの利用は障害程度区分2以上の認定を受けた場合に利用を制限するというものである。

2つ目の目的は報酬水準を決定することであり、ショートステイ（短期入所）において、障害程度区分が高くなるほど報酬日額が高くなる設定にしたことである。

3つ目の目的は、市町村に対する国庫負担の精算基準（国庫負担基準）が、ホームヘルプサービス（居宅介護）では障害程度区分が高くなるほど高くなるよう定められて、介護保険における介護報酬の算定と同じ仕組みにした。

これらサービス提供の仕組みの軸となるサービス体系と認定制度のほかに、利用したサービス料の1割を利用者が負担することも介護保険制度と同様に、障害者自立支援法で導入されることとなった。しかしこれが、サービスを利用する障害者にとって深刻な問題をもたらすこととなり、2008（平成20）年10月31日、負担撤回を求める行政訴訟が全国8カ所の地裁に提起され、障害者自立支援法の違憲性を問う裁判へと発展したのである[7]。

原告団に加わった人たちの中で、作業所で働き月額約2万円の給料を得ている男性は、「自立支援法が施行されるようになり、7,500円の利用料を負担させられるようになりました。これ以外に作業所への送迎のために月1万円近くが必要になります。働くのにどうしてお金を払わなければならないのか」（障害者自立支援法違憲訴訟弁護団編 2011：42）と訴えている。

また、脳性マヒの女性は、「わたしたちは、食事をするにもトイレに行くにも、補装具や人の支援が必要です。生きていくために不可欠な支援が『益』なのでしょうか。その支援を益とみて負担を課す応能負担は絶対に許せません」（障害者自立支援法違憲訴訟弁護団編 2011：63）と、その思いを述べている。障害のある息子（裕さん）を世話している父親は「現在の収入は障害年金と『わかくさ障害者作業所』からの給料2,700円のみです。親と同居しているからこそ、暮らせているのですが、親亡き後、裕さんが安心して1人の人間として当たり前に地域で暮らすことができるのか」（障害者自立支援法違憲訴訟弁護団編 2011：68）との心配から、やむにやまれぬ思いで原告の一人に加わったとのことである。

その後裁判は、2010（平成22）年1月7日に、障害者自立支援法違憲訴訟原告団・弁護団と国（厚生労働省）が和解し、「基本合意」を締結して終結する。

「基本合意」では、2013（平成25）年8月までに障害者自立支援法を廃止することを確約し、新法を制定すること、障害者自立支援法制定への総括と反省を行う

こと,「障がい者制度改革推進本部」を速やかに設置して障害者の参画の下に十分な議論を行うことを約束させた。さらに,「基本合意」において整理された新法制定に当たっての論点は,障がい者制度改革推進会議総合福祉部会において障害当事者も参画して審議を重ね,2011（平成23）年8月30日に発表した「障害者総合福祉法の骨格に関する総合部会の提言」（骨格提言）の中に盛り込まれていった。

障害者の日常生活及び社会生活を総合的に支援するための法律は,2012（平成24）年6月成立したが,第1条で,「自立」という表現を「基本的人権を享有する個人としての尊厳」に変更する,障害福祉サービスに係る給付に加え,地域生活支援事業による支援を明記しそれらの支援を総合的に行う,障害者の範囲に難病を加える,「障害程度区分」を「障害支援区分」へ名称を変更する,ケアホームはグループホームへ一元化するなど,障害者自立支援法の部分的修正にとどまっており,「基本合意」に基づいて作成された「骨格提言」を反映させた内容にはならなかった。

それは,この先の統合への道筋をつけておくために,障害者自立支援法から大きく制度の枠組みを変えることは避けたい国の姿勢の現れであるが,「基本合意」と「骨格提言」は介護保険制度と障害福祉サービス制度の統合の行方に大きな影響を与えている。なぜならば,介護保険制度との統合を提案することは,「基本合意」を反故にすることを意味するからである。そして,「骨格提言」は,「基本合意」に基づいて障害当事者も参加して作り上げられたのであり,国は今度の障害者福祉サービス制度の方向づけには,これを無視することはできない,起点にせざるを得ない,そういった役割を果たしているのである（障害者生活支援システム研究会編 2013：第2章）。実際,2014（平成26）年の介護保険法改定に合わせて統合が議論されることはなかった。

しかし,2017（平成29）年の介護保険法改定で「共生型サービス」が創設されたことで事態は変わりつつあるとみられる。

3 統合は今後どうなるのか

2017（平成29）年の介護保険法改定において創設された「共生型サービス」は,

両方の制度に位置づけられるサービスという意味では，今後，統合を進める足がかりになるのではないかと考える。

「共生型サービス」創設の目的には，地域の実情に合わせて（特に中山間地域など），限られた福祉人材の有効活用という観点から，デイサービス，ホームヘルプサービス，ショートステイについて，高齢者や障害児者が共に利用できるようにするということが挙げられているが，それよりも重要な目的は，介護保険優先原則の下で，障害者が65歳を迎えて介護保険の被保険者になると，それまで利用していた障害福祉サービス事業所を利用できなくなるという問題を解決するためである。

ここで，共生型サービス創設の要因となった，65歳以上の障害者への介護保険優先適用の原則とそれによって起こった問題状況について述べていくこととする。

介護保険適用優先の原則とは，障害者総合支援法第7条の規定に基づいて，65歳以上の障害者は，利用が必要な障害福祉サービスに相当する介護保険サービスがある場合は，介護保険による給付が優先されるということである。

このことの取り扱いについては，厚生労働省通知「障害者の日常生活及び社会生活を総合的に支援するための法律に基づく自立支援給付と介護保険制度との適用関係等について」(2007年3月28日)で，市町村が判断する際の基準となる考え方を示している。

それによると，障害福祉サービスの種類や利用者の状況に応じて，相当する介護保険サービスがあったとしても一律して利用させるものとはしないとしているが，障害福祉サービスでの支給量が介護保険サービスによってのみ確保できない場合，または利用可能な介護保険サービス事業所や施設が近くにない場合，要介護認定で非該当となっても市町村が障害福祉サービスの支給が必要と認めた場合に限って，障害福祉サービスの介護給付等を支給することが可能としている。ただし，費用負担を回避するための障害福祉サービスの利用は，認めないことになっている。

また，要介護認定の申請をしていない障害者には，介護保険が優先する旨を説明し，申請を行うよう周知徹底することとしており，一律に介護保険サービスの利用に移行させるものではないことを説明しながら，要介護認定の申請を勧めるという対応になるが，その結果をどう判断するかは各市町村に委ねられている。

その際，市町村の判断に影響を与えているのが，介護保険対象者に障害福祉サービスを給付する場合の国庫負担基準である。それは，居宅介護の場合，介護保険対象者には国庫負担基準が設定されていないことや，重度訪問介護の場合，介護保険対象者は一般の設定よりも低いことなどである。それによって介護保険対象者への支給が市町村の財政的負担となる仕組みになっている。このことが，市町村は65歳以上の高齢者に介護保険への移行を勧める要因となっている（山崎2017）。

　さらに，2015（平成27）年2月に発表された厚労省社会・援護局障害保健福祉部障害福祉課「障害者の日常生活及び社会生活を総合的に支援するための法律に基づく自立支援給付と介護保険制度の適用関係等についての運用等実態調査結果」によると，要介護認定への申請の周知については，86.9％の地方自治体が介護保険制度への案内を行っており，申請勧奨に応じず，要介護認定等を申請しないケースがあると回答した地方自治体が36.3％で，申請しない理由は，「自己負担の発生」（実数60），「介護保険優先適用の考え方が理解不能」（実数44）などとなっている。

　また，要介護認定の申請勧奨に応じないまま65歳到達後も継続して障害福祉サービスの利用申請があった場合は，障害福祉サービスの支給決定を行い，引き続き申請勧奨を行うとする地方自治体の比率が67.0％，障害福祉サービスの支給決定期限を通常より短くして決定し，引き続き申請勧奨を行う場合が16.0％，障害福祉サービスの利用申請を却下する場合が6.4％となっている。上乗せ利用の要件を満たさない場合であっても個別の状況に応じて支給を行っている地方自治体が31.1％であることから，一律に介護保険優先の原則を適用したり，障害福祉サービスの利用を取りやめたりする地方自治体は少ないといえる。

　この結果を踏まえ，2015（平成27）年2月18日に厚労省社会・援護局障害保健福祉部企画課は，事務連絡「障害者の日常生活及び社会生活を総合的に支援するための法律に基づいて自立支援給付と介護保険制度の適用関係等に係る留意事項等について」によって，介護保険の区分支給限度額の範囲内では不足する場合が多い（居宅介護を併給している比率が高い）ことから，障害福祉サービスで上乗せするなどの個々の実態に応じた適切な運用をすることにした。さらに，要介護認定の申請を促す介護保険サービスと障害福祉サービスの併給が可能であることを説

明するなどして，介護保険優先への理解を得るよう求めている。

　それまで利用していた障害福祉サービスを継続できるよう配慮しているものの，あくまでも65歳以上の場合は介護保険適用が優先されるという原則は，生活上に困難を抱え，提訴にふみきらざるを得ないという事態を引き起こしている。

　この訴訟で，原告は，障害者総合支援法第7条によって介護保険を優先して適用することは日本国憲法第14・25条に反して違憲であり，それによって非課税世帯で軽減されても月1万5,000円の自己負担が生じること，利用料障害者総合支援法第22条などによって，支給を決定する際に様々な事項をすべき考慮を行わず，裁量権を逸脱していることを主訴としている。そして，要介護認定の申請をしなかった理由を，介護保険サービスの利用で生じる自己負担によって生活が苦しくなることを心配してのことであるとしている（ゆたかなくらし編集部 2017）。これは，介護保険サービス，障害福祉サービスの両者とも利用したサービス料の1割を自己負担することが法律で定められているのであるが，低所得者への負担軽減措置が制度によって異なっていることから生じてくる問題である。

　介護保険サービスを利用する場合は，生活保護世帯，住民税非課税世帯の負担限度額が1万5,000円である。障害福祉サービスの場合は，2010（平成22）年4月から「基本合意」をふまえ，低所得者の利用者負担を無料とする措置によって，生活保護世帯，住民税非課税世帯とも自己負担0円となっている。このような介護保険サービスと障害福祉サービスの費用負担のあり方の違いは，特に障害基礎年金のみに所得が限られるような障害者にとっては深刻な問題なのである。

　提訴や障害者に占める65歳以上の比率の上昇などを受けて，2015（平成27）年7月24日に開催された社会保障審議会障害者部会において「高齢の障害者に対する支援の在り方について」として審議を行っている。関係団体からは，障害福祉サービスを利用するか介護保険サービスを利用するか選択制にしてはどうか，費用負担への何らかの配慮が必要ではないか，減免制度を創設する，介護保険対象者の居宅介護の国庫負担基準を適切にするなどの対応を行い基準を下げないでほしい，介護保険サービスでは障害特性に応じた受け入れが困難である，障害相談支援員と介護支援専門員との連携が必要などの意見が出された。

　以上のような実態調査や審議会での検討などを経て，2015（平成27）年12月14日，社会保障審議会障害者部会は，「障害者総合支援法施行3年後の見直しにつ

いて——社会保障審議会 障害者部会 報告書」を提出した。この中で，障害福祉制度を利用してきた障害者が，介護保険サービスを利用するに当たって，これまで利用していた障害福祉サービス事業所とは別の事業所を利用することになる場合があるという問題が指摘されている。

それに対する今後の取り組みとして，「障害福祉サービスを利用してきた障害者が，相当する介護保険サービスを利用する場合も，それまで当該障害者を支援し続けてきた障害福祉サービス事業所が引き続き支援を行うことができるよう，利用者や事業者にとって活用しやすい実効性のある制度となるよう留意しつつ，その事業所が介護保険事業所になりやすくする等の見直しを行うべきである」としている。さらに，「日本の社会保障は，自助を基本としつつ，共助が自助を支え，自助・共助で対応できない場合に社会福祉等の公助が補完する仕組みを基本とすることを踏まえると，現行の介護保険優先原則を維持することは一定の合理性があると考えられる」として，介護保険優先の原則は堅持していく考えを示している。

これらをふまえて，社会保障の原則，一般の高齢者等との公正性に鑑みて，65歳以上の高齢者には介護保険を優先して適用することを前提として，費用負担には低所得者への負担軽減措置で対応するとともに，65歳以降もそれまで同じサービスが継続して利用できるような新たなサービスを創設することとなったのである。

次に，共生型サービスはどのような内容になっていくのだろうか。厚生労働省社会保障審議会介護給付費部会と障害者部会での資料や審議から検討してみたい。

まず，介護保険制度と障害福祉サービス制度の両方に共通するサービスを提供する形態が考えられる。介護保険サービスの訪問介護と障害福祉サービスの居宅介護・重度訪問介護を提供する，通所介護事業所や小規模多機能型居宅介護事業所が生活介護を提供する形態である。

もう一つの形態は，共通するサービス以外の組み合わせであるが，これについては，2016（平成28）年3月に厚生労働省がまとめた「地域の実情に合った総合的な福祉サービスの提供に向けたガイドライン（案）」で示されている具体例が共生型サービスとして想定できる。まず，通所のサービスや居場所を提供するサービスとの組み合わせでは，以下のような形態が考えられる。

例①：通所介護（高齢者等）＋生活介護（障害者）＋放課後等デイサービス（障害児）

例②：通所介護（高齢者等）＋生活介護（障害者）＋小規模保育事業（B型）（児童）

例③：通所介護（高齢者等）＋生活介護（障害者）＋地域子育て支援拠点事業（児童）＋利用者支援事業（児童）

例④：小規模多機能型居宅介護（高齢者等）＋生活介護（障害者）＋一時預かり事業（児童）＋就労支援（障害者）

例⑤：認知症対応型通所介護（高齢者等）＋就労継続支援B型（障害者）＋放課後等健全育成事業（児童）＋就労訓練事業（生活困窮者）

さらに，泊まりのサービスとの組み合わせでは，以下のような形態が考えられる。

例①：通所介護（高齢者等）＋生活介護（障害者）＋就労継続支援B型（障害者）＋短期入所生活介護（高齢者等）＋短期入所（障害者）＋保育所（児童）

例②：認知症対応型共同生活介護（高齢者等）＋共同生活援助（障害者）

このように，共生型サービスの多くは全世代型の通所介護（デイサービス）になると想定される。そして，介護保険サービスと障害福祉サービスの両方の共通するサービスを提供する形態だけでなく，様々なサービスの組み合わせが展開すると考えられることから，「介護」部分以外のサービスを統合する可能性が生まれてきたといえる。

4　改定を繰り返す介護保険制度との統合

　障害者自立支援法において介護保険制度との統合を見据えたサービス体系に組み変えたこと，認定制度を障害者総合支援法においても継続していること，介護保険適用を優先する原則をはずさないことから，介護保険制度と障害福祉サービ

ス制度の統合は，障害福祉サービス制度を介護保険制度に吸収することであると捉えることができる。

しかし，吸収する介護保険制度は利用者に混乱を招き，様々な問題をもたらしている。それは，制度を維持継続するために，介護保険法制定時から「公費負担抑制のための仕掛け」（伊藤監修 2001：17）がなされており，その仕掛けは改定を重ねるごとに強化されているということである。

その1つ目は，「要介護認定によって介護を要する状態に新たな基準を設け，介護保険を適用する対象者に制限を設けるとともに，要介護のランクごとに利用できる上限（区分支給限度額）を設けたこと」（伊藤監修 2001：18）である。

2つ目は，「利用者に1割の利用料負担を課し，利用量を増やせば比例して利用料負担が増大する仕組みにして抑制を図るとともに限度額を超える部分は全額自己負担としたこと」（伊藤監修 2001：18）である。

3つ目に，「総費用の半額は保険料で負担し国庫の負担比率は従来の二分の一から四分の一に引き下げて抑制を図るとともに，自治体が上乗せして限度額を引き上げたりサービスの種類を追加して拡大を図っても，その費用は第一号被保険者の保険料でまかなう仕組みにしたこと」（伊藤監修 2001：18）で，それらの内容を順に述べてみたい。

（1）要介護認定の改定による利用制限

1）介護予防給付の創設

2005（平成17）年介護保険法の改定で（2006年4月施行），予防重視型システムへ転換するとして，要介護認定の改定を行い，「要支援1」と「要支援2」を創設したが，これは，要介護認定者のうち最も比率の高い「要介護1」のうち，比較的軽度の者を「要支援2」として認定を変更するものである。

これによって，要介護認定者の構成割合がどのように変化したかを，変更前である2004（平成16）年度末と更新申請者すべてが新しい認定を受け終わった2008（平成20）年度末とで比較してみると，要介護1認定者の比率が32.9％から16.9％に減少している。

同時に，在宅サービス給付の支給限度単位が改定され，改定前に要支援であった者が要支援1に認定された場合，改定前に比較して支給限度額は1180単位のマ

イナスとなり，改定前に要介護1であった者が要支援2と認定された場合は，改定前に比べて6,180単位のマイナスとなった。加えて，介護保険施設への入所は要介護1以上が対象であることから，居宅サービスだけでなく，施設サービス利用にも制限が加えられることとなった。

2）要介護認定方法の見直し（2009年4月）

厚生労働省は，「状態が変わらないのに認定が軽くなることがあり，認定にバラツキがあるのではないか」「要介護度が最新のケアを踏まえた介護の手間をきちんと反映していないのではないか」との要介護認定に対して寄せられていた不満を解消するためとして，2009（平成21）年4月から，一次判定の調査方法の変更[(8)]に踏み切ったが，かえって混乱を生じる結果となった。[(9)]

どのような変更であったかというと，認定調査においての身体の麻痺や拘縮の有無は調査時の動きによって判断する，「起き上がり」等の項目で，自分の身体の一部を支えにして行う場合は「できる」と判断する，「座位保持」は座位の状態を1分間程度保持できれば能力有りと判断する，生活機能の項目の「移乗」「移動」「食事摂取」「排泄」などについては実際に行われているかどうかで判断する，「つめ切り」「洗顔」「整髪」などは生活習慣等によって介助がなされていない場合は「介助なし」と判断するなどである。[(10)]

この改定に対して，寝たきりや一人暮らしで介助がなされていない場合も，自分でできるから介助なしの場合と同様に「介助されていない」と判断することへの指摘や，認知症への無理解などによって判定が軽度化するのではないかとの批判を受けて，[(11)] 4月13日，厚生労働省は，新しい要介護認定によって以前より判定が軽くなった場合は，申請者が希望すれば検証期間中は以前の要介護度とするという経過措置を提示すると同時に，「要介護認定の見直しに係る検証・検討会」を開催し，関係団体や有識者からのヒアリングや要介護認定状況の調査等を行い，[(12)] 2009年10月に要介護認定の見直しを行った。

このように，認定結果の分類を変える，判定の方法を変えるという改定によって対象者を限定していったのである。

（2）費用負担引き上げによる利用抑制

1）費用負担割合の引き上げと自己負担上限額の引き上げ

　介護保険サービスの費用負担は，2015（平成27）年4月から，一定以上の所得のある第1号被保険者は1割から2割に引き上げられた。対象となるのは，合計所得金額が160万円以上かつ年金＋その他合計所得金額が280万円以上（単身の場合。夫婦世帯の場合346万円以上）（単身で年金収入のみの場合280万円以上に相当）である。

　さらに，2017（平成29）年の介護保険法の改定で，2018年8月からは，いわゆる現役並みの収入がある場合は3割の費用負担に変更になる。具体的な基準は政令で定められるが，対象となる者約12万人（全体の約3％）と推計されている[13]。

　そして，「高額介護サービス費」は，月々に支払う費用負担の上限額を所得に応じて設定し，超えた部分を払い戻す制度であるが，2015（平成27）年8月から，住民税非課税世帯（第4段階）の上限額は3万7,200円から4万4,400円に引き上げられている。

2）居住費負担の導入

　2005（平成17）年10月から，自宅で生活する場合との公平性を保つためとし，介護保険施設の入居者や通所介護サービスの利用者などに対して，施設居住費（室料，水光熱費）・食費（食材費及び調理コストなど）の自己負担が導入された。それによって，介護老人福祉施設（特別養護老人ホーム）の標準的な自己負担（1割負担を含む）は，多床室の場合で5.6万円から8.7万円，ユニット型個室の場合で9.7～10.7万円から13.4万円と増額することとなった。

　これに対して，「特定入所者介護（介護予防）サービス費」（補足給付）が2005年に創設され，低所得者の負担軽減が図られるようになったが[14]，2015年8月からは対象要件に資産（預貯金等）が追加され，対象者の限定を図っている。

　このように，利用したサービス料の負担が1割から2割へ，そして3割へと変更され，居住費などの新たな費用負担の導入などによって負担が増大している。

（3）サービスの改定による給付の抑制

　介護保険制度は当初，社会保険の方式を用いて，介護リスク対応する制度として創設されたが，次第に，介護リスク以外の老人福祉法や保健・医療において対

応していたサービスも取り込むようになっていった。

　2006（平成18）年には，地域支援事業として，介護保険非該当の高齢者（特定高齢者）を対象にした介護予防事業が創設された。その中の二次予防事業では，虚弱高齢者を対象として，通所型のサービス（筋力向上のためのトレーニングや体操，栄養士による栄養指導，歯科医や歯科衛生士などによる歯や舌の汚れのチェックやうがいや歯みがきの指導）と訪問型のサービス（閉じこもり，うつ，認知症などに対応した相談・指導等）が実施されることとなった。

　次いで，2012（平成24）年4月からは，介護予防・日常生活支援総合事業に名称が変更された。要支援者と二次予防対象者を対象にしており，介護予防，配食・見守り等の生活支援サービス，権利擁護，社会参加のためのサービスなどを提供することになった。事業費は介護給付費の2.0％を上限とし，財源は介護保険料（50％）と国，都道府県，市町村負担（50％）で賄われ，給付の1割が自己負担となった。

　2015（平成27）年4月からは，予防給付のうち，訪問介護と通所介護は2017（平成29）年度末までに地域支援事業（市町村の実情に応じた取り組み）へ移行することになった。

　訪問介護は，専門的なサービスが必要な要支援者を対象とし，既存の訪問介護事業所による訪問介護員による身体介護・生活援助を行うサービスの他に，多様なサービスとして，人員等緩和した基準で訪問介護事業者による生活援助サービス（訪問型サービスA），住民主体の自主活動として行う生活援助サービス（訪問型サービスB），3カ月から6カ月の短期間で，体力改善やADL・IADLの向上に支援が必要な要支援者を対象に，保健師・医師による居宅での相談指導を行うサービス（訪問型サービスC）などに分類されている。

　通所介護は，既存の通所介護事業所による生活機能の向上などを行うサービスの他に，多様なサービスとして，緩和した基準で通所介護事業所が行うミニデイサービスや運動などのサービス（通所型サービスA），住民主体の運動や交流の場を提供するサービス（通所型サービスB），3カ月から6カ月の短期間で，ADL・IADLの向上に支援が必要な要支援者を対象とする保健師による相談指導を行うサービス（通所型サービスC）などに分類されている。

　そして，一般介護予防事業では，すべての高齢者が参加できる住民の運営によ

る通いの場を充実させることで，参加者が上記の多様なサービスの担い手となっていくことが期待されている。

　以上のように，介護だけでなく，医療・保健サービスも含めて，国の財政支出の増大を食い止めるための策が講じられることは，利用が抑制される，利用の際の負担が増大するといった，利用者にとって大きな問題をもたらしている。

　一方で収入を増やして財源を確保することは，介護保険制度の維持存続のために不可欠である。そのために，介護保険の被保険者の対象を拡大することは法制定当初から検討されており，介護保険制度と障害福祉サービス制度の統合によって，被保険者の対象を40歳以上から20歳以上に拡大することがその真のねらいである（障害者生活支援システム研究会編 2007：第3部6）。これまで，障害者自立支援法の違憲訴訟などの運動によって統合は食い止められてきたが，統合が進められる足がかりとして共生型サービスの創設を捉え，その進展に注意していかなければならない。

注

(1)　2004（平成16）年6月18日社会保障審議会障害者部会（第13回）DPI日本会議からの提出資料。

(2)　決議の内容：①介護保険と障害者施策はそれぞれの目的が異なること，②介護保険は，介護サービスの急増や介護保険財政の逼迫などの多くの課題を抱えていること，③障害者施策は，給付と負担の関係において，必ずしも社会保険に馴染まないこと，④支援費制度はわずか1年半しか経過しておらず，制度自体の充実改善を図る必要があること，⑤両施策を統合した場合，若年者には給付対象者が極めて少なく，第2の国民年金となる懸念があること。

(3)　社会保障審議会障害者部会資料「第9回障害者部会までの意見を事務局として整理したもの」（2004〔平成16〕年5月17日）。

(4)　毎日新聞「自身がサービス選択『支援費制度』導入まで1年…危機感募らす障害者団体」2002年3月13日付朝刊。

(5)　朝日新聞「障害者福祉『支援費』へ制度変更，過半数の自治体が準備不足」2002年7月11日付朝刊，朝日新聞「33市町『見通したたず』『支援費制度』で障害者団体調査」2002年8月14日付朝刊。

(6)　2004（平成16）年11月12日社会保障審議会障害者部会（第20回）資料「障害保健福祉関係費の将来予測（現行制度のまま）障害者サービス（個別給付）にかかる給付費

推計（2011〔平成23〕年度まで）」によると，身体・知的・精神障害者及び障害児にかかるホームヘルプ，デイ，ショート，グループホーム，施設（入所・通所）給付費の総計は2003（平成15）年度9,000億円で，年平均約7％の伸びとすると，2011（平成23）年度には1兆6,000億円となる見通し。居宅サービス（ホームヘルプ，デイ，ショート，グループホーム）給付件数の伸びについては，2003（平成15）年度は32万6,000件が，2011（平成23）年度には75万8,000件で，2.3倍になる見通し。

(7) 「障害者自立支援法が義務づけるサービス利用料の原則1割自己負担は憲法や障害者基本に反するとして，東京や大阪，京都，滋賀の1都2府1県の計7人が15日までに各知事に対し，自己負担の撤回を求め，行政不服審査法と障害者自立支援法に基づく行政不服審査を申し立てた」「7月中にさらに埼玉県などの11人が申し立てる」「10月末には全国一斉の負担撤回を求める行政訴訟を起こすという」（「朝日新聞」2008年7月16日付朝刊）。

「障害者自立支援法が定めるサービス利用料の原則1割自己負担は憲法や障害者基本に反するとして，東京，埼玉，大阪，兵庫の計11人が13日までに，負担の免除を求めて各知事と神戸市長に行政不服審査を申し立てた」（「朝日新聞」2008年8月14日付朝刊）。

(8) 2009（平成21）年4月13日開催の要介護認定の見直しに係る検証・検討会資料参照。

(9) 一次判定で用いられる82調査項目に認知症に関連する6項目を追加するとともに，主治医意見書でも既に調査している項目と調査員にとって客観的な回答が難しい項目の合計14項目を除き，74項目とした。

(10) 厚生労働省「要介護認定介護認定審査会委員テキスト2009改定版」2016年4月。

(11) 認知症の人とその家族の会09年度総会「適正な要介護認定を求めるアピール」2009年6月6日で「認知機能を日頃の状況ではなく調査時の状態で判断する認知症への無理解」を指摘している。

(12) 要介護認定状況の調査（第二次集計）で第3回要介護認定の見直しに係る検証・検討委員会資料では，1,489自治体，27万9,826件の申請者の第二次判定結果の集計で，非該当が2008年4・5月0.9％から2009年4・5月2.4％へ，要支援1が2008年4・5月14.3％から17.8％に見直された。

(13) 厚生労働省「介護保険事業状況報告」2016年4月月報より。

(14) ユニット型個室の介護老人福祉施設に保険料第1段階の者が入所している場合（居住費の基準費用額が6.0万円，食費の基準費用額が4.2万円）

居住費　基準費用額（6.0万円）−負担限度額（2.5万円）＝補足給付（3.5万円）

食費　　基準費用額（4.2万円）−負担限度額（1.0万円）＝補足給付（3.2万円）

利用者負担（3.5万円）＝居住費（2.5万円）＋食費（1.0万円）

・基準費用額は，施設における平均的な費用を勘案して決める

・補足給付の対象となるのは,保険料第1段階から第3段階までの者

参考文献

茨木尚子・大熊由紀子・尾上浩二・北野誠一・竹端寛（2009）『障害者総合福祉サービス法の展望』ミネルヴァ書房.

伊藤周平監修（2001）『介護保険を告発する』萌文社.

厚生労働省（2004）「今後の障害保健福祉施策について（改革のグランドデザイン案）」資料（障害保健福祉部）.

社会保障審議会（2004）「第9回障害者部会までの意見を事務局として整理したもの」（障害者部会資料）.

障害者生活支援システム研究会編（2007）『障害者自立支援法と人間らしく生きる権利――障害者福祉改革への提言2』かもがわ出版.

障害者自立支援法違憲訴訟弁護団編（2011）『障害者自立支援法違憲訴訟――立ち上がった当事者たち』生活書院.

障害者生活支援システム研究会編（2013）『権利保障の福祉制度創設をめざして――提言　障害者・高齢者総合福祉法』かもがわ出版.

中島素美（聞き手）（2014）「介護保険優先原則は認められない――訴訟に踏み切った浅田達雄さんに聞く」『福祉のひろば』2014年6月号.

山崎光弘（2017）「介護保険優先原則問題の現在――なぜ障害者は介護保険制度を問題にするのか」『ゆたかなくらし』2017年9月号.

ゆたかなくらし編集部（2017）「介護保険制度の違憲性を追求――浅田訴訟」『ゆたかなくらし』2017年9月号.

（髙松智画）

第4章	大規模災害における地域福祉の役割
	——福島県・原子力災害による避難住民支援から

1　災害と地域福祉の視点

（1）「災間」という捉え方

　2011（平成23）年3月11日に発生した東日本大震災は，日本における観測史上最大規模の地震であり，大津波と原子力発電所の事故を伴って，かつてない規模の被害をもたらした。被災者の数は膨大であり，避難先の範囲は今なお日本全国に及んでいる(1)。被災地の人々の暮らしは崩壊し，自然，経済，政治，文化などあらゆる面で日本社会全体に大きな衝撃とダメージをもたらした。以後，「ポスト3.11」「東日本大震災以後」という言い方，すなわち「災後」を表す表現が，様々な場面で使われるようになった。

　しかし，同時に，現在は「災後」ではなく「災間期」と捉えるべきではないかという指摘も広がっている。たとえば仁平（2012）は，今この時点が，将来の歴史家によって「二つの災害に挟まれたつかの間の平時」＝〈災間期〉と記述されうるのではないかとし，〈以後〉ではなく，〈間〉を生きているということを前提として物事を捉えることの必要性を指摘している(2)。

　表4-1は，東日本大震災以降に発生した自然災害のうち，被害が大きかったもののみを列挙している。毎年のようにこれだけ大きな災害を体験あるいは見聞きする私たちは，南海トラフ地震（東日本大震災以上の被害が予想されている）や首都直下地震などが着実に近づいているという不安を募らせざるを得ない。当然のことながら，行政もマスメディアも"次の大災害"に備えて，防災や減災の取り組みの必要性を強調している。その意味で「災後」というよりは，「災間」の意識が広がっているように思える。

　しかし，「災間」という捉え方は，単に「大災害と大災害の間」という表面的なものではない。また，「災前」と「災間」は同義というわけでもない。

表 4-1　東日本大震災以後の主な自然災害における被害

「2011（平成23）年台風第12号」	死者83人，行方不明者15人，全壊83/半壊380
「2011（平成23）年台風第15号」	死者18人，行方不明者1人，全壊33/半壊2,129
「2012（平成24）年7月11日からの梅雨前線による大雨」	死者30人，行方不明者2人，全壊363/半壊1,500
「2013（平成25）年台風第26号（伊豆大島で土石流）」	死者40人，行方不明者3人，全壊86/半壊61
「2014（平成26）年8月19日からの大雨等による広島市における土砂災害」	死者77人，全壊179/半壊217
「2014（平成26）年9月御嶽山の火山活動」	死者86人，負傷者69人，行方不明者5人
「2015（平成27）年9月関東・東北豪雨」	死者14人，全壊81/半壊7,045
「2016（平成28）年4月熊本地方を震源とする地震」	死者224人，重軽傷者2,787人，全壊8,694/半壊34,592
「2016（平成28）年台風第10号」	死者23人，行方不明者4人，全壊513/半壊2,280
「2017（平成29）年7月九州北部豪雨」	死者37人，行方不明者4人，全壊289/半壊1,083

注：数字は2017年9月現在。
出所：総務省消防庁発表を基に筆者作成。

　2011年9月に出版され，東日本大震災後の復興政策を論じる際に話題になった本がある。ナオミ・クラインの『ショック・ドクトリン――惨事便乗型資本主義の正体を暴く』（日本語訳）である。ショック・ドクトリンとは，クーデターや戦争，災害などの大惨事に乗じて，一部の人間が自分たちの信奉するイデオロギーに基づくシステムを無理矢理導入する過激な市場原理主義改革のことである。著者は，市場開放・規制緩和・民営化を強引に進める新自由主義的な改革に警鐘を鳴らしているが，日本においては，翻訳書の出版の時期もあり，東日本大震災後の政策動向と絡めて紹介されることが多かった。
　このような，厄災が回帰するという前提で「目前に迫る厄災の恐怖をバネにあらゆるものを変革しようとする構え」を仁平は「"災前"の思考」と述べる。それに対し，厄災は回帰するがそれは1回きりのことではなく何度でも回帰することを前提として，「それに耐えうる持続可能でしなやかな社会を構想すること」が「"災間"の思考」であるとする（仁平 2012：124-125）。1回の荒療治ではなく，より根本的な体質改善が求められているというのだ。それは特別なことではなく，日常的な積み重ねであるとし，例として，繰り返し訪れる津波に向き合いつつ平

時からのリスク管理をしてきたことにより，相対的に犠牲者の数が少なかった三陸海岸の漁村の人々の営みを挙げている。

さらに「"災間"の思考」とは，個人に強さを求めず，誰もが弱者＝被災者になる前提で，〈溜め〉が豊かな社会・地域を作ることだとする。ここで言う〈溜め〉とは，個人に帰属するものだけでなく，弱い立場にある人の潜在能力を引き出せる社会保障や社会資源の整備などの社会的な要素を含んでいる。東日本大震災が起きるまでの政策は，これとは逆に，「社会資源や社会保障をギリギリまで削減し，それに耐えうる個人を求める」(仁平 2012：127) という方向性だった。平成の市町村大合併によって小さな地方自治体は消え，地方公務員数も大幅に削減された。このような流れの中で病院や学校，公共交通機関も撤退していき，「限界集落」といわれる地区も増加した。また，市町村合併に伴って社会福祉協議会（以下，社協）も統合され，より住民の生活に近くあるべき地域福祉の拠点も減少した。すなわち財政破綻を招かないように「無駄」を削ぎ落としていった結果，東日本大震災での被害の大きさや被災者救済・支援の困難さにつながったともいえる。

仁平の言う「"災間"の思考」，すなわち日常的な積み重ねの中でいかに持続可能なしなやかな社会を作るか，そして，いかに豊かな〈溜め〉のある社会・地域を作るのか，という問いかけは，そのまま「社会福祉」「地域福祉」の課題へと重なっていく。本章では，この「災間」という捉え方から，災害と地域福祉について考察していきたい。

（2）災害と社会福祉の関わり

災害と地域福祉について検討する前に，まず，災害と社会福祉の関わりについて整理しておきたい。

社会福祉の発展や実践は，自然災害によって生活困窮に陥った人々の救済・支援を社会化し制度化してきた歴史そのものだといえる。古来，病気や不作などによって生活困難になった場合，地域共同体内での相互扶助によって救済がなされてきた。しかし災害や疫病の場合は被害が広範囲に及び，共同体内での相互扶助では対応できないことから，宗教団体や為政者等による慈善・博愛事業を経て，「法律による社会福祉」（救貧事業，保護事業）が整備されてきたという歴史である

(岡村 1983)。

　実践としても，1891（明治24）年の濃尾地震における石井十次による被災児救済，1923（大正12）年の関東大震災で罹災した高齢者救済を目的とした浴風会設立や"ボランティアの原点"とも表される学生による救済活動とその後の学生セツルメントへの流れなど，災害と社会福祉実践は歴史的に密接な関係にあった。
　しかし，戦後，社会福祉法制度が整備されていく中で，「社会福祉」（制度，施設・機関，専門職，教育，研究）が災害を具体的に意識して備えてきたかというと，必ずしもそうとはいえない。1947（昭和22）年に災害救助法，1961（昭和36）年に災害対策基本法が制定されているが，その内容について，1995（平成7）年の阪神・淡路大震災が起きるまでは社会福祉の視点からの議論はほとんどなかったのではないだろうか。1987（昭和62）年に成立した社会福祉士及び介護福祉士法により社会福祉士・介護福祉士養成が始まったが，当初そのテキストに災害救援に関する記載はほとんどなかった。阪神・淡路大震災後に設置された「阪神・淡路復興委員会」（首相の諮問機関）の委員でもあった一番ヶ瀬は，日本学術会議社会福祉・社会保障研究連絡委員会シンポジウムにおいて，次のように述べている。

　　「『社会福祉六法』の中に災害救助法は載っておりますが，大学の講義その他で災害救助法が教えられた例はほとんどなかったのではないでしょうか。災害救助というものに対して私どもが無関心かつ無知であったかということを思い知らされた今度の震災でした。」（一番ヶ瀬 1996：51）

　たとえば，阪神・淡路大震災時に，福祉事務所の職員はどのような業務を行ったのだろうか。生活保護の被保護者や社会福祉サービスの利用者の安否確認をはじめ，被災によって要支援状態になった人々の相談にのるという役割・業務がメインになるように思われるが，神戸市では実際にはその業務の優先度は低かった。神戸市の各区に配置されている福祉事務所の役割は，地域防災計画によって「遺体の取り扱い」と定められていた。したがって，本来，相談援助の専門性をもつケースワーカー達（神戸市は福祉事務所職員として専門職採用を行っていた）は，発災からしばらくの間，遺体の安置や身元確認，搬送，棺作り，ドライアイスの手配などに追われた。一方，避難所の運営管理は収税課の役割とされていた[4]。また，

社協を見ても災害ボランティアのコーディネーションをスムーズに行えたところは少なかった。そもそも阪神・淡路大震災以前は地域防災計画に「ボランティア」に関する記載はほとんどなく，各自治体でも担当部署が決まっておらず神戸市は企画調整課，西宮市は人事課などが担当するといったように，ボランティアとの協働は想定されていなかった（筒井 1995：37-40）。

災害福祉や災害ソーシャルワークについての文献収集を行った菅野（2014）によれば，伊勢湾台風（1959年），三宅島噴火災害（1983年），雲仙普賢岳災害（1991年）などの大災害の際には，それぞれ，社会福祉研究者による論考が発表されており，早くから災害福祉は社会福祉分野にとって重要課題であるという認識はあったという。1995年の阪神・淡路大震災以降は，災害関連の論考は量的に拡大する。特にマスメディアなどで「ボランティア元年」などといわれたこともあり，災害ボランティアに関する研究は盛んに行われ，研究業績が蓄積していった。2000年代になると新潟中越・中越沖・能登半島の地震災害や豪雨災害等を踏まえた実践報告や研究が出されるようになるが，災害福祉や災害ソーシャルワークを積極的に概念規定していこうという動きはあまり大きくはならなかった[5]。

東日本大震災では，日本学術会議（社会学委員会・社会福祉学分科会）が2013（平成25）年に発表した「提言　災害に対する社会福祉の役割——東日本大震災への対応を含めて」において述べられたように，過去の災害時の経験により改善された部分はあるものの，被災地の社会福祉関係機関が機能マヒになり十分な支援が行えなかった。そこから生じる緊急課題は，①福祉施設・機関の復興・復旧を行い，再び地元で福祉サービスを受けられるようにすること，②震災によって寸断された地域の福祉力の回復・醸成を推進すること，③包括的なケアを必要とする人にワンストップでの相談やサービス提供ができる拠点の整備と関係機関のネットワークの構築，④生活再建支援にあたる福祉人材への支援と福祉人材の確保，の4点であるとし，これら4点を推進するための政策的な支援が十分でないことが指摘されている（日本学術会議 2013）。

その上で，当面の社会福祉に求められる取り組みとして，①生活再建に向けた支援，②住民の参加と協働によるコミュニティ形成と「絆」の強化，③地域包括ケアと総合相談体制の確立，④支援者への「支援」と福祉人材確保，の4点が挙げられている。

さらに、今後の災害に向けて社会福祉が果たすべき役割としては、「防災・減災に向けての対応」と「公的活動と民間活動の重要性」の大きく2つに分け、前者には、「①防災のまちづくり——災害に強いコミュニティ」「②防災システムづくりと地域福祉計画」、後者には、「①被災地・者に対する公的責任のあり方」「②ボランティア活動」の計4つを挙げている。

これらを踏まえて、「国や地方公共団体に対する提言」として、第1に災害に対する医療や介護のサービスは公的責任として実施すべきであること、第2に医療領域のDMAT[6]に対応する、社会福祉の民間団体が外部から支援できる災害派遣福祉チーム（DWAT）の構築のために公的な後方支援の必要性を述べている。一方、「社会福祉の職能団体や社会福祉関係者・団体に対する提言」としては、仮設住宅での被災者の相談支援やコミュニティ再建への支援を行うために、被災地のソーシャルワークが地域包括ケアを推進していくこと、今後に向けては、①予防的なソーシャルワークの推進、②社会福祉関係団体を組織化して福祉版DMATを確立していくこと、③災害時の社会福祉のあり方について理論的に確立し、ソーシャルワーク教育の一環に含めていくこと、が述べられている。

この提言とほぼ同時期に、『災害ソーシャルワーク入門』という本が出版された[7]。その背景は、災害支援に関してソーシャルワークの領域で体系的な研究が十分でないこと、また災害時におけるソーシャルワーク教育に関する教科書もないという問題意識からであった。

（3）地域福祉の視点から見た被災者支援

さて、ここまで災害と社会福祉との関わりを概観してきたが、ここからは地域福祉に焦点を絞って考えていきたい。2000（平成12）年に社会福祉法が制定されて以降、「地域福祉」は社会福祉のメインストリーム（主流）になったといわれる。社会福祉法第1条には、「この法律は、社会福祉を目的とする事業の全分野における共通的基本事項を定め、社会福祉を目的とする他の法律と相まって、福祉サービスの利用者の利益の保護及び地域における社会福祉（以下「地域福祉」という。）の推進を図るとともに、社会福祉事業の公明かつ適正な実施の確保及び社会福祉を目的とする事業の健全な発達を図り、もつて社会福祉の増進に資することを目的とする」とある。ここでは、「地域における社会福祉」を「地域福祉」

としているが,「社会福祉」と「地域福祉」の明確な概念整理は難しい。

本章では,牧里による整理に依拠して論を進めたい。牧里は,社会福祉の援助・支援は貧困者や高齢者,児童,障害者,その他生活困難を抱える生活者達の暮らしのニーズを満たすことであるとした上で,地域福祉が社会福祉と相対的に独立してコアとすべき暮らしのニーズとは何かという問いを立てている。そして,社会福祉に対して,地域福祉の固有性を次のようにいう。

「地域福祉の固有とすべき援助・支援の対象を仮に『住民であること』『住民で在り続けたい』ニーズとするならば,まさしく地域福祉の課題は,貧困者であれ高齢者・児童,障害者であれ,地域社会に暮らす住民であることへの保障であると言えるだろう。」(牧里 2010:112)

「地域福祉の単純にして明快な究極目標は,様々な生活問題や生活問題を抱える人々が暮らしの場である地域社会で『住民として生きること』『住民になれること』『住民であり続けたいこと』を保障し実現することではないだろうか。」(牧里 2017:ix)

このように牧里は,地域福祉が焦点化するコアな暮らしのニーズを,「地域社会に暮らす住民であることの保障」とする。「住民である」とは,すなわち,①住まい(住所)を持てること,②単に住まい(住所)があるだけでなく,近隣等との相互作用があるなどコミュニティの一員と感じられること(孤立や排除を生まない),③本人が望む限り,住み慣れた住まいや地域で暮らし続けられること,である。生存が保たれるだけの衣食住や医療・介護等が保障されるだけでは不十分であり,その人が「住民といえるのか」「住民であり続けられるのか」を問うていくことが地域福祉の重要な視点といえる。そして,「住民であることを保障」するために,制度やシステムを構築・整備し,また個別の対人援助と地域組織化を展開していくのが地域福祉の取り組みなのである。

このように考えれば,人々の生命や住居を奪うだけでなく,その生活基盤やコミュニティそのものを奪う災害は,まさに地域福祉にとって最大の脅威といえる。ましてや,原子力災害の場合は,住民の避難は広範囲に及び,かつ長期化するため,コミュニティの崩壊とその再構築は困難を極める。原発事故によって住み慣

れた地域を追われ，遠方への避難を余儀なくされた人々にとっての「地域福祉」の課題はより深刻であろう。

そこで，次節からは，東日本大震災の中でも原子力災害による影響を受けた地域，すなわち東京電力福島原発周辺自治体である福島県双葉郡を取り上げて考察を進める。
(8)

2 東日本大震災と原子力発電所事故による被災状況

まず，用語の使い方の整理をしておきたい。「原子力災害」とは，原子力災害対策特別措置法においては「原子力緊急事態により国民の生命，身体又は財産に生ずる被害をいう」と定義されている。丹波（2014）は，これをさらに広範囲に捉え，家族や地域の離散，産業・雇用・農業への影響など社会生活に及ぼす影響，さらに自然環境や動植物などの生態系への影響なども含め「人・社会・環境へのさまざまな影響」としている。本章においても，こうした人，社会，環境といった広範囲にわたる影響や被害を「原子力災害」と呼ぶこととする。
(9)

また，「被災者」と「避難者」の使い分けであるが，「被災者」は一般的に自然災害にあった人のことをいうが，福島県ではそれに加えて原子力災害にあった人も含む。「被災者」の中で，それまで居住してきた家や地域を離れて，別の場所へ避難している人を「避難者」と呼ぶ。

（1）原発事故による避難指示区域の変遷

2011（平成23）年3月11日の地震発生及び12日の東京電力福島第一原子力発電所（以下，福島第一原発）1号機の水素爆発以降の避難指示の変遷は表4－2の通りである。

当初は，原子力発電所から半径10kmや20kmという単純な線引きによって避難指示が出されていたが，4月22日になって，新たに「警戒区域」「計画的避難区域」「緊急時避難準備区域」の3つが設定された。

「警戒区域」（福島第一原発の半径20km圏内〈海域も含む〉で，立入制限，退去命令が行われる区域）として，富岡町，大熊町，双葉町（以上，全域）と，田村市，南相馬市，楢葉町，川内村，浪江町，葛尾町（以上，一部）の計9市町村が指定さ

第 4 章　大規模災害における地域福祉の役割

表 4 - 2　原子力被災者への避難指示の変遷

〈2011年〉	
3/11	東北地方太平洋沖地震　発生（14:46）　マグニチュード9.0
	岩手県，宮城県，福島県などに大津波警報（14:49）
	東京電力福島第一原子力発電所　緊急事態宣言発令（19:03）
	県が半径 2 km，国が半径 3 km 圏内に「避難指示」，10 km 圏内に「屋内退避」指示
3/12	福島第一原発より　国が半径 10 km 圏内に「避難指示」
	福島第二原発　緊急事態宣言発令（7:45）　国が半径 3 km 圏内に「避難指示」，10 km 圏内に「屋内退避」指示
	福島第二原発より　国が半径 10 km 圏内に「避難指示」
	福島第一原発 1 号機で水素爆発，作業員数名負傷　国が半径 20 km 圏内に「避難指示」
3/13	福島第一原発 3 号，爆発のおそれありと官房長官発表（15:30）
3/14	福島第一原発 3 号機で水素爆発（11:01）　半径 20 km 圏内「屋内退避」指示
3/15	福島第一原発 2 号機で衝撃音，福島第一原発 4 号機で水素爆発
	総理大臣より国民へのメッセージ発表（11:00）
	福島第一原発より半径 20 km 圏内「全員退避」指示，20～30 km 圏内「屋内退避」指示
	福島第二原発については 10 km 圏内より「避難指示」
3/25	第一原発から半径 30 km 圏内「自主避難」要請
4/21	第二原発から半径 8 km 圏内「避難指示」（10 km 圏内から変更）
4/22	第一原発から半径 20 km 圏内を「警戒区域」，
	半径 20 km 圏外の特定地域を「計画的避難区域」，「緊急時避難準備区域」
	設定
6/16	「特定避難勧奨地点」設定
9/30	「緊急時避難準備区域」の解除
12/26	「警戒区域」「避難指示区域」の見直し決定
	ア「避難指示解除準備区域」　イ「居住制限区域」　ウ「帰還困難区域」
〈2012年〉	
3/30	川内村，田村市，南相馬市に，警戒区域・避難指示区域の見直しを指示
3/31	広野町の避難指示解除
4/1	川内村及び田村市の警戒区域の解除及び避難指示区域の見直し
4/16	南相馬市の警戒区域の解除及び避難指示区域の見直し
7/17	飯舘村の避難指示区域の見直し
8/10	楢葉町の避難指示区域の見直し
12/10	大熊町の警戒区域の解除及び避難指示区域の見直し
12/14	川内村，伊達市における特定避難勧奨地点の解除
〈2014年〉	
4/1	田村市の避難指示区域の解除
10/1	川内村の居住制限区域を避難指示解除準備区域に再編
〈2015年〉	
9/5	楢葉町の避難指示解除準備区域の解除
〈2016年〉	
6/12	葛尾村の居住制限区域及び避難指示解除準備区域の解除
6/14	川内村の避難指示解除準備区域の解除
7/12	南相馬市（小高区）の居住制限区域及び避難指示解除準備区域の解除
〈2017年〉	
3/31	川俣町，飯舘村，浪江町の居住制限区域及び避難指示解除準備区域の解除
4/1	富岡町の居住制限区域及び避難指示解除準備区域の解除

出所：原子力災害対策本部の資料等を基に筆者作成。

れた。対象者は約7万8,000人にのぼった。次に「計画的避難区域」（事故発生から1年間に累積線量が20mSvに達するおそれのある区域であり、1カ月を目途に計画的に避難することが求められた）として、30km圏外だった飯舘村の全域および、葛尾村、浪江町、川俣町、南相馬市の一部が指定された。対象となったのは約1万人である。さらに、「緊急時避難準備区域」（福島第一原発に係る危険防止の観点から設定されたもので、立入制限はないが、大量の放射性物質の放出などに備えて、自主的避難や屋内退避の準備を求められた地域）として広野町の全域と楢葉町、川内村、田村市、南相馬市の一部が指定された。対象は約5万8,500人であった。その後6月16日には、「特定避難勧奨地点」が設定された。これは、局地的に放射線量が高い（1年間の積算線量が20mSvを超えると推定される）特定の地点（居住可）であり、南相馬市や伊達市内の複数カ所が指定された（内閣府 2013：2014）。

　発災から半年を経過した9月末には「緊急時避難準備区域」が解除となり、12月26日には警戒区域の段階的解除、避難指示区域（半径20kmの区域及び20km以遠の計画的避難区域）の見直しが行われることになった（内閣府 2014：26-27）。そして新たに、「帰還困難区域」（放射能の年間積算線量が50mSvを超え、5年間を経過しても年間積算線量が20mSvを下回らないおそれがある地域であり、5年以上の長期にわたって居住制限）、「居住制限区域」（放射能の年間積算線量が20mSvを超えるおそれがあり、避難の継続が必要。将来的に住民が帰還し、コミュニティを再建することを目指して、除染やインフラ復旧等を計画的に実施）、「避難指示解除準備区域」（放射能の年間積算線量が20mSv以下となることが確実と確認された地域であり、除染やインフラ復旧、雇用対策等の支援策を行い、住民の1日でも早い帰還を目指す）の3つに再編されることが決まった。

　この方針に基づき、2012（平成24）年3月末に広野町の避難指示が解除され、全町の帰還が可能となった。その後、2014（平成26）年4月1日には田村市都路地区、2015（平成27）年9月に楢葉町、2016（平成28）年6月に葛尾村（帰還困難区域以外）と川内村、7月には南相馬市（帰還困難区域以外）の避難指示が解除された。さらに、2017（平成29）年3月末に川俣町、飯舘村（帰還困難区域以外）、浪江町（帰還困難区域以外）、4月1日に富岡町（帰還困難区域以外）の避難指示が解除され、人々の帰還が可能となった。これで全町避難が続いているのは、2017年9月現在、大熊町と双葉町の2町となった。2017年4月1日時点での避難指示区

第 4 章　大規模災害における地域福祉の役割

図 4 - 1　避難指示区域のイメージ（2017年 4 月 1 日現在）

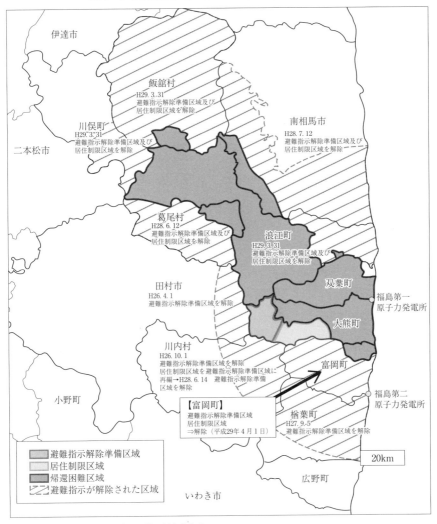

出所：経済産業省公表の概念図を基に福島県作成。

図4-2 福島県双葉8町村における地域別避難回数

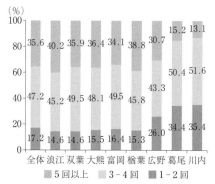

出所：福島大学災害復興研究所「双葉8町村調査2011」。

図4-3 福島県双葉8町村における地域別震災後の家族離散状況

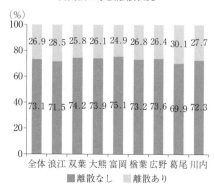

出所：図4-2と同じ。

域の状況は図4-1の通りである。

（2）原子力災害の被災者の避難生活

このように，政府の避難指示，あるいは自主的判断によって住み慣れた土地を離れざるを得なかった原子力災害による被災者の避難生活には，どのような特徴があるのだろうか。ここでは3つの調査結果から探っていきたい。

1）「双葉8町村住民実態調査」（2011年9月）

福島大学災害復興研究所は，2011年9月に双葉郡8町村の全住民を対象にした実態調査（以下，「双葉8町村調査2011」[10]）を行った。原子力災害の影響を深刻に受けた地域で，震災から半年という早い時期に，町村の境を超えてこのような調査が行われたことは，非常に大きな意義があったと思われる。この調査からは，①何度も避難を重ね全国に広がる「広域避難」，②度重なる避難による「家族離散」，③放射能汚染による見通しの立たない「避難の長期化」という特徴が浮かび上がった。

たとえば，図4-2は震災から半年の間に避難場所を変えた回数を見たものであるが，全体では1～2回の人が17.2％，3～4回が47.2％，5回以上が35.6％にものぼる。中には半年で10回以上避難場所を変えた人もいたという。避難先は，近くの避難所から双葉郡外の避難所へ，また複数の親戚・知人宅，賃貸アパート

（自己負担），仮設住宅，民間借上げ住宅（みなし仮設）など多岐にわたる。

そうした移動のプロセスで，深刻な家族離散が起きる。図4-3を見ると，全体では26.9％が家族離散を経験している。中でも3世代以上で暮らしていた家族の場合，48.9％が離散している（図4-4）。

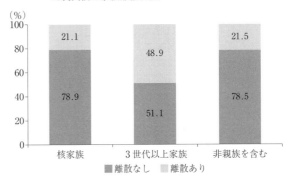

図4-4 福島県双葉8町村における震災前の家族類型別に見た震災後の家族離散状況

出所：図4-2と同じ。

2）「第2回双葉郡住民実態調査」（以下，双葉郡調査2017）（2017年2月）

震災から6年を終えようとする2017（平成29）年2月～3月にかけて，双葉郡の住民対象に第2回目の調査が実施された[11]。この時期は前述したように，広野町，楢葉町，葛尾村，川内村の避難指示が解除になり，また，近々浪江町と富岡町の一部も帰還が可能となろうとしている時期である。

回答者の年齢は，第1回調査では60代が最も多く（24.9％），次いで50代（23.5％）となっていた。これに対し，第2回は60代が30.7％，次いで70代が20.9％と，60～70代が全体の半数を占めており，高齢化が進んでいるのがわかる。震災後の別居者がいる世帯はどの地域も3割前後となっており，家族離散の状況は第1回目調査と同様である。

図4-5は，「現在の住居」を聞いたものである。震災後6年を超えた今もなお仮設住宅で暮らす人，自宅に戻った人，新たに自宅を購入・再建した人，復興公営住宅に入居した人など，実に多様である。一口に原子力災害による被災者といっても，その復興状況には格差があり共感や連帯が生まれにくい状況にあることがわかる。

「震災時の場所に居住しているか」という質問に対しては，77％の人が「住んでいない」と回答している。比較的早く全村帰還が可能になった川内村では，「震災時の場所に住んでいない」人（26.3％）のうち，4割以上が「震災時の住居

第Ⅰ部　現代社会の諸相と社会福祉政策の行方

図4-5　福島県双葉郡における住民の現在の住居

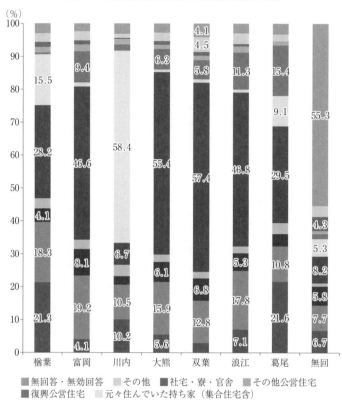

出所：福島大学災害復興研究所「双葉郡調査2017」。

に問題なく住める」と回答している。このことからも避難指示が解除になり住める家があったとしても，帰還しない人，帰還に踏み切れない人など個々の事情により判断が様々であることがわかる。第1回調査で「帰還まで待てる年数」を聞いていたが，全体では1年未満から2～3年までを合わせて7割を超えていたことから，すでに震災後6年を超えた今，避難指示解除後の自治体や地域コミュニティの運営に大きな課題があることがわかる。

3）生活支援相談員活動から見る避難住民生活の現状調査（2012年2月・2013年2月・2014年1月）

これは，福島県社協が，県内の市町村社協に配置された生活支援相談員（2013年4月時点では200人）を対象として2011（平成23）年度から2013（平成25）年度まで毎年実施した調査である。生活支援相談員とは，阪神・淡路大震災時（1995年）に地域型仮設住宅（虚弱な高齢者や障害者を対象としたケア付仮設住宅）に配置された生活支援員がその原点とされ，その後，新潟県中越地震（2004年），新潟中越沖地震（2007年）の一般仮設住宅での実践を経て，東日本大震災においても2011年度の国の補正予算において予算措置がなされたことを受けて被災3県に配置された。仮設住宅等の住民を定期的に訪問して福祉課題や生活課題を把握し，個々のニーズに応じて必要なサービスや社会資源につないだり（個別支援），住民同士のつながり作りや助け合いをサポートしたり（地域支援）するのが役割である（生活支援コーディネーターのためのハンドブック作成委員会編 2013）。

この3回の調査結果全体からは以下のことが浮かび上がった（筒井 2014：56-57）。

① 仮設住宅と民間借上げ住宅（みなし仮設）での違い

たとえば，避難住民が感じている「不安」については，仮設住宅の場合は1～3回目まで一貫して「先が見通せないこと」が突出しているのに対し，借上げ住宅の場合は「孤独感，孤立感」と「先が見通せないこと」がほぼ同数であり，「情報不足」の割合も高い。また「生活上の課題」を見ても，「住宅の再建」は共通するが，仮設住宅の場合は「運動不足・体力低下」「健康維持や病気療養」の割合が高く，借上げ住宅では，「情報の不足」「近隣住民との人間関係」の割合が高くなっている。さらに「必要な支援」についても，仮設住宅の場合は「自立生活の促進」が最も多いのに対し，借上げ住宅の場合は「孤立防止」と「コミュニティづくり」の割合が高い。また「生きがい」については，仮設住宅の場合は1～3回ともに，「趣味・運動」「サロン・イベント」の割合が高いのに対し，借上げ住宅では「家族の存在」「元の住民同士の交流」の割合が高くなっている。このように，同じ"避難住民"であっても仮設住宅と借上げ住宅とでは，求められる"支援"のポイントが異なることがわかる。

第Ⅰ部　現代社会の諸相と社会福祉政策の行方

②　世帯分離による影響

　また世帯分離による影響の深刻さが見て取れる。世帯分離により老老介護になったケースは多く，また母子だけの暮らしで子育て不安が生じたケースなども報告されている。震災前に福祉サービスが必要ではなかった世帯の場合，福祉サービスについての知識も乏しい場合が多いため，生活支援相談員等によるアウトリーチ型の相談活動が効果的であった。

③　避難生活の長期化の影響

　避難生活が長期化すると，離散した家族の状態が固定化してしまい再び元の家族生活に戻すことが困難になっている状況が複数報告されている。もともと関係が悪かった家族はもちろん，関係が良かった家族であっても，別々の暮らしが常態化すれば，精神的な絆が切れてしまうこともある。

　加えて長期化による「支援慣れ」の問題も報告されている。特に仮設住宅において，3回目の調査で「今後の自立生活を困難にする障害」として「支援慣れによる自立意識の低下」の割合が大変高くなっており，自立支援に向けた関わりが必要となっていくことがわかる。

（3）地域福祉の観点から見た避難住民の支援の課題

　前節で見てきたように，地域福祉の究極目標を「住民として生きること」「住民になれること」「住民であり続けたいこと」を保障し実現していくこととした場合，原子力災害による避難住民への支援の課題はどのようなものになるだろうか。

1）「地域生活支援」の視点と実践

　まず「地域生活支援」という視点とその実践の重要性を挙げたい。言うまでもなく，社会福祉とは人々の「生活」に着目し，その暮らしのニーズに応えていこうとするものである。被災によって家族や住居，財産，仕事を失った人，また心身の病を患っている人に対して，その暮らしが成り立つための多様な生活支援策を用意していかなければばならない。

　そうした中で，地域福祉は，その生活が「地域」で営まれていることを重視する。「地域生活支援」という用語は，制度的には障害者総合支援法で用いられるようになったが，そこでは「地域生活支援事業」という具体的な事業を規定して

おり，地域の特性（地理的条件や社会資源の状況）や利用者の状況に応じて柔軟な形態で事業を効果的・効率的に実施することが強調されている。しかし，ここでは大島（2017：10）が言うように，「人がある場所（地域）で生活を続けていかれるということに価値をおく考え方をするものであり，それを支えることの総体」と捉える。ここから「地域を基盤とするソーシャルワーク」というものが重要となる。

　このように考えた場合，仮設住宅等で暮らす人への支援はどうあるべきかといえば，まず，もともと住んでいた地域でのなじみの関係が維持できる形での入居の努力・工夫が求められる。阪神・淡路大震災の教訓から新潟中越・中越沖地震の際には，なるべく元の住まいの近くで，地域コミュニティ単位での入居が進められたが，残念ながら原子力災害の場合は広域避難であり，またプレハブ型仮設住宅よりも民間借上げ住宅（みなし仮設）で暮らす人の方が圧倒的に多かったことから，ほぼ実現はしなかった。

　第2に，たとえ一時期の「仮」の住まいであったとしても，その地域の一員として過ごせるような働きかけが重要となる。そう考えると，支援・働きかけの対象は仮設住宅等の避難住民だけではなく，仮設住宅等が作られた避難先の住民をも含んだものとなるだろう。

2）コミュニティの再構築

　次に地域福祉という観点から見た避難住民の支援の大きな課題は，コミュニティの再構築である。震災から6年を過ぎた今，仮設住宅等で暮らす人，自宅に戻った人，新たに自宅を購入・再建した人，復興公営住宅[14]に入居した人など，住まい方は多様化している。そのいずれにおいても課題となるのがコミュニティづくりである。

　通常，仮設住宅から移行する公営住宅は「恒久住宅」と呼ばれる。文字どおり，「仮」ではなくずっと暮らす住宅へということである。しかし，福島県の復興公営住宅の多くは「恒久住宅」になりえていないという問題が生じている。浪江町の避難住民への関わりを続けているあるNPO法人の代表は，「復興公営住宅が，第2の仮設住宅化している」と指摘する[15]。避難指示解除になった故郷に「いつか戻る」と思っている人も多く，復興公営住宅が建てられた地域に根づいて暮らしていこうという意識が低いためである。早いところで2014（平成26）年9月から

入居がスタートし，2015（平成27）年度中に完成するものが多かったため[16]，仮設住宅等から転居して2年近く経つが，自治会が作れないという状態が多数発生している。中にはいったん自治会ができたが，次なる役員のなり手がなく解散してしまったという例もある[17]。

また，帰還を諦め避難先で自宅を建てた場合は，近隣との接点がない，あるいは賠償金問題などにより感情的な確執が生じたりして，その地域の「住民」になれないでいるという例も多数報告されている[18]。一方，地元への帰還がかなった場合も，帰還する住民が少ないため周りに人がおらず地域コミュニティが復活できないという問題も発生している。

こうした地域福祉の深刻な課題に，私たちはどのように取り組んでいけばいいのだろうか。特に"地域福祉の推進"を標榜する社協は，こうした状況をどのように捉え，どのように向き合っていくのか。次節では，双葉郡内の社協が作成した「地域福祉ビジョン」の内容を検討することで考察を進めていく。

3　双葉郡の町村社協による地域福祉ビジョンの策定

（1）策定の背景と内容

福島県としてはもちろん，双葉郡の各自治体においても復興計画（ビジョン）等が策定されている。避難指示解除が徐々に進む中でコミュニティをどのように作っていくのか，人々の生活をどのように守っていくのかという課題に対しては，さらにソフト面の計画が重要となる。その一つが「地域福祉計画」（行政計画）であり，市町村社協が策定する「地域福祉活動計画」である。

表4-3を見ると，双葉郡8町村で震災前に「地域福祉計画」が策定されていたのは川内村と楢葉町のみであり，「地域福祉活動計画」を策定している社協は一つもなかった。そうした中で，2016（平成28）年から2017年にかけて，南相馬市と双葉郡6町村の社協で「地域福祉ビジョン」が策定された（残り2町と飯舘村も2017年度中に策定）。

策定に至った経緯としては，ある団体から助成金の有効な使途について福島県を通じて県社協に相談が入り，県社協が「避難者支援を意識した計画づくりを支援してほしい」と提案したことから始まったという[19]。策定に最初に着手したのは

第4章 大規模災害における地域福祉の役割

表4-3 双葉郡及び南相馬市・飯舘村の地域福祉ビジョン

	社協名	計画名称	計画期間	策定年月	地域福祉活動計画（社協）	地域福祉計画（行政）	避難指示解除
1	南相馬市社会福祉協議会	避難者自立に向けた中期ビジョン	2015～2017	2015.6	有	有	2016年7月12日（一部除く）
2	双葉町社会福祉協議会	双葉町地域福祉ビジョン	2015～2017	2015.11	無	無	未
3	川内村社会福祉協議会	川内村地域福祉活動ビジョン	2016～2018	2016.3	無	有	2016年6月
4	葛尾村社会福祉協議会	みどりの里かつらお社協　地域福祉ビジョン	2016～2018	2016.3	無	有	2016年6月（一部除く）
5	富岡町社会福祉協議会	富岡町社協地域福祉ビジョン	2017～2019	2016.12	無	無	2017年4月1日（一部除く）
6	大熊町社会福祉協議会	大熊町社協中期ビジョン	2017～2019	2017.2	無	無	未
7	楢葉町社会福祉協議会	楢葉町社協中期社会福祉活動ビジョン	2017～2019	2017.3	無	有	2015年9月から
8	広野町社会福祉協議会	2017年度策定中			無	無	2012年3月末
9	浪江町社会福祉協議会	2017年度策定中			無	無	2017年3月末（一部のみ）
10	飯舘村社会福祉協議会	2017年度策定中			無	無	2017年3月末（一部除く）

南相馬市社協である[20]。その成果報告などを聞く中で，双葉郡の町村社協でも策定に取りかかるところが増えていった。通常は市町村社協が作成する計画は「地域福祉活動計画」という名称が使われるが，避難指示解除の時期や住民の帰還の見通しが難しく，「計画」というまでの明確なものは作れないことから，「ビジョン」という名称が用いられたとのことである。
　以下，策定順にそれぞれの内容を簡単に紹介していく。

93

① 双葉町社協「双葉町地域福祉ビジョン」(2015〜2017年度)

全町避難が続いており，社協も7つの拠点（いわき市2カ所，郡山市，加須市，南相馬市，白川市，福島市）に分かれている。社協の役員会で次年度事業計画案を示した際に，理事から「今度どうしていくのかという大きな方向性を示した上で，次年度事業について検討すべきではないか」との発言があり，住民の不安に対して何らかの方向性を見せていく必要性から策定を決めたという[21]。震災前は介護保険事業実施が中心だったということもあり，ビジョンも介護保険事業計画を意識したものとなっている。2014年11月時点で，町民の帰還意向は「戻りたい」12%，「判断つかない」25%，「戻らない」56%である。ただし，「判断つかない」と回答した人の約6割が「双葉町とのつながりを保ちたい」と答えている。

こうした背景から，基本目標として「避難先との連携を推進し，地域住民同士が支え合う環境づくりによる町民の生活再建」と「町民一人ひとりの心身の健康の確保に向けた自立支援」を挙げ，①世帯分離と地域とのつながりの希薄化，②帰還の目途が立たず，生活意欲の低下と自立が困難な町民の存在，③健康状態の悪化と孤立化，の3つを早急に取り組むべき課題としている。

施策方針としては，避難先での関係機関／団体との連携強化や生きがい創出，介護予防の充実，地域包括支援センターの機能強化等が挙げられているが，さらに踏み込んだ具体策まではこの段階では挙げられていない。

② 川内村社協「川内村地域福祉活動ビジョン」(2016〜2018年度)

2012（平成14）年2月から帰村が始まっているが，策定時点では帰村者と帰村準備者は約64%であった。しかし3年以内の帰村を考えている層も多く，2018（平成30）年までに帰村が進むと想定されている。

そこで，独居または二人世帯の大幅な増加，高齢化と過疎化，健康問題，生活インフラの不足といった点もふまえ，今後取り組むべき問題として，①村内地域のコミュニティ／共助の仕組みの崩壊，②高齢者の役割／生きがいの喪失の2つを挙げている。

①については，連携体制の強化として，村が組成する「地域ケア会議」への参画，独自に「地域のサロンを活性化させるための協議体」の組成，さらに，生活支援相談員のつなぎ機能の拡充，村民主催のサロン運営の試験的実施などの施策が挙げられている。②については，生活支援相談員の活動拠点を村内に移すこと

により，要支援者への訪問回数の増加，サロンの拡充，さらに外出支援については村の委託業務に加えて，社協独自事業としての送迎サービスの展開が予定されている。これらの施策については，より具体的な3カ年のアクションプランも示されている。

これらの推進のために，生活支援相談員の活動拠点の村内への異動及び増員も計画されている。

③　葛尾村社協「みどりの里かつらお社協地域福祉ビジョン」(2016～2018年度)

全村避難が続いていた中，2016（平成28）年春の避難指示解除を踏まえた策定であり，住民の帰村の見通しが難しい状況にあった。そのため，村が実施した複数の住民意向調査のデータを分析する中で，社協としての今後の方向性を探っている。2014年度調査では，「戻りたい」25％，「判断つかない」45％，「戻らない」24％であり，年齢が高くまた分散している世帯ほど帰村意向が高くなっていた。

そこで，「現在（避難先）」の課題としては，①心身の健康状態の悪化，②将来的な避難先での活動縮小，③コミュニティの崩壊／葛尾村とのつながりの希薄化，「帰村開始後に想定される村内の課題」として，④帰村者の健康状態の回復と情報収集，⑤地域コミュニティ／共助の仕組みの再建，⑥生活の利便性と質の向上，が挙げられている。

「現在（避難先）の課題」に対しては，サロンと介護予防活動の融合を図ることや，見守り活動を避難先社協へ移行していくこと，村外の復興公営住宅でのキーパーソン発掘と自主的サロン活動開始へのサポートなどといった施策の方向性が示されている。「帰村開始後の課題」に対しては，地域での包括ケア推進のために「地域ケア会議」を始めるとともに"ご近所福祉"を推進すること，"ご近所福祉"の仕組みづくりとして集落ごとに「福祉協力員」を設置，また共助の仕組みづくりとして「住民会議（仮称）」の発足，さらに，世帯分離と高齢化に対応するために，社協独自の移動支援サービスも計画されている。

これらの推進のために，生活支援相談員の増員を図るとされている。

④　富岡町社協「富岡町社協地域福祉ビジョン」(2017～2019年度)

2017（平成29）年4月に帰町開始の目途がたった時点での策定であるが，町民がどのような選択をしたとしても安心で安全な生活が送れることを目指している。この時点で社協は複数カ所に拠点を置いているが，役場の移転時期と合わせて拠

点を町内に移すことが予定されている。2015年度調査では,「戻りたい」14％,「判断つかない」29％,「戻らない」51％となっている。

本ビジョンでは,「帰町に向けた地域別の地域福祉に関する状況」という項目があり,①富岡町,②いわき地域（増加予想）,③郡山地域（減少予想）,④県外地域の4つに分けて,状況確認が行われている。その上で,町民の地域福祉に関する課題として,以下の6つが挙げられている。①孤立化・孤独死を防止するための見守り,②町民の福祉サービス利用のための介護保険事業・障がい者支援,③コミュニティの喪失から立ち直るための生きがいづくり,④ふるさとを感じ続けるための町民への情報発信,⑤交通弱者を生活弱者にしないための移動手段の確保,⑥生活困窮者の支援。

今後の施策としては,引き続き生活支援相談員による個別訪問,事業者との連携による見守り安心ネットワークづくり,ボランティアセンターの再開などが挙げられている。

これらの推進のために,資格保有者の採用及び,既存職員の資格取得奨励が計画されている。

⑤　大熊町社協『大熊町社協中期ビジョン』(2017〜2019年度)

全町避難が続いているが,2019年春に一部地域（大川原地区）の帰還開始が想定されている。この時点でいわき市2カ所,南相馬市,郡山市,会津若松市の4カ所に事務所がある。震災前は介護保険事業を実施しておらず,民生委員活動やボランティア連絡協議会が活発という特徴があった。

課題として,①復興拠点の居住者に対する福祉サービス,②生活支援相談員による各世帯の複雑化する課題への対応,③大熊町民の孤独化防止やネットワーク構築,④町民への社協活動の理解,⑤社協が担ってきた福祉サービス事業の実施,⑥町民ニーズに応えるための事業体制の確立,が挙げられている。

今後の施策としては,復興拠点（大川原地区）への本部機能の移転や生活支援相談員による帰還住民の訪問,介護予防サロンの実施,配食サービス・外出支援サービスの開始,避難先でのサロン開催,総合相談の態勢構築などが挙げられている。

これらの推進のために,事務局体制の検討（震災前は職員2名,避難時に14名,2016年には48名）および人材育成について述べられている。

⑥　楢葉町社協『楢葉町社協中期社会福祉活動ビジョン』（2017～2019年度）

　全町避難が続いていたが，2015（平成27）年に9月から帰町が開始。2017年1月までに帰町した住民は15％で，多くはいわき市に居住している。いわき市と楢葉町を行き来しながら生活する住民が多い。

　地域福祉の課題としては，①見守りを通じた町民世帯の状況把握と地域福祉サービスの理解促進，②町民同士の互助や共助の基盤となるコミュニティ形成，③町民の介護支援ニーズへの対応，④町民の子育て支援ニーズへの対応，⑤町内の地域福祉サービスの補完，⑥町民に対する社協の活動の理解促進，が挙げられている。

　今後の施策としては，生活支援相談員や民生児童委員による各戸訪問，サロン運営，生活支援体制整備，各種介護保険サービスの提供，児童館やファミリーサポートセンター事業の再開，等が挙げられている。

　これらの推進のために，拠点ごとに生活支援相談員などの職員配置の再検討，有資格者の採用や既存職員の資格取得奨励が計画されている。

（2）策定の意義と今後の課題

　策定時点では避難指示解除の方向性が定かではない町村もある中で，こうした地域福祉ビジョンが作られたことには，非常に大きな意義がある。

　第1に，社協内における目標共有の意義である。双葉郡内の町村社協の職員数は，震災後に急増したところが多い。たとえば大熊町社協の場合，すでに紹介したように震災前は2名だったのが，震災及び福島第一原発の事故発生以降の避難時は14名（嘱託職員含む）になり，2016（平成28）年12月時点では48名（嘱託職員含む）になっている。しかもその勤務先はいわき市，郡山市，会津若松市，南相馬市と多岐にわたっている。いずれの社協においても，新しい職員の中にはそもそも社協とはどういうものか，社協職員として何を目指すべきなのかについての理解が不十分なまま担当の業務をこなしているという実態もあった。本ビジョンの策定にあたっては，コンサルタントが社協ごとに複数の職員へのヒアリングを実施し，また平均5回程度の会合を開いて職員と意見交換しながら作成している[22]。そのプロセスで，職員が社協事業の全体像を把握し，また地域福祉の意味や社協の存在意義について確認し合うことができた意義は大きいと思われる。

第Ⅰ部　現代社会の諸相と社会福祉政策の行方

　第2に，住民の多様な選択を前提として施策の方向性が考えられている点である。日本学術会議東日本大震災復興支援委員会福島復興支援分科会は『提言』の中で，「複線型復興」という表現を用いて，帰還，移住，避難継続の選択は誰からも強要されることなく避難者個人の判断を尊重する必要があるとし，そうした個人の多様な選択を保障する必要性を述べている（日本学術会議 2014）。紹介した6つの地域福祉ビジョンでも，そうした方向性を明確に掲げているところもあり，どの地域に住んでいるにしても，避難元町村の「住民」として支援していく方針を示したことは，住民にとっての意味は大きいものと思われる。

　第3に，住民の地域生活支援という観点から，新たなサービス創出を計画している点である。たとえば，川内村社協，葛尾村社協，富岡町社協において，それぞれの状況に応じた外出支援サービスの開発・実施が検討されていることは，大きな意味を持つであろう。

　第4に，コミュニティ構築のための具体的なアイディアが示されたことである。もちろん，避難指示や解除後の帰還の状況に違いがあるため現時点では一部ではあるが，たとえば，「地域のサロンを活性化させるための協議体」の組成（川内村社協），"ご近所福祉"の仕組みづくりとして集落ごとの「福祉協力員」設置や共助の仕組みづくりとして「住民会議（仮称）」の発足（葛尾村社協），ボランティアセンターの再開（富岡町社協）などが挙げられる。

　第5に，生活支援相談員の社協での位置づけと活動の発展が示された点である。いずれの町村社協のビジョンを見ても，生活支援相談員が大きな役割を期待されていることがわかる。生活支援相談員は，元々は仮設住宅（みなし仮設含む）における安否確認やつながりづくりのために配置されるスタッフであるが，加えて復興公営住宅等の訪問活動も続けている。個別支援と地域支援の両方を実践しスキルを蓄えている人も多い。災害後の生活支援相談員の配置のされ方は地方自治体によって異なるが，福島県の場合は市町村社協の職員として採用されていることから，復興期においても地域福祉推進の有力なスタッフとして位置づけていくことが望ましい。

　一方，当然のことながら課題も残されている。今回は住民懇談会などの実施はされておらず，住民の声は直接には反映されていない。今後に向けてはコミュニティづくりという点からも，より住民参加を意識した計画づくりが必要だろう。

また，今回はコンサルタントの関与が大変大きかった。双葉郡内の社協はこれまで計画づくりの経験がなかったことから，今回はコンサルタントの支援にも大きな意味があったと思われる。しかし今後は，町村内のキーパーソンを含めた策定委員会を開き，社協職員自身が意見の取りまとめやビジョン本文の執筆にも加わるなどの展開が期待される。

4　災間期における地域福祉の課題

　地域福祉とは，政策・理論・実践の総体である。とすると，災害と地域福祉を論じるにあたっても，制度・政策面と実践面（ソーシャルワーク）の両面を見ていかなければならない。地域福祉が「地域社会に暮らす住民であることの保障」を目指すものであるとして，災間期を意識して検討すべきと思われる課題をいくつか挙げたい。

(1)　「二重の住民登録」をめぐる議論

　第2節で見てきたように，福島県における原子力災害による避難者は「帰還」でも「移住」でもなく，「避難継続（将来帰還，待避）」という第3の道を選択している人が多い。今回のような原子力災害による「広域」で「大量」，しかも「長期化」する避難生活については，既存の災害救助法制で想定されていなかったため，第3の選択をした人に対する支援策が現行の政策・制度から抜け落ちている。そのため，避難住民には「気持ちは避難元にあるが，行政サービスは避難先自治体から」という複雑な状況が生まれ，一方，避難先自治体の住民には「住民税も払っていないのに」という悪感情が生まれやすい。

　そこで，議論されているのが，「二重の住民登録」についてである。「二重の住民登録」とは，「避難先と避難元での双方において市民としての権利と義務（シチズンシップ）を保障すること」（今井 2016：30）である。市民としての権利と義務は，ほとんどの場合，住民登録をすることによって手続きが始まるため，避難先と避難元の両方で住民登録できるようにするという考えである。選挙権や納税の問題があり，そう簡単に進む問題ではないが，法学者や行政学者，また社会学者等の間で議論が進んでいる。地域福祉という観点からも，こうした議論や推進

(2) 被災者／避難者を支援する人材

　既存の社会福祉機関・施設等の専門職が災害時にどのような働きをするのか，また組織間の連携・応援態勢がどうあるべきかについては，大変重要な問題であり，研究者や専門職団体の間で議論が進んでいる。ここでは，災害後に新たに採用・配置される「生活支援相談員」に絞って考えたい。

　すでに述べてきたように，生活支援相談員は仮設住宅や民間借上げ住宅を個別訪問することで様々な相談を受け止め，またニーズ発見とサービスや社会資源へのコーディネート，また住民同士のつながりづくりや助け合いを支援するなど，個別支援と地域支援の両方を実践する。現在，注目されているコミュニティソーシャルワーカーの仕事とも重なる役割を果たしているのである。特に福島県においては，避難元だけでなく避難先の社協にも配置され，両者が連携することで避難先地域での「地域生活支援」を展開することが目指された。

　しかし，課題も多い。一つは安定的な雇用につながるような予算措置である。東日本大震災の場合は，単年度の予算措置であるため雇用契約が１年単位という不安定さゆえに，社協によっては職員の入れ替わりが激しい[23]。

　２つ目はスーパービジョン態勢の確保である。中には福祉職経験者もいるが大半は対人援助の経験がないため，それぞれの社協内でケース検討を実施し，スーパービジョンを受けられる態勢が求められる。生活支援相談員の仕事は，避難住民や関係機関との信頼関係づくりが基本であり，また深刻な悩みを受け止める立場として，安心して仕事ができる環境を整えることが必要であろう。

(3) 〈溜め〉のある地域社会をつくる

　最後に，誰もが被災者＝弱者になるという前提で，いかに〈溜め〉のある地域社会をつくるのかを考えたい。ここでは，身近な避難所のあり方について取り上げる。端的に言えば，"排除しない避難所"が運営できる地域住民になる／育てることである。東日本大震災の５年後に起きた熊本地震においても，車いす用トイレがないといったハード面の問題と他の住民の無理解といったソフト面の問題から障害者が利用できなかった避難所の例が多数報告されている[24]。

障害者や要介護高齢者向けには，1997（平成9）年の災害救助法運用基準の見直しによって「福祉避難所」が位置づけられ，能登半島地震（2007年）以降に開設されるようになった。しかし，その数は少なく，指定された福祉施設等が被災し，受け入れが不可能な場合も多い。

　今後に向けては，むしろ地域の指定避難所に福祉避難室をつくるなど，インクルーシブな避難所を目指す必要があるのではないだろうか。そのためには，地域内で日常的に使用する建物のバリアフリー化を進めるとともに，障害を持つ住民や家族との日常的な交流を進めていく必要がある。小地域での住民による地域福祉活動は様々に展開されるようになってきたが，まだまだ障害を持つ住民あるいは外国人住民等の参加や協働は不十分である。地域社会の中でソーシャルインクルージョンを実現していく日常的な積み重ねこそが，持続可能なしなやかな社会へとつながっていく。

注
(1) 2017（平成29）年8月17日時点で，避難者は8万6,985人。その所在地は47都道府県，1,061市区町村に渡っている（復興庁発表）。
(2) 実際に歴史学者の磯田道史は，「災間」を意識することの必要性を述べている。「東日本大震災4年──『災間』を生きる──磯田道史さん，石田瑞穂さん」（「朝日新聞」2015年03月10日付朝刊），磯田道史（2014）『天災から日本史を読み直す──先人に学ぶ防災』中公新書など。
(3) 1999（平成11）年3月末時点の市町村数が3,232だったのに対し，2016（平成28）年3月末には1,718になっており，1,514の市町村がなくなっている。
(4) ただし，これは地方自治体によって異なる。宝塚市の場合は，「遺体の取り扱い」は環境部の役割となっており，福祉事務所の職員は，社会福祉施設の被害状況調査・応急対策，避難所の運営管理，避難者の名簿作成，避難所の人々の世話および調査，応急物資や食料の調達・配分などであったという（岡本 1998：27-28）。
(5) 数少ない書籍としては，福祉の危機管理という視点から阪神・淡路大震災を検証した『福祉における危機管理──阪神・淡路大震災に学ぶ』が1998年に，『災害福祉とは何か──生活支援体制の構築に向けて』が2010年に出版されている。
(6) Disaster Medical Assistance Team の頭文字をとったもの。「災害急性期に活動できる機動性をもったトレーニングを受けた医療チーム」のこと。平成13年度厚生科学特別研究「日本における災害時派遣医療チーム（DMAT）の標準化に関する研究」報

告書より。
(7) 上野谷監修（2013）。なお，「日本社会福祉士養成校協会」は，2017（平成29）年4月1日より，「日本精神保健福祉士養成校協会」「日本社会福祉教育学校連盟」と団体統合し，「一般社団法人日本ソーシャルワーク教育連盟」となっている。
(8) 双葉郡は，浪江町，双葉町，大熊町，富岡町，楢葉町，広野町，葛尾村，川内村の8つからなる。筆者は，2011（平成23）年4月以降，福島県の災害ボランティアセンターや仮設住宅等住民を支援する生活支援相談員の研修，また県内のNPO法人等と関わりを持ち続けている。
(9) 丹波（2014）では，「原発災害」と表現されていたが，その後2017（平成29）年7月の講演資料（「福島をみつづけての6年──"避難指示解除"区域の住民自治と福祉」認定NPO法人まち・コミュニケーション 御蔵学校）では「原子力災害」とされている。
(10) 福島大学災害復興研究所編（2012）参照。双葉8町村に居住していた全世帯に対する郵送調査で，発送数2万8,184世帯に対して，1万3,576世帯からの回答（回収率48.2%）があった。
(11) 福島大学うつくしまふくしま未来支援センター（2017）。第2回調査では，広野町をのぞく7町村が対象となっている。発送数2万6,582世帯に対し，1万81世帯からの回答（回収率37.9%）があった。
(12) 「生活支援相談員活動から見る避難住民生活の現状調査 報告書」2012（平成24）年4月。

「生活支援相談員活動から見る避難住民生活の現状調査（第2回）報告書」2013（平成25）年5月。

「生活支援相談員活動から見る避難住民生活の現状調査（第3回）報告書」2014（平成26）年4月。

これらの調査は，あくまでも支援者（生活支援相談員）から見た内容であり，避難住民の生の声ではないという限界はあるが，①福島県内すべての仮設住宅等住民を対象としている，②仮設住宅等への入居の早い段階から3年間継続して同時期に実施されている，という点では他に類を見ないものとして評価できる。
(13) 詳細は，筒井（2013）参照。
(14) 福島県では，原子力災害により避難指示を受けている人が入居できる住宅として県が建設するものを「復興公営住宅」と呼び，地震や津波等の被災者のために市町村が建設するものを「災害公営住宅」と呼んでいる。
(15) NPO法人市民公益活動パートナーズ代表古山郁氏へのヒアリングより（2017年8月10日）。本NPOは，浪江町住民が暮らす仮設住宅や復興公営住宅での自治会づくりなどコミュニティ形成に向けた支援を行っている。

⒃　福島県資料「復興公営住宅の進捗状況（平成29年8月末時点）」（http://www.pref.fukushima.lg.jp/uploaded/attachment/233354.pdf，2017年9月15日アクセス）。
⒄　NPO法人市民公益活動パートナーズ代表古山郁氏へのヒアリングより（2017年8月10日）。
⒅　福島県社協が毎年開催している生活支援相談員対象の研修会での事例検討や発言などから（筆者は講師として参加している）。
⒆　福島県社会福祉協議会地域福祉課課長の関靖男氏・斎藤知道氏へのヒアリングから（2017年8月10日）。一般社団法人RCFが日本財団とジョンソン＆ジョンソンから助成金を得たことから始まった。RCFとは，東日本大震災を機に設立された団体であり，復興や社会課題解決事業の立案・関係者間の調整を担う社会事業コーディネーターとして様々な事業を行っている。
⒇　南相馬市社協では2011（平成23）年3月に「地域福祉活動計画」が完成していた。しかし東日本大震災によって状況が一変したため配布はしなかった。2015（平成27）年2月頃より避難者支援に焦点を絞った『避難者自立に向けた中期ビジョン平成27～29年度』の策定作業を始め6月に発表。その後，避難者支援の内容を加えた『地域福祉活動計画　平成27～29年度』を策定し発表している。以上，南相馬市社協の黒木洋子事務局長と佐藤清彦地域福祉課長へのヒアリングより（2017〔平成29〕年8月23日）。
㉑　福島県社会福祉協議会地域福祉課の関靖男氏・斎藤知道氏へのヒアリングから。
㉒　福島県社会福祉協議会地域福祉課の関靖男氏・斎藤知道氏へのヒアリングから。
㉓　新潟中越地震や中越沖地震では，復興基金が財源であるため，生活支援相談員も3～5年単位での雇用が可能だった。筒井（2013）参照。
㉔　熊本地震障害者救援本部『SOSにこたえたい！──熊本地震障害者救援本部2016～2017年報告冊子』参照。

参考文献

一番ヶ瀬康子（1996）「阪神・淡路大震災復興計画に見る社会福祉の位置と課題」『社会福祉研究』65，48-58頁。
今井照（2016）「「二重の住民登録」をめぐる議論について」日本災害復興学会『復興』7(2)，29-35頁。
上野谷加代子（2013a）「東日本大震災を風化させないために──10年後を視野に入れた社会福祉の研究方法への提言」『社会福祉研究』116，23-31頁。
上野谷加代子監修，社団法人日本社会福祉士養成校協会編（2013）『災害ソーシャルワーク入門──被災地の実践知から学ぶ』中央法規出版。
大島隆代（2017）『地域生活支援の理論と方法を探る──東日本大震災の支援フィール

ドにおける実践分析から』中央法規出版.
岡村重夫（1983）『社会福祉原論』全国社会福祉協議会.
岡本多喜子（1998）「阪神・淡路大震災にみる福祉の危機管理」高澤武司・加藤彰彦編『福祉における危機管理――阪神・淡路大震災に学ぶ』有斐閣, 15-33頁.
菅野道生（2014）講演録「災害を主題とする社会福祉, 災害ソーシャルワーク研究の動向について」日本社会福祉系学会連合／東洋大学福祉社会研究開発センター共催「平成26年度シンポジウム報告書 災害福祉学の構築に向けて――社会的孤立の防止と自立支援」.
熊本地震障害者救援本部（2017）「SOSにこたえたい！――熊本地震障害者救援本部2016～2017年報告冊子」.
白澤政和（2012）「被災地域での生活支援に関する提案――ソーシャルワークの視点から」桜美林大学国際学研究所編『東日本大震災と知の役割』157-168頁.
生活支援コーディネーターのためのハンドブック作成委員会編（2013）『生活支援相談員ハンドブック――孤立を防ぎ, 参加とつながりを生み出す支援』日本ボランティアコーディネーター協会.
高澤武司・加藤彰彦編（1998）『福祉における危機管理――阪神・淡路大震災に学ぶ』有斐閣.
丹波紀史（2013）「東日本大震災とこれからのコミュニティ形成」日本災害復興学会『復興』4(2), 85-92頁.
丹波紀史（2014）「原発災害における避難者の現状と課題」『季刊 消防科学と情報』116, 12-16頁.
筒井のり子（1995）「大震災におけるボランティア・コーディネーションの取り組みと今後のあり方」『季刊 TOMORROW』（財団法人あまがさき未来協会）10(2), 31-47頁.
筒井のり子（2013）「東日本大震災における仮設住宅等入居被災者の生活支援のあり方――生活支援相談員に求められる役割と課題」『龍谷大学社会学部紀要』42, 54-67頁.
筒井のり子（2014）「『生活支援相談員活動から見える避難住民生活の現状調査』から見えるもの」『生活支援相談員活動から見える避難住民生活の現状調査（第三回）報告書』福島県社会福祉協議会, 54-57頁.
筒井のり子（2015）「生活支援相談員活動から見る避難住民生活の現状と課題――福島県における仮設住宅等入居被災者調査から」『龍谷大学社会学部紀要』15-37頁.
ナオミ・クライン／幾島幸子・村上由見子訳（2011）『ショック・ドクトリン――惨事便乗型資本主義の正体を暴く』岩波書店.
内閣府（2013）『防災白書 平成23年版』.

内閣府（2014）『防災白書 平成24年版』。

西尾祐吾・大塚保信・古川隆司編著（2010）『災害福祉とは何か――生活支援体制の構築に向けて』ミネルヴァ書房。

仁平典宏（2012）「〈災間〉の思考――繰り返す3・11の日付のために」赤坂憲雄・小熊英二編『「辺境」からはじまる――東京／東北論』明石書店，122-158頁。

日本学術会議（2013）「提言 災害に対する社会福祉の役割――東日本大震災への対応を含めて」（社会学委員会社会福祉学分科会）。

日本学術会議（2014）「提言 東京電力福島第一原子力発電所による長期避難者の暮らしと住まいの再建に関する提言」（東日本大震災復興支援委員会 福島復興支援分科会）。

日本災害復興学会『復興』7(2)（特集 災害復興における居住権，居住福祉）。

日本地域福祉学会 東日本大震災復興支援・研究委員会編（2015）『東日本大震災と地域福祉――次代への継承を探る』中央法規出版。

福島県編（2013）「東日本大震災の記録と復興への歩み」。

福島大学災害復興研究所編（2012）「平成23年度双葉8か町村災害復興実態調査 基礎集計報告書 第2版」。

福島大学うつくしまふくしま未来支援センター（2017）「第2回双葉郡住民実態調査中間報告書」。

古川隆司（1996）「災害支援と地域福祉――雲仙普賢岳噴火災害から学ぶべきこと」『社会福祉研究』65，106-111頁。

牧里毎治（2010）「地域福祉の対象認識と固有性」市川一宏・大橋謙策・牧里毎治編著『地域福祉の理論と方法』（MINERVA社会福祉士養成テキストブック⑧）ミネルヴァ書房，111-117頁。

牧里毎治（2017）「東日本大震災後の地域福祉の課題」牧里毎治・川島ゆり子・加山弾編著『地域再生と地域福祉――機能と構造のクロスオーバーを求めて』相川書房，iii-v頁。

（筒井のり子）

第5章	「市民による社会貢献」と社会的企業
	――自発的社会福祉の先駆性の発揮に向けて

1　苦悶する社会福祉の先端
　　　――ポスト工業化と社会的排除

　歴史の進歩とは「快」の総量を増やすことではなく，その時代に特有な典型的に見られる「不条理な苦痛」を軽減することであり，そのために創造的な苦悶を我が事として引き受ける人間が不可欠であることを市井（1971：139-148）は述べた。埒（2016：2）は「脆弱な市民を支援するための仕組みと取り組み」であると社会福祉を定義したが，社会によって不公正に脆弱化されている人々とともにその苦痛を軽減していこうと苦悶する社会福祉の先端的実践者は歴史の進歩を担っているといえよう。

　では，現代社会に典型的な苦とは何で，どのような人々が脆弱化させられているのであろうか。現代社会の特質の一つはポスト工業化であるが，市場の成熟に伴うポスト工業化社会では，経済のグローバル化に伴うフレキシブルな事業転換や技術革新による省力化も加わって，雇用の不安定化や失業増加がその特徴の一つとして現れる。雇用の不安定化の影響は経済的な次元に止まらない。人間関係を構築／拡張する機会や社会参加の機会を喪失することにつながる。また，社会の主流から弾き飛ばされ続ける経験から政治への疎隔／諦念が生じて，政治的関与の自主放棄に進み，その影響力を低下させることも起こりうる。これらの過程で否定的アイデンティティを形成し，自己抑圧／自己喪失にまで影響は及びかねないとも指摘されている（Giddens 2006＝2009：389-390）。このように貧困から生ずる問題は所得の分配的側面だけでは捉えられない。経済的／社会的／政治的／文化的次元の周縁化は相互に連関しており（図5-1），この関係的側面に着目して，多元的な剥奪を動態的に捉える概念として社会的排除（social exclusion）が示されている（Berghman 1995：20-22）。社会的排除は個人の生活の質のみならず，世代間継承されて社会の結束をも脅かすリスクを孕んでおり，公共政策の重要課

第5章 「市民による社会貢献」と社会的企業

図5-1 社会的排除の多元性

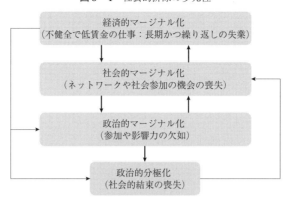

出所：Bhalla & Lapeyre（2004＝2005：30）．

題として世界各地で扱われていっており，現代社会の典型的な苦の一つは社会的排除にあると言って差し支えないだろう。

　社会的排除の多元性からして社会的包摂方策もまた多元的に展開される必要があるが，その担い手の重要なアクターとして本章では社会的企業（social enterprise）に注目する。OECD（2009＝2010：5）は社会的企業が21世紀に入ってから大きく成長発展し，「就労困難層の労働市場への再統合」や社会的に不利な状況に置かれている人々に対する「人間な生活を実現するためのサービスの提供」を通じて，社会的排除の解消に貢献しているとまとめている。そこで，まずは社会的企業を論ずる前提として，「市民による社会貢献」がどのようなニーズをカバーすることが望まれているのかを踏まえた上で，現在，社会的企業への着目が高まっている背景を確認する。次に，社会的企業の定義に関する議論を概観した上で，どのような社会的役割を担うべきかを明らかとする。最後に，多文化共生の社会的企業の実践事例を基に，広範な社会変革を目指して取り組まれる波及段階の課題に着目した上で，その解決方向を検討していく。

第Ⅰ部　現代社会の諸相と社会福祉政策の行方

2　求められる「市民による社会貢献」の事業化

(1)「市民による社会貢献」の先駆性

当然ながらすべての社会問題が制度によって解決されているわけではない。「市民による社会貢献」が展開される「自発的社会福祉 (voluntary social service)」の領域があり，そして制度に基づいて展開される「法律に基づく福祉 (statutory social service)」の領域がある (岡村 1983: 2-3)。福祉国家では「法律に基づく福祉」が大きな位置を占めることになるが，Weisbrod (1988) が「政府の失敗」として指摘したように，政府機関は「中位投票者」の平均的なニーズを想定して公共サービスを提供するため，少数者の多様なニーズには十分に対応できない。

川北 (2009: 69) は，ニーズの深刻さと規模でマトリクスをつくり，社会的ニーズを4類型 (図5-2) で示しているが，充足されない少数者ニーズは社会権で保障されている人間らしい生活の維持に深刻な影響を及ぼすニーズかどうかで

図5-2　社会的ニーズの類型

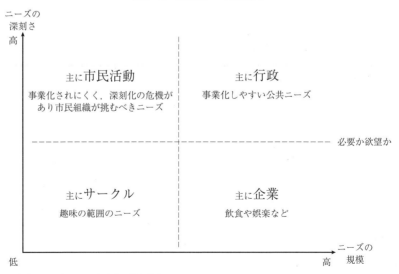

出所：川北 (2009：69) を基に筆者作成。

第5章 「市民による社会貢献」と社会的企業

図5-3 制度の射程距離

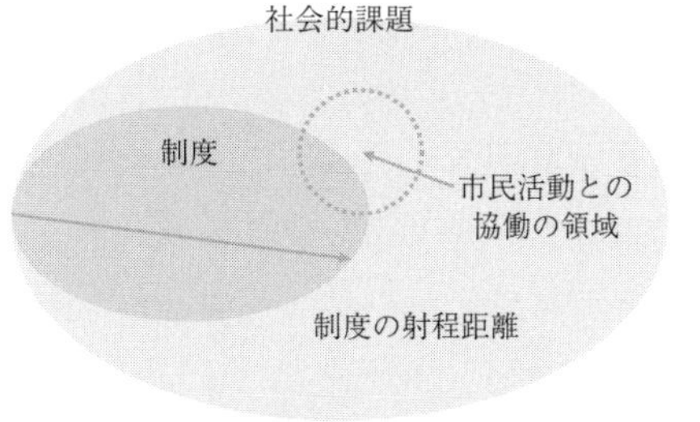

社会的課題

制度

市民活動との
協働の領域

制度の射程距離

出所：加藤（2011a：172）。

2つに区分することができる。深刻さが低いニーズに対応する自発的社会福祉の営みは制度を補完する役割を果たすこととなる。深刻さが高く，本来は制度によって保障されるべきニーズを先駆的に捉えた営みは，「社会福祉全体の自己改造の原動力」（岡村 1983：3）としての役割を果たすこととなる。

もっとも，先駆的営為が示されたからといって即時に変革が起こるわけではない。少数者の福祉課題の存在とその重要性が広く認識され，制度によって対応することが社会的に合意されるまでには一定の時間がかかる。その間，その問題とつながりを見出した人々によって，当事者の生を支える実践が創り出されていくこととなるが，加藤（2011a：171-173）は「法律に基づく福祉」の限界を「制度の射程距離」と呼び，その先端部において政府と市民の協働が展開されると示している（図5-3）。射程距離の先端部では自発的社会福祉のみではなく，法律に基づく福祉の従事者もまた制度の壁による問題を認識することとなる。だからこそ，自発的社会福祉の実践者と当事者の苦悶を共に感じ合って協労者となり，「社会福祉全体の自己改造」に向けての動きが展開される可能性に開かれると考えられる。「市民による社会貢献」は，ともすれば制度への補完性から捉えられることが少なくないが，その社会的重要性から鑑みれば，制度に対する先駆性から生じる働きこそ，「市民による社会貢献」の本来的な価値といえよう。

（2）「市民による社会貢献」の基盤の弱体化

ところが，「市民による社会貢献」を取り巻く社会環境には厳しさが見られる。まず「自己改造の原動力」を受け止める福祉国家の柔軟性が損なわれていってい

る。急激な少子高齢化による人口構成の歪みで社会保障費が膨らむ一方[2]、市場の成熟化と雇用の不安定化によって租税基盤は弱体化しており、国家財政は厳しさを増している。しかも、グローバル化による資本の自由な移動を引き留めるために世界的に財政ダンピングが起こっており、単独国家では課税強化も難しい。このような流れの中で行財政改革が叫ばれ、たとえば地方公務員は大きく減少しており[3]、とりわけ一般行政部門が痩せ細っている。制度改定の動向から見ても政府が福祉からの撤退を進めている。

ただし、日本の社会保障は「自助努力を重視する自由主義的志向と家族規範をはじめとした保守主義的志向の混交体」（小熊 2016：83）がその特徴として挙げられ、生活保障機能も相当部分を企業と家族によって代替されてきていたことを考慮すれば、国家の撤退幅は他の先進国よりも小さい。より深刻な問題としては、企業は非正規雇用労働者の増加により、家族は世帯規模の縮小と単身者世帯の増加により[4]、その代替機能も弱まっていることである。

次に地域福祉の基盤も弱体化していっている。就労による女性の社会参加の回路が開かれたことも背景の一つにはあるが、雇用の不安定化に伴って個人所得の減少から共働き化が進み[5]、専業主婦モデルの標準型家族は急減した[6]。現在は既に共働き家庭が新たな標準型となっている。加えて自営業者も急減しており[7]、従来地域の諸活動を中核で支えてきた層は薄くなっている。大学生に目を向けても、保護者世代の経済力が低下しているにもかかわらず、授業料・入学料の学費が値上がりしたこともあって奨学金受給者は増え、経済的余裕は減じている[8]。加えて、知識社会でもあるポスト工業化社会に適合する能力を涵養するため、大学等での学習の必要性も高まり、時間的余裕も減じている。

このように経済的／時間的／精神的な余裕が圧迫される中で市民の間には「追い込まれた私生活主義」（齋藤 2017：12）が広がり、市民の慈善意識に拠って立つ無償社会貢献活動を基軸として地域福祉を成立させることの困難さは増していっている[9]。しかも、専業主婦モデルが成立した一時期に、限られた層によって担われる形で地域福祉を充実化したことが、福祉国家の進展や都市化などの背景文脈と相まって、アイロニカルにも多数の住民の消費者化を促したとも考えられる。このため、市民自治の文化的基盤も弱化していると看做せよう。暫くの間は一定の財産を有するアクティブシニアを中心に機能し続ける部分もあるだろうが、後

期高齢化率の推移を考慮すれば，中長期的には，その動員余力はますます限られてくる。

そこで，国家に依存することなく経済的に自立して活動を継続でき，一定数の従事者が給与を受け取りながら活動できる水準での事業性を有した「市民による社会貢献」への期待が高まることとなる。経済的自立を図るために，市民組織は安定性を有した資金源として，市民社会からの寄付や会費の調達，市場における財やサービスの販売収益の確保，政府からの委託の獲得を目指していくこととなる。そこに社会的企業の存在が立ち現れてくる。大沢（2011：3）が述べる通り，「福祉国家の現代化ないしは再構築という課題と背中あわせ」で社会的企業の存在感は高まっているといえる。

ただし，国家が福祉から撤退していくロールバック型ネオリベラリズムの進展と従来の中間集団の機能が低下した結果生じた「空白地帯」（仁平 2009：184）に「強いられた共助」を動員して穴埋めしようとするロールアウト型ネオリベラリズムの欲望の受け皿とならないよう，社会的企業は留意しなければならない。OECD（2009＝2010：104）は，「有効な公共政策を欠いて，社会的企業を困難かつ複雑な問題を解決する政策とするならば，それは失敗の政策に終わる」との警句を発している。「市民による社会貢献」はロールアウト型ネオリベラリズムの欲望を批判的に牽制しつつ，胚胎する先駆性で以って，福祉国家の再編を「小さいだけの政府」ではなく「小さくとも賢い政府」の方向性で促進していくことが求められる。

3　社会的企業としての発展方向

（1）社会的企業に内包される多元性

「市民による社会貢献」の事業化の先に社会的企業を示したが，その定義づけを巡って国際的にはアメリカ型とEU型に大別される（Duff and Bull 2015：60）。アメリカ型の社会的企業論には，ミッション実現のための稼得所得戦略を発展させられているかという資金源に着目する稼得所得学派と，社会的成果を重視する社会イノベーション学派があり，いずれも組織形態にはこだわらない共通点がある（OECD 2009＝2010：14-15）。これは非営利組織の「商業化」が進むことと合わ

第Ⅰ部　現代社会の諸相と社会福祉政策の行方

図5-4　ソーシャル・エンタープライズ・スペクトラム

	Nonprofits	Hybrids	For Profits	
純粋に慈善的 Purely philanthropic	商業的な活動に従事する 「非営利組織」	社会的な目標と利益獲得を 調和させる「ハイブリッド組織」	社会的な活動に従事する 「営利組織」	純粋に商業的 Purely commercial
動機，方法と目標（Motives, Methods, and Goals）				
善意へのアピール ミッション主導 社会的価値		動機の混合（mixed motives） ミッションとマーケット主導 社会的価値と経済的価値		自己利益へのアピール マーケット主導 経済的価値
受益者（Beneficiaries）				
無償（pay nothing）		補助金により軽減された料金 あるいは定価払いと無償との混合		市場価格の料金
資本提供者（Capital）				
寄付と補助金		市場相場以下の資本，あるいは 寄付と市場相場資本の組合せ		市場相場の資本
労働者（Workforce）				
ボランティア		市場相場以下の賃金，あるいは ボランティアと正規有給スタッフの組合せ		市場相場の報酬
供給者（Suppliers）				
現物寄付（make in-kind donations）		特別割引，あるいは 現物寄付と全額寄付との組合せ		市場相場の価格

出所：塚本（2008：21）で訳出されたものを基に筆者が一部改変。

せて，営利組織の社会責任志向も高まっており，純粋に慈善的な活動と純粋に商業的な事業との境界が曖昧化している背景からである。そのため，アメリカ型社会的企業論では，慈善的／商業的の中間領域に社会的企業が位置づけられている（図5-4）。

　このアメリカ型社会的企業論に対し，藤井（2013a：10）は，市場でのサービス提供に一面化してしまうことで「貧困な潜在的受益者層の排除」に嵌まる可能性や，営利企業と制度的に同型化することで「ボランティアの減少」や「市場競争の激化から来るネットワークの解体」が進行し，ソーシャル・キャピタル構築機能が弱体化する可能性を問題点として示している。

　アメリカ型社会的企業に対して，EU型社会的企業は協同組合の公益化と非営利組織の事業化の交差空間にその存在が見出された背景を持っていることから（Borzaga & Defourny 2001＝2004），営利企業とは一線を画しており，「利潤を生むことよりも，メンバーやコミュニティへの貢献を目的とすること」「管理の自律性」「意思決定過程の民主性」「所得分配における資本に対する人間と労働の優越

性」を倫理的原則として有する社会的経済の担い手と位置づけられる。こうした所有や管理の協同的構造への着目がEU型社会的企業論の特徴であり、社会的企業を定義づけるにあたっても、経済的・企業家的な側面に関わる4つの基準として「財・サービスの生産・供給の継続的活動」「高度の自律性」「経済的リスクの高さ」「最少量の有償労働」が挙げられ、組織の社会的側面に関わる5つの基準として「コミュニティへの貢献という明確な目的」「市民グループが設立する組織」「資本所有に基づかない意思決定」「活動によって影響を受ける人々による参加」「利潤分配の制限」が挙げられている（Borzaga & Defourny 2001＝2004：27-29）。

　これらの定義から、社会問題解決のために市場に対して財やサービスを供給するだけではなく、その過程に市民の参加と協同を促進して、コミュニティ形成をも担う社会的企業の姿が浮かび上がる。加えて、就労困難層や失業者に対して就労機会を提供していれば、労働統合の機能も果たすこととなる。また、「市民による社会貢献」の先駆性から政府へのアドボカシーを行う働きも加えれば、社会的企業は政府・市場・市民社会の媒介領域に位置する組織として捉えられることとなる。Duff & Bull（2015：77）は、どのような媒介に重心を置くのかにより、4つの類型化を行っている。市民セクターと政府セクターの媒介役として非営利モデルが、市場セクターと政府セクターの媒介役としてCSRモデルが、市民セクターと市場セクターの媒介役として社会貢献志向企業モデルが、すべてのセクターの媒介役として社会連帯経済モデルが布置され、社会連帯経済モデルを理念型としている（図5-5）。

　媒介領域に位置する社会的企業は、社会的包摂実現のために政府・市場・市民社会の各セクターで成し遂げるべき目標を有することとなり（多元的目標）、当然ながら事業活動は協働取り組みも含めて多方向に展開されることとなる（図5-6）。そのため、資金源も市場からの事業収益に加えて、市民からの寄付や会費、委託料等の公的資金も加わって多様化する（多元的経済）。また、多方向に事業活動が展開されることで、意思決定に影響を及ぼすステークホルダーの存在も単一ではなくなっていく（多元的所有）。この多元的所有によって多元的な目標はバランスを保ちながら維持されることとなる（藤井 2014：120）。EU型社会的企業の特徴として、藤井（2013a：4）は目標／経済／所有の3つの多元性を有したハイ

第Ⅰ部　現代社会の諸相と社会福祉政策の行方

図5-5　社会的企業の4つのタイプ

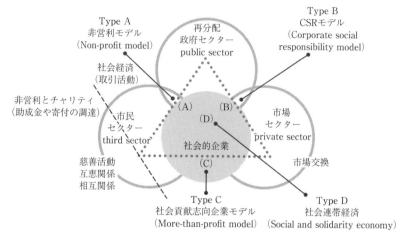

出所：Duff & Bull（2015：77）の図を基に筆者作成。

図5-6　社会的企業の目標・経済・所有の多元性

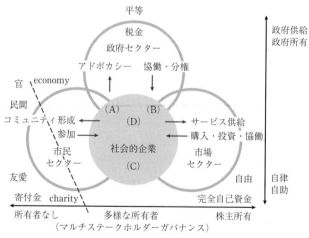

出所：大室・谷本（2006：194），Duff & Bull（2015：77），藤井・原田・大高編（2013）を基に筆者作成。

ブリッド構造を指摘している。加えて，連帯関係がその組織構造や取引関係に組み込まれている社会的企業は，市民の間の信頼関係と互酬性を高めてソーシャル・キャピタルの構築に貢献し，民主主義を支える役割も担うこととなる（Borzaga & Defourny 2001＝2004：488）。

　神野・宮本（2006：99-101）はポスト工業化社会に求められる生活保障を労働市場への参加保障（生産の「場」），生活形成への参加保障（生活の「場」），公共政策の決定と執行への参加保障であるとし，この3つの参加保障を実現する「参加保障型」政府を「小さな政府」論の代替案として示している。多元的目標を有する社会的企業は，その保障の実現に当たって有効なパートナーとなる社会組織であるといえよう。

（2）社会的企業が直面する困難

　ところが前述の通り，「市民による社会貢献」の基盤が弱体化している現在，多元的目標を掲げる社会的企業が望まれる形で機能することは容易ではない。まず，市民は私生活主義へと追い込まれていって，社会参加から遠のいていっているため，いかに参加機会が広く開かれても，結局は余裕のある一部の人々の参加に留まりやすい。しかし，「追い込まれ」状態の広がりは現代社会において「生きづらさ」を感じ取る人々が増えていることをも意味している。「生きづらさ」の正体として社会構造へと関心が向けられれば，衡平な社会実現に向けた参加意欲が喚起され得る可能性を胚胎している。このポテンシャルを顕現化していくためには，社会認識変容を促す啓発と同時に，市民の参加形態の多様化を図ることが求められる。ボランティアに斉一的で十全な関与を明に暗に求め，関与の浅い人が後ろめたさを感じてしまう風土ではなく，単発的であったり不定期でも参加可能であったりするエピソディック・ボランティアプログラムを整えて，関与すること自体を歓迎する風土を社会的企業全体で醸成する必要がある。

　ただし，ボランティアを有給職員の補助に留めれば，参加市民は主導権を握る有給職員に使役されるだけの存在となり，意思決定過程の民主化を損ねる。意思決定過程を開き，そこに参与したボランティアの声から生じた活動の実現を有給職員が支えていく展開も備えなければならない。当然ながら参加の器が整えられても，参加する市民が学習による変容や成長を遂げていかなければその場は機能

図5-7 社会的企業による社会変革に向けた展開

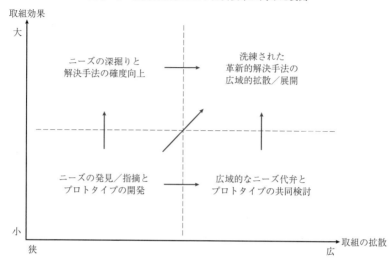

しない。参加と学習の結合もこの展開に含まれることとなる。こうした社会的企業の特性を踏まえた多面的な有給職員の職務評価はまだ確立していない。サービス供給に関する成果はその社会的効果や売上量で測られることとなるが、市民参加推進に関する成果はどのように測られることになるだろうか。参加市民の多様性や活動量、参加を通じて創造された活動の新規性や柔軟性などが挙げられるが、この検討は十分ではないだろう。市民参加をめぐる諸課題は決して目新しいものではないが、社会的企業もまた、その困難と対峙することとなる。

次に、国家はアドボカシーに応答する余裕を失っていっており、市民組織の財政的自立が強調される流れも見られる。しかし、Evers & Laville（2004＝2007：342）も指摘している通り、国家の後退による喪失過程で生じるニーズを公的支援なく社会的企業が埋め合わせることはできない。フリーライダーの登場を考慮すれば、ニーズ充足するに必要な財源を十分に確保できず、必要とされる規模のサービスを供給できない事態を招くこととなる（Salamon 1995＝2007：52-53）。

仮にそうしたサービス供給の財源として、寄付や助成を充当した場合は、寄付者や助成財団など財源に影響力のある人々の意向に事業活動が左右されてしまう

「フィランソロピーの父権主義」の陥穽に嵌まってしまいかねない（Salamon 1995＝2007：54-55）。とりわけ社会的インパクト評価への関心が高まる潮流の下では，成果の出やすい事案に資源は集中しやすい。投資対効果が望まれない重篤な事案は後回しにされたり，付随的な位置に追いやられたりしてしまう可能性がある。しかも，重篤化した課題への深い関与は従事者に大きな負荷がかかることが想定され，そのリスク認知から「地域の助け合い」でも忌避されやすい。社会的企業が重篤な事案まで含めて担うことを想定する場合，その働きを下支えする制度が必要となるが，この認識形成は不十分であると思われる。

社会的企業は当事者とともに在ることで潜在的ニーズを発見し，柔軟かつ即応した手法を開発しうるが，制度化したりビジネスモデルとして普及させたりする「波及段階」への展開（図5-7）ではこのように幾つかの障壁が見られる。

4　社会的企業による変革の波及

（1）医療通訳システム構築にみる「波及段階」の展開

前節では，社会的企業が広範な社会変革を目指す際の障壁を指摘した。本節では，その解決方向を見出していくために，兵庫県における医療通訳システム構築の経緯から検討していく。この実践を推進しているNPO法人多言語センターFACIL（以下，FACIL）は，阪神・淡路大震災の外国人被災者のために避難情報を多言語で翻訳し避難所に掲示するといったボランティア活動を源流に持ち，1999（平成11）年に多文化共生のまちづくり推進を目的として設立された神戸市に拠点を置くNPOである。多言語翻訳／通訳やウェブサイト等の多言語制作に係る事業を行っているが，本章ではその中から医療通訳事業に着目する。

医療通訳は日本語能力が十分ではない在留外国人が医療機関で診療を受ける際に行われる通訳補助である。中村（2013：4-9）は在日外国人医療に関する医療機関の課題として，「言語・コミュニケーション」の壁だけではなく，「保険・経済的側面」に関する情報提供の不足や，自国と異なる「保険医療システム」への理解促進の不足，「異文化理解」に基づく配慮の不適切さを挙げており，単純な翻訳通訳ではない専門性が医療通訳者に求められることを指摘している。在留外国人は増加傾向にあるものの[13]，総人口に占める割合は未だに低く，少数者のニーズ

となる。しかし，医療通訳は生命に直接的に関わることからも基本的人権の保障として担保されるべきものである。自発的社会福祉が先導し，現在もその中心を担っているが，「法律に基づく福祉」として制度化されることが望まれよう。

　吉富（2013：165-169：171-172）及びFACILが整理した「医療通訳システム構築に向けた活動の変遷」によれば，2003（平成15）年度から2004（平成16）年度は行政からの助成を受けつつ，基礎調査として外国人コミュニティ当事者や医療従事者，ボランティア通訳者などの関係者の聞き取り調査やアンケート調査，国内外への先駆事例調査に取り組み，試行実践準備として保険医療通訳・サポート実践講座を開催している。2005（平成17）年度からは財団や行政の助成を受けながら医療通訳者を募集／育成しつつ，神戸市内で協力病院を選定して，社会実験的なモデル事業の実施に進んだ。2006（平成18）年度以降は協力病院数を拡大させていき，モデル事業を本格化させることとなる。この際，多方面からの助成金を獲得しながら，マニュアルやハンドブックを制作したり，医療関係者向けの啓発事業に取り組んだりして環境整備を進めている。[14]

　2011（平成23）年度には大きな進展が見られて，神戸市によって制度化に弾みがつくこととなる。これまでFACILが資金を調達して担っていた通訳者謝金の一部負担や派遣依頼の受付事務を地方独立行政法人神戸市民病院機構が担うこととなり，協定病院にもコーディネーターが置かれていくといった前進も見られることとなった。その後，兵庫県とも協働を進め，医療機関のアンケート意識調査や実施医療機関でのインタビュー調査，外国人県民ニーズ調査を行いながら，その取り組みを拡充させていっている。

　しかし，FACILが行う派遣通訳者のコーディネート経費は未だに自己負担であり，課題も見られる。[15]そこで2016（平成28）年度には有識者，行政，医療機関，県及び市町の国際交流協会，市民団体とともに研究会を組織して，「医療通訳制度確立に向けた研究会報告書」を作成し，全国的な制度の確立のために国及び地方自治体，医療機関や教育機関，市民団体や民間団体への提言をまとめている。

（2）停滞から停止への防壁

　FACILでは，政治家にロビーイングして，トップダウンで制度化を進める政治アプローチよりも，行政との協働を通じて具体的な実践からボトムアップで制

度化を進める行政アプローチを採用している。ボトムアップでは当然ながら，時間がかかることになるが，その過程において支援者や理解者の層を厚くし，また蓄積に基づく専門性や信頼性を構築することにつながっている。

　理事長の吉富志津代氏によれば[16]，たとえばFACILは毎年兵庫県と神戸市の職員と一緒に協力病院に当事者の声を含む実績報告を持参しており，ニーズを表象／代弁して関係者の責任感の形成を促しているが，その際に医療機関が財源面の不安を表明して行政側への検討を促したのも，公益法人改革の際に地方独立行政法人神戸市民病院機構が設立されるタイミングで定款内に医療通訳が記載されることとなったのも，医療通訳派遣システムの必要性と課題について共通認識を有する人々が増えていたからである。

　もちろん，常に順調に物事が進んでいるわけではない。2011（平成23）年度の進展は「仕切り直し」だったとも吉富氏は述べており，停滞傾向にあった時期も存在しているが，「よい担当者がくれば加速する。そこまでやり続けることが大事」との考えの下で粘り強く乗り切っている。「やり続ける」には，必要性の認識だけではなく，助成金等で事業経費を，他の収益事業によって管理経費を調達する力も求められる。長期に及べば及ぶほど，社会的企業であることが有効に働き得る局面でもある。

　また，停滞時期に行政との関係をいかに維持するのかも問われる。事態を動かすために，行政に擦り寄ったり，批判を後回しにしたりして無批判に関係を構築しては，当事者にとって最善が尽くされない。だからといって，批判と指弾に終始して不信感が相互に増幅されていけば，パートナーシップ関係は損なわれて「やり続ける」前提が崩れてしまう。FACILの事例では，一定の批判性を有しつつも，同時に一定の信頼感を抱いて関係を維持している。このような行政への「批判的信頼」[17]の姿勢で社会的企業は媒介領域に立つことが求められるのであろう。

（3）専門職主導の展開への防壁

　Skocpol（2003＝2007）はアメリカの市民組織において，専門化が進む中で社会階層上部出身のエキスパートが組織運営の主導権を握るようになって，市民によるメンバーシップ組織から専門職によるマネジメント組織に変容していったこと

を明らかにしている。公共政策の形成においても，専門職は多数者の関心事への理解は示さず，自らが関わる特定の問題の代弁に勤しむようになり，言わば市民社会での全体最適の検討がなされにくくなる変化を示している。市民参加を巡っても，多量かつ多様な市民をとにかく巻き込もうとする包括的なスタイルは採用されなくなる。政策形成過程への影響効果の度合いから戦略的に組み立てられたメディアアピールと，特定の問題関心で動機づけられている人々に注意深く範囲を限定して，そのターゲットのみに働きかけるような「エキスパートが主導する非個人的な選択的アクティベーションの政治」が展開されることとなる（Skocpol 2003＝2007：198-200)[18]。市民参加に消極的な専門職による寡頭的な政治が発展していけば，民主主義は喪失過程へと踏み出してしまう。

「市民による社会貢献」が社会的企業として事業化を進めていく際には，この変化への配視が求められよう。社会的企業が多様な市民がそれぞれの意志と才能，環境から社会創造に関与していく参加型民主主義の触媒にならず，専門職となった市民のみが政府が連携してサービスを開発し，消費者的市民に供給する構図を生み出してしまっては，加藤（2011b：32-34）が転換の必要性を示した家父長制的政府が「お上」として「下々」にサービス供給する旧来の構図と根本的には変わらない。

専門職がまず参加を実現しなければならないのは，いわゆる当事者である。社会的排除／社会的包摂には政治的次元も含まれることから，当事者の意思決定過程における参加が保障されなければ，社会的企業が政治的な疎外と排除を再生産してしまう可能性を孕んでしまうからである（Stevens et. al. 2003；森田 2009)。何より当事者としての専門性が発揮されることで，排除を生み出す機制の理解も深まり，効果的な政策を創造していくことにもつながる。FACILでも団体の設立経緯や基幹事業において当事者コミュニティと密接に結びついており，当事者との参画／協働関係が重視されている。FACILも構成団体の一つとなっているNPO法人たかとりコミュニティーセンターには，当事者コミュニティやその支援団体も加わっており，日常的／継続的な関係性が担保されている背景もある。

ただし，特定ターゲットに絞り込まれた制度化は，それが社会統合を目指して行われるのにもかかわらず，市民社会での共感醸成やニーズ調整をしておかなければ，却って社会分断のリスクを有してしまう（図5-8）。特に2000年代以降，

第5章 「市民による社会貢献」と社会的企業

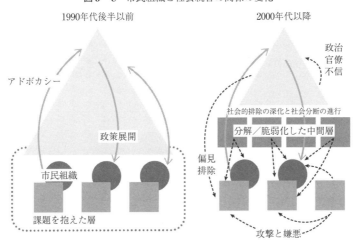

図5-8 市民組織と社会統合の関係の変化

　社会的排除が深化して中間層が分解し，脆弱化させられた人々が増えることで，このリスクは高まっていると考えられる。社会的企業などの市民組織によって課題認識された人々だけの声が政策形成過程に媒介され，しかもその過程で市民社会でのコミュニケーションを経由していなければ，困難な環境にいながらも自助努力で踏みとどまっている人々や，自己責任意識の強い上位層の反感を招く可能性がある。「市民による社会貢献」からも漏れ落ちてしまった課題を抱えている人々も疎外感を強めて，被排除層間での緊張関係を生み出す可能性もある。社会分断が進行しているからこそ，壁を乗り越えて横断するコミュニケーションの場を持つ重要性は増している。

　吉田（2016：60）は社会の中にある分断を可視化し，統合に向けた回路を創り出す営為を「政治」であるとしたが，現代社会に期待されている社会的企業の役割は，こうした意味での政治的ダイナミズムの創出に他ならない。吉富氏も「会う人会う人にはどんな人にでも言っていた。何度でも丁寧に」と述べており，医療通訳システム構築に当たって，当事者や行政，医療機関といったステークホルダーだけではなく，包括的にアプローチしている。[19] 一見すると非効率のように思われるが，結果としては運動の強度を高めることとなる。そもそもアドボカシー

第Ⅰ部 現代社会の諸相と社会福祉政策の行方

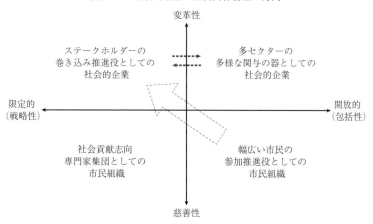

図5-9 社会的企業の社会関係構築の方向

は行政に対して政策提言を行うだけではなく，独自で行った調査研究結果を公開して問題提起を行ったり，「草の根」の人々に働きかけて組織化を図ったりするなど，多様な側面で構成されるものである（Crutchfield, Kania & Kramer 2011：46）。こうした営みに取り組む社会的企業には，当事者を中心とする「手触りの公共圏」（花田 1996：184）から発される声に応答して生ずる市民の共感を集約／増幅しながら政治的公共圏へと流し込んでいく（Habermas 1992＝2003：89），「公共圏への代理人」としての姿が見られる。また，花田（2003：126）はジャーナリストを公共圏における討議を熟成させていく「公共圏の耕作人」としたが，社会的企業はこの役割も担うこととなる。「市民による社会貢献」は変革性を高めていくために戦略性を高めて，マルチステークホルダーエンゲージメントの推進役となることが多いが，同時に一見すると利害を共有しているとは感じられない人々の関与も広げることが社会的企業に求められてこよう（図5-9）。

（4）形式的な広がりへの防壁

制度化にせよ，ビジネスモデルの一般化にせよ，波及することで手法の形式だけが拡散して，言わば「劣化コピー」が起こる可能性がある。特に制度化には平準化が伴うため，それまで柔軟性をもってなされていた個別的配慮が退けられて

第5章 「市民による社会貢献」と社会的企業

図5-10 「二重編み型」ソーシャル・イノベーションのプロセスモデル

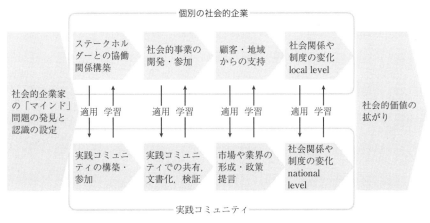

出所:西村（2013：149）。

しまいやすい。手法が創り上げられていった過程で見出され，展開を方向づけることとなった基盤価値をどのように共有／継承していくのかは波及段階の大きな課題の一つとなる。

　西村（2013：145-148）はソーシャル・イノベーションの創出と波及に当たって，Wenger（2002＝2002：33）が「あるテーマに関係する関心や問題，熱意などを共有し，その分野の知識や技能を，持続的な相互交流を通じて深めていく人々の集団」と定義している「実践コミュニティ（community of practice）」における学習と，実践現場における適用の「二重編み」で展開されるプロセスをモデルとして示している（図5-10）。医療通訳についても関係者がインフォーマルにコミュニケーションをとるだけではなく，地域レベルではFACILはじめ地域ごとの医療通訳派遣団体が関係機関と協働して研修会や研究会を継続的に行っており，また，ナショナルレベルでは医療通訳士協議会が2009（平成21）年に設立されるなど，フォーマルな実践コミュニティの存在が認められる。2010（平成22）年には全国の医療通訳派遣団体が協力して「医療通訳共通基準」がまとめられるなど，実践コミュニティを基盤とした活動が見られる。現在，医療通訳の波及は漸進的に進んでおり，市場規模も小さいことから参入者の捕捉率は高く維持されて，基盤価

値の共有／継承に実践コミュニティが貢献していることがわかる。しかし，国レベルでの制度化が進んで波及が加速して市場規模が拡大した際，急進段階から加わる従事者の実践コミュニティへの自発的参加をどのように促進していくのか，あるいは実践コミュニティに代わるツールをどう見出すのかは今後の課題となってくるだろう。

現代社会ではセクター間の境界線が溶融していっているため，それぞれの原理的な価値も染み出し合っており，協働や波及が生じやすくなっている。しかし，それは政府セクターや市場セクターの価値に市民社会が飲み込まれることを目指すものではないだろう。日本においても市場原理が影響力を強め，新自由主義が基調となりつつあるが，そもそも社会的 (the social) とは「平等や連帯という価値を志向する概念」(市野川 2006：35) であり，この志向性を市場経済へと持ち込んでいく「反動力」が，媒介領域からの波及を展開していく「社会的」企業には保たれねばならない。

本章では，「社会福祉全体の自己改造の原動力」となる「市民による社会貢献」の先駆性に着目し，現代社会でその推進役となると考えられる存在として社会的企業を位置づけ，その働きを概観した上で制度化に当たっての課題について特に検討し，3つの防壁を備える必要性を確認した。ビジネスモデルの一般化を通じた波及段階の課題については，今後検討していきたい。

5 「出現する未来」から求められる備え
――緩やかに進行する危機の中で

巨大災害の被災地域では，「わが地域はいきなり10年先の未来に放り出された」と言われることが少なくない。巨大災害は地域の様々な変化のスピードを加速化／表面化させるためである。たとえば，衰退傾向にあった事業者は再建に当たって先送りしていた事業転換を求められることとなり，それが難しければ再建を断念せざるを得なくなる。住居再建に当たって各世帯で居住地の見直しが行われる中で，流出過多であった地方自治体の人口を急速に減少させる可能性があり，主に経済的事由等によって移動できない人々が表面化してくることも見込まれる。災害の負の影響は被災者に等しく割り当てられるのではなく，社会的に脆弱な状況下に置かれていた人々に強く働く。困難の複合化／増幅化に自助努力では持ち

こたえられなくなった人々は他者からの支援を強く必要とするようになるが、いずれも「予期されたもの」の噴出であることが少なくない。被災地域ではこの噴出によって、多方面で複雑な課題への対応を一斉に求められることとなるが、同時に被災地では再起を図ろうとして「復興バネ」と呼ばれる反動作用が働いて、市民活動や事業活動は活発化する。そこに官民両方からの外部支援も加わることで、バネの力は大きくなり、復興への歩みが前に進んでいくこととなる。

被災地で見られる変化を減速させれば、被災地以外でも日常的に類似の問題が多く起こっていることを確認できる。しかし、大半の地域では、その変化が緩やかに進行しているため、市民は見通しを持って状況を認識しづらく、危機感を抱くことが難しい。それにもかかわらず、危機が露わになった段階では、当該地域では「バネ」が機能する力が衰えてしまっていることもありえるため、事前に「備え」が求められる。しかも、現代は過去の継続によって維持可能な「継続の時代」ではなく、非連続に伴って不断の創造努力が求められる「断絶の時代」（Drucker 1968＝1999）である。だからこそ、「出現する未来」（Scharmer & Kaufer 2013＝2015）から何をすべきかを学習し、変化による痛みを最小化するための新たな「備え」を創造／構築していくことが、現世代の次世代に対する応答責任として求められる。本章でみた社会的企業はこの責任を果たす上で重要な一角を占めるものとなろう。

注

(1) 「平成28年度労働力調査」（総務省）によれば、非正規雇用労働者は2016年度に37.5％に達している。
(2) 「平成27年度社会保障統計」（国立社会保障・人口問題研究所）によれば、社会保障費の対国民所得比は、1990（平成2）年は13.6％に対して、2015（平成27）年は30.69％と既に倍増している。
(3) 「平成28年地方公共団体定員管理調査」（総務省）によれば、1994（平成6）年を基準として100とした場合、福祉事務所が155.9、児童相談所等が173.9と増加傾向にあるが、一般行政部門では77.6となる。警察部門と消防部門のみが一貫して増加しており（それぞれ113.0と110.2）、他部門は公営企業部門の一時期を除いて減少傾向を示し続けている。この減少には「平成の大合併」の影響も含まれている。
(4) 「平成27年国勢調査」（総務省）によれば、世帯規模（一世帯当たり人員）の平均は

1970年の3.45人をピークに減少し続けており2015年には2.33人となり，一般世帯の内，単身世帯が占める割合は2000（平成12）年に25.6%（実数1万1,239世帯）だったが，2015（平成27）年には34.5%（実数1万8,418世帯）を占め，既に最も多い家族形態となっている。

(5)　「平成28年度民間給与実態統計調査」（厚生労働省）によれば，1995（平成7）年のピーク時に比べて2015（平成27）年の中央値は約18%下がっている。

(6)　『男女共同参画白書 平成28年版』によれば，「男性雇用者と無業の妻から成る世帯」は1980（昭和55）年には1,114万世帯であったが2015（平成27）年には687万世帯にまで減じており，逆に「雇用者の共働き世帯」は1980年が614万世帯であったが2015年には1,114万世帯に伸びている。このことから家族の標準型が全く逆の構図になっていることがわかる。

(7)　「平成28年度労働力調査」（厚生労働省）によると2016（平成28）年の自営業主・家族従業者数は681万人であり，1,395万人いた1990年から比べると半減していることがわかる。

(8)　「平成26年度学生生活調査」（日本学生支援機構）によれば，日本学生支援機構の奨学金を利用する学生（大学・短大，大学院，高等専門学校，専修学校専門課程に所属する者）の割合は2005（平成17）年には25.0%だったが，2015（平成27）年には38%になっており，増加傾向が見られる。また，家庭からの給付の減少に伴って，学生の収入に占める奨学金の割合は1996（平成8）年には5.7%だったが，2014（平成26）年には20.3%になっている。

(9)　こうした見通しはあくまで巨視的に捉えた観点からであり，地域ごとの特性に応じて異なる展開をすることは言うまでもない。だからこそ，小地域ごとに現状把握と将来予測に係る情報を共有し，地域特性に適切な事業と体制を再編していくことが望まれる。

(10)　仁平（2009）は，高い自己責任意識に裏づけされて，「強いられた共助」を引き受ける市民を育てるためにシティズンシップ教育が欲望されているのではないかとの批判を加えている。シティズンシップ教育への社会的関心の高まりには，グローバル化による国民国家の変容や若者と社会との関係性の変容に加えて，確かに福祉国家の危機への対応が要因として示される。この背景からシティズンシップ教育が「ボランティア動員型市民社会」（中野 1999）を推進することにならないよう，「政治的リテラシー」が重要な柱として据えられることとなる（Click 2002＝2004）。

(11)　労働市場から排除されている人々を担い手とする事業をつくりだし，共に事業活動を営みながら社会的包摂の実現に取り組んでいる社会的企業を労働統合型社会的企業（Work Integration Social Enterprise）という。

(12)　藤井（2013b：88-89）によれば，社会的企業の取引交換には，たとえば障害者の生

産商品を生協や農協が買い支えたり，寄贈資産によって事業が展開されたり，社会性を加味した契約審査が行われたりするなど，社会的目標や連帯的価値の内在するネットワークが埋め込まれていることが往々にして見られる。このように市場取引で分断／弱化した「社会的なもの」を連帯／強化していく「市場の社会的・政治的再埋め込み（socio-political re-embedding）」の側面も社会的企業の特徴として見出されている。

(13) 「在留外国人統計」（法務省）（2016年12月末）によれば，在留外国人は238万2,822人であり，その内，永住者は72万1,111人である。リーマン・ショックの影響が見られた一時期を除けば，一貫して増加し続けており，1996年比で在留外国人数は約1.8倍，永住者は約10倍に膨らんでいる。それでも総人口に占める割合は約1.9％である。

(14) こうした展開に至っているのは，継続されているモデル事業の実施では助成金を獲得できないため，ツール開発やセミナー実施等で資金調達を行っているという背景もある。

(15) 「神戸新聞」2017年9月22日付の掲載記事「医療通訳派遣3年で5倍」によると，兵庫県内の医療通訳件数は2011（平成23）年度に5件だったが，2016（平成28）年度には432件となり，2017（平成29）年度は1,000件を突破するペースで依頼が増加していることが報告されている。このため，自己負担となっているコーディネート経費が膨らみ，FACILの財政状況を圧迫している。神奈川県や愛知県ではコーディネーターの人件費を市町村等で分担して負担する制度があるものの，兵庫県にはそうした制度がないため，医療通訳派遣システムの継続が危機に晒されている。

(16) 2017（平成29）年8月17日，NPO法人たかとりコミュニティセンター事務所にてインタビュー。

(17) 「批判的信頼」の概念は，阿部（2004：65-66）から着想を得ている。

(18) Skocpol（2003＝2007：200）は，この展開の結果，市民が政治に巻き込まれる経験が減少し，「人々の参加動員をひどく阻害してしまう可能性がある」と懸念している。

(19) 医療通訳システム構築にあたってもFACILが積極的にロビーイングをしたわけではなかったにもかかわらず，回り回って県議会議員が本会議質問に結びつき，兵庫県の関与が強化されるといった展開も見られている。

参考文献

阿部潔（2004）「コミュニケーションとしての『放送の公共性』の意義──公的な世界／私的な世界の媒介に向けて」『放送メディア研究』2，日本放送文化研究所，49-67頁。

垣洋一（2016）「社会福祉学への招待」垣洋一・金子充・室田信一編『問いからはじめる社会福祉学──不安・不利・不信に挑む』有斐閣，1-17頁。

市井三郎（1971）『歴史の進歩とは何か』岩波書店。

第Ⅰ部　現代社会の諸相と社会福祉政策の行方

市野川容孝（2006）『社会』岩波書店。
大沢真理（2011）「危機の時代と社会的経済」大沢真理編著『社会的経済が拓く未来——危機の時代に「包摂する社会」を求めて』ミネルヴァ書房，1-10頁。
岡村重夫（1983）『社会福祉原論』全国社会福祉協議会。
小熊英二（2016）「総説——『先延ばし』と『漏れ落ちた人々』」小熊英二編『平成史　増補新版』河出書房新社，14-97頁。
加藤哲夫（2011a）『市民のマネジメント——市民の仕事術Ⅱ』メディアデザイン。
加藤哲夫（2011b）「協働に向けた市民・住民のエンパワメントと行政の役割」山田晴義・コミュニティ自立研究会編『地域コミュニティの再生と協働のまちづくり』河北新報出版センター，29-37頁。
川北秀人（2009）「社会にインパクトを与えるとはどういうことか？」『NPOマネジメント』59，IIHOE，68-69頁。
齋藤純一（2017）『不平等を考える』筑摩書房。
神野直彦・宮本太郎（2006）「『小さな政府』論と市場主義の終焉——有効に機能する『ほどよい政府』へ」『世界』752，96-107頁。
全泓奎（2015）『包摂型社会』法律文化社。
大室悦賀・谷本寛治（2006）「イギリスにおけるソーシャル・エンタープライズと市場社会」谷本寛治編『ソーシャル・エンタープライズ——社会的企業の台頭』中央経済社，181-205頁。
塚本一郎（2008）「アメリカにおけるソーシャル・エンタープライズ研究の動向」塚本一郎・山岸秀雄『ソーシャル・エンタープライズ——社会貢献をビジネスにする』17-31頁。
中野敏男（1999）「ボランティア動員型市民社会論の陥穽」『現代思想』27(5)，72-93頁。
中村安秀（2013）「医療通訳士の必要性と重要性——外国人に対する保険医療の現状と課題」中村安秀・南谷かおり編『医療通訳士という仕事——ことばと文化の壁をこえて』大阪大学出版会，3-19頁。
西村仁志（2013）『ソーシャル・イノベーションとしての自然学校——成立と発展のダイナミズム』みくに出版。
仁平典宏（2009）「〈シティズンシップ／教育〉への欲望を組みかえる」広田照幸編『教育』岩波書店，175-202頁。
花田達朗（1996）『公共圏という名の社会空間——公共圏・メディア・市民社会』木鐸社。
花田達朗（2003）「身体としてのジャーナリズム，その活力のために」『世界』717，119-126頁。
藤井敦史（2013a）「ハイブリッド組織としての社会的企業」藤井敦史・原田晃樹・大高

研道編『闘う社会的企業——コミュニティ・エンパワーメントの担い手』勁草書房，1-19頁。

藤井敦史（2013b）「ハイブリッド構造としての社会的企業」藤井敦史・原田晃樹・大高研道編『闘う社会的企業——コミュニティ・エンパワーメントの担い手』勁草書房，79-110頁。

藤井敦史（2014）「社会的企業とコミュニティ・エンパワーメント」坂田周一監修／三本松政之・北島健一編『コミュニティ政策学入門』誠信書房，106-124頁。

藤井敦史・原田晃樹・大高研道編（2013）『闘う社会的企業——コミュニティ・エンパワーメントの担い手』勁草書房。

森田洋司（2009）「『はじめに』に代えて」日本犯罪学会編『犯罪からの社会復帰とソーシャル・インクルージョン』現代人文社，2-10頁。

吉田徹（2016）「日本政治に刻まれた分断線」井手英策・松沢裕作編『分断社会・日本——なぜ私たちは引き裂かれるのか』岩波書店，46-62頁。

吉富志津代（2013）「コミュニティビジネスとしての医療通訳」中村安秀・南谷かおり編『医療通訳士という仕事——ことばと文化の壁をこえて』大阪大学出版会，165-175頁。

Berghman, J (1995) "Social exclusion in Europe: Policy context and analytical framework", Graham Room (ed.) *Beyond the Threshold: The Measurement and Analysis of Social Exclusion*, The Policy Press.

Bhalla, A. S. & F. Lapeyre (2004) *Poverty and Exclusion in a Global World, 2nd edition*, Palgrave Macmillan.（＝2005，福原宏幸・中村健吾監訳『グローバル化と社会的排除——貧困と社会問題への新しいアプローチ』昭和堂。）

Borzaga, C. & J. Defourny (eds.) (2001) *The Emergence of Social Enterprise*, Routledge.（＝2004，内山哲朗・石塚秀雄・柳沢敏勝訳『社会的企業——雇用・福祉のEUサードセクター』日本経済評論社。）

Crick, B. (2002) *Democracy: A Very Short Introduction*, Oxford University Press.（＝2004，添谷育志・金田耕一訳『デモクラシー』岩波書店。）

Crutchfield, L. R., V. John, J. V. Kania, & M. R. Kramer (2011) *Do More than Give: The Six Practices of Donors Who Change the World*, Jossey-Bass.

Drucker, P. (1968) *The Age of Discontinuity*, Harper and Row.（＝1999，上田惇夫訳『断絶の時代 新版』ダイヤモンド社。）

Duff, R. R. & M. Bull (2015) *Understanding Social Enterprise: Theory and Practice*, Sage.

Evers, A. & J. L. Laville (eds.) (2004) *The Third Sector in Europe*, Edward Elgar.（＝2007，内山哲郎・柳沢敏勝訳，『欧州サードセクター——歴史・理論・政策』日

本経済評論社。)
Giddens, A. (2006) *Sociology, Fifth edition,* Polity Press. (＝2009, 松尾精文・小幡正敏・西岡八郎・立松隆介・藤井達也・内田健訳『社会学 第5版』而立書房。)
Habermas, J. (1992) *Faktizität und Geltung: Beiträge zur Diskurstheorie des Rechts und des demokratischen Rechtsstaats,* Suhrkamp Verlag Frankfurt am Main. (＝2003, 河上倫逸・耳野健二訳『事実性と妥当性――法と民主的法治国家の討議倫理にかんする研究 下』未來社。)
OECD (2009) *The Changing Boundaries of Social Enterprises,* OECD. (＝2010, 連合総合生活開発研究所訳『社会的企業の主流化』明石書店。)
Salamon, L. M. (1995) *Partners in Public Service,* Johns Hopkins University Press. (＝2007, 江上哲監訳『NPOと公共サービス――政府と民間のパートナーシップ』ミネルヴァ書房。)
Scharmer, O. & K. Kaufer (2013) *Leading from the Emerging Future: From Ego-System to Eco-System Economies,* Berrett-Koehler Publishers. (＝2015, 由佐美加子・中土井僚訳『出現する未来から導く――U理論で自己と組織, 社会システムを変革する』英治出版。)
Skocpol, T. (2003) *Diminished Democracy,* University of Oklahoma Press. (＝2007, 河田潤一訳『失われた民主主義――メンバーシップからマネージメントへ』慶應義塾大学出版会。)
Stevens, A., et al. (2003) "People, jobs, rights and power: The roles of participation in combating social exclusion in Europe" *Community Development Journal,* 38(2), pp. 84-95.
Wenger, E., R. McDermott & M. Snyder (2002) *Cultivating Communities of Practice,* Harvard Business School Press. (＝2002, 櫻井祐子訳『コミュニティ・オブ・プラクティス――ナレッジ社会の新たな知識形態の実践』翔泳社。)
Weisbrod, B. A. (1988) *The Nonprofit Economy,* Harvard University Press.

(川中大輔)

第Ⅱ部　現代社会に求められるソーシャルワーカー
　　　の養成と支援

第6章 幅広い実践力を持つ支援者の育成と多職種連携
―― 包括的支援に対応するソーシャルワーカーの養成

1 包括的支援と多職種連携

（1）地域共生社会とソーシャルワーカーのコンピテンシー

　2020年代初頭の実現に向けて，地域包括ケアシステムの「深化」として国が進めている地域共生社会の理念には，全世代・全世帯を対象に，住み慣れた家や地域での暮らしの実現に向けた利用者本位の包括的なサービス提供があり，そのための方法として多職種連携が強調されている。これはまさに当事者性に立脚し多様な専門性を集めながら支援を構成しようとするソーシャルワークの実践理念の具現化であり，ソーシャルワーカーの媒介機能が活かされるという期待もふくらむ。

　一方で，この動きの背景にある社会保障体制の見直しと関連費用の抑制は，特に弱い立場にいる人たちの自己負担を高めつつ生活問題を深刻化させている。このような状況下で多職種連携を担うソーシャルワーカーは，支援理念の実現のためどうような専門性をもって，包括的支援のための多職種連携を実践すべきなのだろうか。たとえば連携の中核となる地域包括支援センターや社会福祉協議会，学校や病院などに属するソーシャルワーカーには，いかなる視点，技術を持つことが求められているのだろうか。

　本章では，このような観点から，包括的支援のための多職種連携に関わるソーシャルワーカーの専門性について，地域共生社会が想定する支援像を踏まえて検討し，最後に養成課程の課題を提示したい。

　なお「多職種連携」とは，元々は主に英米におけるヘルスケア領域でのInter-professional Workを基に広まった概念であり，日本語では「専門職連携」「専門職間連携」など複数の用語があるが，本章では定着しつつある「多職種連携」を用いることとする（引用，参考元が他の表記を使っている場合は原典に沿う）。ソー

シャルワーカーの専門性，すなわち専門職の身に付ける知識，態度，技能等専門的能力については，コンピテンス（competence）も使われるが，本章では参考文献に多くみられたコンピテンシー（competency）を用いることとする。

（2）包括的支援と多職種連携の経緯

多職種連携は，おおむね1970年代から医療領域を中心に進められていたが，医療と福祉の連携が本格化するのは，2000（平成12）年の介護保険の導入以降であり，複合するサービスの総合調整を担う介護支援専門員（ケアマネジャー）によるケアプランの作成，およびサービス調整手法としてのケアマネジメントが導入され，サービス担当者会議など多職種連携のための体制が整えられてきた。

この時期は社会保障の前提となっている家族福祉機能が縮小するとともに，近隣関係の変容等による私的領域の支えの減衰が顕在化し，同時に雇用，労働環境の変化，新保守主義的な政策展開によって生活課題とニーズが複雑，深刻化していく時期でもあった。必然的に社会は支援方策の更新を迫られ，高齢者の介護に限らず，幅広い対象への自立支援，虐待対応など多様な問題に対する支援方策としてチームアプローチや他職との連携の必要性が強調されるようになる。

2000（平成12）年の社会福祉法の改定と前後し，基礎自治体レベルでの支援体制やより身近なコミュニティでの支援構築が意図されるようになり，主に高齢者の地域生活を対象に「包括的支援」という概念が広がる。政策的には，2005（平成17）年の介護保険法改正で「地域包括ケアシステム」が初めて法文化され，地域住民の介護や医療に関する総合相談窓口となる「地域包括支援センター」が創設される。以降，本格的に地域包括ケアの促進が図られていく。歩を合わせるように2007（平成27）年の社会福祉士及び介護福祉士法改正では，社会福祉士の定義に多職種連携が含まれた。

さらに2016（平成28）年に，政府は「ニッポン一億総活躍プラン」において「地域共生社会」を掲げ，その具体化は「地域における住民主体の課題解決力強化・相談支援体制の在り方に関する検討会」（地域力強化検討会）の中間とりまとめによって，「我が事」「丸ごと」のキャッチフレーズとともに，専門職による多職種連携と地域住民等と協働する地域連携により，高齢者に限らず幅広い福祉問題への包括的支援体制を地域に作ろうとする地域共生社会のイメージが明らかに

された。

(3) 地域共生社会構想における包括的支援と多職種連携

　包括的な支援および多職種連携に対するソーシャルワーカーのコンピテンシーの検討の前提として，改めて地域共生社会構想においてそれらがどのような実践として位置づけられているのかを確認しよう。用いるのはこの構想の骨格を示している3種の資料，すなわち，2015（平成27）年に発表された厚生労働省の新たな福祉サービスのシステム等のあり方検討プロジェクトチームによる「誰もが支え合う地域の構築に向けた福祉サービスの実現──新たな時代に対応した福祉の提供ビジョン」（以下，「新福祉ビジョン」），2017（平成29）年に相次いで出された，厚生労働省の「我が事・丸ごと」地域共生社会実現本部による「『地域共生社会』の実現に向けて（当面の改革工程）」（平成29年2月7日：以下，「工程」），および，地域における住民主体の課題解決力強化・相談支援体制の在り方に関する検討会（地域力強化検討会）による「地域力強化検討会　最終とりまとめ──地域共生社会の実現に向けた新しいステージへ」（平成29年9月12日：以下，「最終まとめ」）である。これらは一体的に打ち出されたものではないが一連の政策的展開の文脈下にはあるといえよう。

　まず地域共生社会について「工程」は「制度・分野ごとの『縦割り』や「支え手」「受け手」という関係を超えて，地域住民や地域の多様な主体が『我が事』として参画し，人と人，人と資源が世代や分野を超えて『丸ごと』つながることで，住民一人ひとりの暮らしと生きがい，地域をともに創っていく社会」であり，「多様な人々が「支え手」「受け手」という関係を超えて支え合うことを通して，多様性を尊重し包摂する地域文化を醸成していくことができる。そして，これは，「制度の狭間」などの公的支援の課題を克服し，孤立を生まない地域社会を構築していくことにもつながっていく」という支援を媒介とする包摂的な社会をイメージしている。

　この構想を象徴するフレーズの一つである「我が事」は，支援構築における情動性を喚起する表現であるが，一方の「丸ごと」は包括的支援を印象づけるフレーズである。「最終まとめ」によれば，「丸ごと」が網羅する地域生活課題とは，この構想の実現に向けて2017（平成29）年に改正された社会福祉法に規定された

「福祉，介護，介護予防（要介護状態若しくは要支援状態となることの予防又は要介護状態若しくは要支援状態の軽減若しくは悪化の防止をいう。），保健医療，住まい，就労及び教育に関する課題，福祉サービスを必要とする地域住民の地域社会からの孤立その他の福祉サービスを必要とする地域住民が日常生活を営み，あらゆる分野の活動に参加する機会が確保される上での各般の課題」を指し，いわばすべての福祉問題を対象化していることがわかる。

「新福祉ビジョン」では，新しい地域包括支援体制（全世代・全対象型地域包括支援）を実現するために，「複数分野の問題や複雑に絡む問題を抱える対象者や世帯に対し，相談支援（対象者や世帯との相談と，それを踏まえて必要となるサービスの検討，プランの作成など）を分野横断的かつ包括的に提供する」ための「ワンストップで分野を問わず相談・支援を行うことや，各分野間の相談機関で連携を密にとることにより，対象者やその世帯について，分野横断的かつ包括的な相談・支援を実現するための方策を検討」することが必要とされている。分野横断とは，縦割り行政の弊害を越えた総合的支援を意味し，相当に高い障壁が未だ残っているが，このビジョンの実現モデル事業として，「多機関の協働による包括的支援体制構築事業」（以下，「体制構築事業」）が始められるなど，今後は，包括的支援と多職種連携は地域におけるソーシャルワーク実践の中核的な実践方法になることが期待されている。

2　コンピテンシーの概要

(1) コンピテンシーの検討

さて，このような理念を抱く地域共生社会構想を実現させるための人材像あるいはコンピテンシーについては，すでにこの構想を推進する立場から提示されている。まず「新福祉ビジョン」は，「新しい地域包括支援体制において求められる人材像」として，「①複合的な課題に対する適切なアセスメントと，様々な支援のコーディネートや助言を行い，様々な社会資源を活用して総合的な支援プランを策定することができる人材」，「②福祉サービスの提供の担い手として，特定の分野に関する専門性のみならず福祉サービス全般についての一定の基本的な知見・技能を有する人材」を挙げた。

続いて「最終まとめ」からは，支援を拒否する人，問題の自覚のない人への「アウトリーチ」「必要に応じてサービス開発やそうした場を創り出していく社会資源開発」，さらに「そうした場につなぐ，場の中で人と人をつなぐ，場と場をつなぐ，コーディネーションやファシリテーションの機能」「当事者本人を排除している地域住民に対し，その排除せざるを得ない住民側の気持ちを受け止めつつも，当事者本人の思いや状況を代弁し伝えたり，当事者と地域住民が交流する場を，適切なタイミングで設定する等の働きかけ」（いずれも下線筆者）などがコンピテンシーとして抽出できる。なお「社会資源開発」はソーシャル・アクション，「当事者本人の思いや状況の代弁」は状況や関係者の選定に偏りがあるが，広い意味でアドボカシーと言い換えて良いだろう。

一方で地域共生社会構想とは別に，研究対象としても多職種連携のコンピテンシーは検討されている。日本保健医療福祉連携教育学会IPE推進委員会と三重大学（文部科学省委託「成長分野における中核的人材養成の戦略的推進事業」）による「多職種連携コンピテンシー開発チーム」は，国際的な文献レビューを積み重ね，専門職間の協働性に焦点を当てて，「医療保健福祉分野の多職種連携コンピテンシー Interprofessional Competency in Japan」をまとめ，下記の多職種連携のコンピテンシーの領域をコア・ドメインとして提示した[1]。

- 患者・利用者・家族・コミュニティ中心（Patient-/Client-/Family-/Community-Centered）
- 職種間コミュニケーション（Interprofessional Communication）

さらに，コア・ドメインを支え合う4つのドメインとして，以下の4点を挙げている。

- 職種としての役割を全うする（Role Contribution）
- 関係性に働きかける（Facilitation Relationship）
- 自職種を省みる（Reflection）
- 他職種を理解する（Understanding for Others）

埼玉県立大学では多職種連携を実践する専門職の力を「対人援助の基本を基盤とした多職種と協働する力」と「チームを動かす力」に分けて，前者には，「セルフコントロール」「多職種とのコミュニケーション」「リフレクション」があり，後者にはチーム形成への理解をもとにする「リーダーシップ」「マネジメント（管理運営）」「調整機能（コーディネーション）」「促進させる機能（ファシリテーション）」があるとしている（埼玉県立大学編著 2009：41-43）。

（2）コンピテンシーの整理

ここまでの検討を統合すれば，問題を積極的に発見するアウトリーチ，総合的なアセスメント，プランニング，必要な資源とのコーディネーション，多職への理解とコミュニケーション，関係者をつなぐファシリテーション，組織運営のためのリーダーシップやマネジメント，さらにはアドボカシーや社会資源開発を意図するソーシャル・アクションなどが，技能的なコンピテンシーと整理できよう。

専門職の態度としては「リフレクション」に注目したい。「医療保健福祉分野の多職種連携コンピテンシー（Interprofessional Competency in Japan）」では「自職種を省みる（Reflection）」について，「自職種の思考，行為，感情，価値観を振り返り，複数の職種との連携協働の経験をより深く理解し，連携協働に活かすことができる」と説明されているが，リフレクションの意義については養成課程の検討において触れる。

さて重要なのはこれらのコンピテンシーの用い方である。ソーシャルワーカーが支援理念を実現するために，これらのコンピテンシーをいかなる視点，価値の下に活用すべきかを検討する。

3　コンピテンシーの再検討

（1）多職種連携とコンピテンシー

1）多職種連携とは

包括的支援を実現するためには，多職種連携が有効に機能することが根幹的条件となり，先に整理したコンピテンシーは，多職種連携の場面において，共有され，活用されてこそ意味をもつ。

では，改めて多職種連携とは何だろう。吉池・栄（2009：117）は，先行研究の整理から，保健医療福祉領域における連携を構成する要素に，①同一目的の一致，②複数の主体と役割，③役割と責任の相互確認，④情報の共有，⑤連続的な相互関係過程を挙げた上で，「共有化された目的をもつ複数の人及び機関（非専門職を含む）が，単独では解決できない課題に対して，主体的に協力関係を構築して，目的達成に向けて取り組む相互関係の過程である」と定義した。多職種連携教育（IPE: Interprofessional Education）を積極的に推し進めている埼玉県立大学では「専門職連携」を「複数の領域の専門職者（住民や当事者も含む）が，それぞれの技術と知識を提供し合い，相互に作用しつつ，共通の目標の達成を患者・利用者とともに目指す協働した活動」としている（埼玉県立大学編著 2009：13）。

両定義で注目すべきは，連携の構成者に非専門職や住民，当事者を含めていることである。多様な支援アクターによる連携は，地域を舞台とする支援実践には必須であり，また地域共生社会構想の特性でもあるため当然の帰結と言えるが，多職種連携とは専門職の枠組みを超えた地域全体の支援資源のつながりを指すといえる。

松岡（2000：18-22）は，「連携を形態あるいは構造として静的にとらえることは容易ではな」いため，「動的な側面，すなわち働きや機能に注目」して，「専門職間連携」を，「主体性を持った多様な専門職間にネットワークが存在し，相互作用性，資源交換性を期待して，専門職が共通の目標達成を目指して展開するプロセス」と定義し，連携の前提にネットワークの存在を挙げている。さらに田中（2016：8）は，保健医療領域の専門職連携の新たな課題として「専門職連携を基盤にして，直接地域や組織のメゾレベルをターゲットに展開・介入する，ソーシャルワーカーによる地域連携の形」は，「医療専門職連携を核に，地域に展開するネットワークへのギアチェンジによって可能になる」と指摘し，連携をネットワークとして展開することの意義を説く。これらから包括的支援のための多職種連携とは，地域の幅広い支援アクターから構成されるネットワークにおける構成員の協力関係と活動およびその過程と捉えることができる。

２）多職種連携とネットワーク

このネットワークをソーシャルワーカーはどう捉えて，活用していけば良いのだろうか。松岡（2016：225）はソーシャルワークにおいて用いられているネット

ワーク概念を，①サービス利用者のもつ対人関係の総体（社会ネットワーク）でソーシャルサポート・ネットワークを含む，②社会福祉関連機関の相互のつながり（組織間ネットワーク），③共通の関心がある問い事のみを基軸にして人々や組織同士がつながり方やそのプロセス（ネットワーキング），④ソーシャルワーカー自身が同僚や多機関のワーカー，あるいは他の専門職等との間に結んだ対人関係の総体（専門職ネットワーク）と整理する。

　地域共生社会構想における中核機関でもある地域包括支援センターの実践展開についてまとめた「地域包括支援センター運営マニュアル」では，地域包括ケアシステムの推進には，「ニーズ発見機能」「相談連結機能」「支援機能」「予防機能」が働く地域包括支援ネットワークが不可欠とされ，地域包括支援ネットワークとは「関係行政機関はもとより，地域のサービス利用者や家族，サービス事業者，関係団体，成年後見関係者，民生委員，地域支え合い等のインフォーマルサービス関係者，一般住民等によって構成される「人的資源」からなる有機体」と定義している（地域包括支援センター運営マニュアル検討委員会編 2016：101-104）。

　このように地域には公私多層のネットワークが存在し，利用者の生活は，関係の濃淡はあるが多層的なネットワークに囲まれており，複合するニーズに対しては複数のネットワークが連動することが求められる。包括的支援は，それぞれのネットワークの機能と役割を考慮しつつ，総合的に活用していくことが必要となり，コンピテンシーの活用においても利用者，支援者，取り巻く環境など作用し合う関係全体を視程に入れ，複数のネットワークから成り立つ支援構造全体を捉える「メタ・システム的視座」と，「ネットワーク・デザイン」ともいえる複数のネットワークの関係性を一体的に捉える視点の重要性が浮上する。この包括的支援実践の理論については養成課程の検討の際に取り上げる。

（2）循環系としての支援構造

　さらにより詳細に検討されるべきは，多職種連携及びネットワークを円滑に機能させるためのコンピテーションの用い方である。地域共生社会構想は，多職種連携を単に単発的なケース対応のための集散ではなく，相互支援から生まれる包摂的な社会作りの方法として位置づけていた。このような支援構造が維持，発展していくためには，支援をめぐるエネルギーが地域に循環していくことが重要で

ある。循環については，地域共生社会構想における「工程」でも触れられ，「最終まとめ」ではより詳しく以下のように言及されている。

> 福祉の領域だけではなく，商業・サービス業，工業，農林水産業，防犯・防災，環境，まちおこし，交通，都市計画なども含め，人・分野・世代を超えて，地域経済・社会全体の中で，「人」「モノ」「お金」そして「思い」が循環し，相互に支える，支えられるという関係ができることが，地域共生社会の実現には不可欠である。

こうした社会全体の多様な資源の循環を標榜する一方で，地域共生社会構想には，サービス提供の効率化を求めて地域の相互支援構造を形成しようとする意図もみえる。地域には人的資源や物品，場所など少なからず支援資源があると考えられるが，住民間の支援への過度な依存はいずれ疲弊を招く。

支援構造の循環性を高めるべく前述したネットワーク間の有機性を高めていくことが，包括的な支援を可能とする地域作りには必要である。これは地方自治体レベルの支援システム構築の問題でもあるが，ソーシャルワーカーの役割は，支援者，地域住民，地方自治体，その他地域資源をつなぎ，要支援状況に関する情報発信や支援成果のフィードバックなど，循環を維持する仕組みづくりとエネルギーの還流に力を注ぐことであろう。

（3）コンフリクト・マネジメント

地域における循環的な支援構造の維持には，多職種連携においていわば必然的に生まれるコンフリクト（葛藤）について認識を深めることも必要である。専門職間では，それぞれの理論体系と実践体系が異なるゆえ，それぞれの専門性を背景とする摩擦を生じさせがちであり，このような多様性の中で合意形成を行うのは困難である（山中 2015：111）。加えてサービスの適応要件に重きを置く行政職とニーズ志向の専門職との間では軋轢がしばしば起こるし，地域住民，当事者団体など多様な価値を有する構成員が増えるほど，コンフリクトが生まれる可能性は高まる。

見解の相違や支援方法をめぐる議論は，単独の機関・支援者の限界を超えた支

援の地平を広げうるが，感情的な対立まで発展することがある。ストレスフルな連携は，支援効果を低減させるとともに支援者も消耗させ，地域の支援力の低下を招く要因となる。

　松岡（2009：44-45）は,「多職種チームワークのコンピテンシー」には問題解決を図る「タスク機能」とチームワークを維持・改善するための「メンテナンス機能」があり,「タスク機能」を果たすには，課題解決プロセスを遂行する能力，そして「メンテナンス機能」を果たすには，葛藤や対立に対応して，葛藤が生じている対象，要因を明らかにし，メンバーに葛藤への気づきと争点をオープンにするためのディスカッションを進めるなどの「葛藤マネジメント」が重要であるとする。

　こうしたメンテナンスは，チームとしての安定性を高めタスク機能を推進させると考えられる。このような取り組みをコンフリクト・マネジメントというが，コンフリクト・マネジメントには，ケースカンファレンスが重要な意味を持つ。非公式な情報交換や打ち合わせもチームを活性化させるが，支援をめぐる公式な検討の場であるケースカンファレンスこそは，協働関係を促進させるコミュニケーションやファシリテーションの技術が活かされる機会である。

　またカンファレンスにピア・スーパービジョンの時間を設けるなどの配慮があれば，困難なケースに複雑な対応を求められる支援者にとって，極めて有効なサポートになる。支援者を守り育てる機能をネットワークが持つことは，支援者間の紐帯を深め循環的な支援構造の強化にもつながる。

（4）権利擁護と包摂性

　つづいて，多職種連携におけるコンピテンシーを活用する際の価値について地域共生社会構想に潜む懸念を踏まえて述べていく。

　地域共生社会構想が新自由主義的政策の文脈に置かれるのであれば，政策の進展に連れて，自己責任の強調や家族の福祉機能への過度な期待が高まることが懸念される。そこでは「貴重な労働力として女性の労働市場参加が奨励される一方で，働く母親を支援するための女性政策やジェンダー平等政策が削減されるばかりか，新保守主義の伝統的な家族観が持ち出されて女性は重い二重負担に苦しむ」（衛藤 2015：28）といった状況が生じうる。

また，支援は時に監視的であり，干渉的な一面がある。包括的であることは多様な価値・規範が人と状況を照らすことでもあり，地域における支援の量的増大が必ずしも包摂的な関係を作るとは限らない。
　「我が事」による「支え合い」によって，肯定的な相互作用も多く生まれるだろうが，旧来的な共同体には排除的な一面もあり，「支え合い」がもたらす反作用も少なからずあるだろう。地域共生社会の実現に尽力していこうとする住民の中には，伝統的価値・規範や社会秩序を維持しようとする意識を有している層もいるだろう。Heath（2008＝2013：118）によれば「社会秩序はすくなくとも，社会規範に対して熟慮上の優先順位を割り当てる性向を持った主体たちと，そのような性向を持たない主体たちに対して，規範的パターンに同調する道具的理由を与えるための効果的なサンクション・システムを必要」とし，「これらのサンクションは，規範的同調的な方向付けで遂行されるときには，同時に社会化のメカニズムと社会的コントロールのメカニズムとして機能」するとされる（ちなみにサンクションとは法令や慣習，世論等による承認や否定等裁可の意味である）。
　様々な規範にさらされる人たち，周囲から孤立している人たち，そして支援の「受け手」ではあるが「支え手」になれない人たちにとって，地域には排除的な側面とサンクション的機能があることには留意を要する。これは住民のみならず支援者にも「ネットワーキングでの不都合さを利用者の問題の困難さに帰す傾向」（福山 2009：6）があるなど，支援的関与がかえって偏見を固定し，孤立や抑圧を助長することもあるだろう。
　「最終まとめ」で「当事者本人を排除している地域住民に対する…（中略）…代弁」と例示されていたアドボカシーは，地域住民にとどまらず，行政担当者等支援をめぐるすべてのステークホルダーに対する代弁でなければならないだろう。情緒的な紐帯への幻想を抱かず，ソーシャルワーカーが推進すべきは，効率的なサービス提供のための包括性だけではなく，権利性と包摂性を根底においた多職種連携であり，あらゆるコンピテンシーはそのためにあるといえよう。

4 多職種連携時代のソーシャルワーカーの養成

(1) 養成課程とコンピテンシー

　すでに述べたように包括的支援体制の構築と多職種連携の推進には，縦割りの行政組織を横断する指揮系統など支援システム構築が必要であり，ソーシャルワーカー個々の資質，力量に還元できない課題がある。

　その上で，以下，多職種連携におけるソーシャルワーカーのコンピテンシー及びコンピテンシーを用いる視点や価値をいかに養成課程において反映させられるかについて考えていく。

　実は，これまでの検討で抽出されたコンピテンシーの大半は，厚生労働省が示す社会福祉士受験資格の各科目のシラバスにも国家試験出題基準にも挙げられており，現行の社会福祉士養成カリキュラムではほぼ網羅されている。加えてソーシャルワーク関連科目においてソーシャルワークの基礎理論として教えられているジェネラリスト・ソーシャルワークは，個人と環境の全体性を捉えるメタ視点を有して，多職種連携と重なる「マルチ援助システム」を重視しており，ストレングス・パースペクティブなど当事者性を重視した視点も有している。ジェネラリスト・ソーシャルワークは，総合的，包括的な支援に適合する理論であり（山辺 2011：72-80），ジェネラリスト・ソーシャルワークを多職種連携及びネットワークの理論的基盤とすることは，他の先行研究によっても同様に支持されている（たとえば，川島〔2011：15-18〕）。また岩間（2011）が体系化した個への支援と個への支援ができる地域づくりを一体的に進める「地域を基盤とするソーシャルワーク」は，山辺（2011：73-74）が，ジェネラリスト・ソーシャルワークの展開として評価しているように，包括的支援の基本理論として広がりつつある。

　このように少なくとも座学においては，各コンピテンシーと理論を学ぶ機会は用意されているのだが，大きな問題はこれらを統合し，多職種連携を想定した，実践的な活用ができる学習機会が設定されているとは言い難いことである。

　現行においても「相談援助演習」の教育内容には，多職種連携やチームアプローチが挙げられてはいるが，実態としてその教育内容は担当者に任されているといえよう。同様に「相談援助現場実習」でも教育内容に多職種連携はあるが，現

実には必ずしもその実際が学べるわけではない。

　松岡（2009：44）は，多職種チームのコンピテンシーのラダーとして3段階を示し「基本的な対人援助の姿勢・態度」「専門職のコンピテンシー」の上位に「多職種チームワークのコンピテンシー」を置いた。埼玉県立大学編著（2009：41）でも IPW（Interprofessional Work）に必要な実践力として，「対人援助の基本となる力」「多職種と協働する力」「チームを動かす力」の専門職連携を3層に分けている。このようにコンピテンシーの土台は，それぞれの専門性を基にした対人援助であり，階層的な構造をもって多職種連携に至ることがわかる。

　これは必ずしも養成課程の最終段階ではじめて多職種連携を学ぶということを意味しないが，ソーシャルワーカー養成においても，ソーシャルワークの理論やソーシャルワーク技術の演習，実習に加えて，多職種連携を通してコンピテンシーを学ぶ教育機会が必要である。

（2）専門職連携教育の重要性

　そこで重要となるのが，多職種連携を教育段階に組み込む多職種連携教育である。多職種連携教育（Interprofessional Education：以下，IPE）とは，「複数の領域の専門職者が連携およびケアの質を改善するために，同じ場所でともに学び，お互いから学び合いながら，お互いのことを学び合うこと[2]」である。IPE は国際的にも浸透している支援者養成方法であり，日本では医療領域の養成教育では比較的多くで取り入れられているが，社会福祉領域での取り組みはいまだ少ない（春田 2016：35）。前野（2015：2509-2516）によれば，IPE の学習方法は，意見交換型，問題基盤型，観察型，シミュレーション型他があるが，実践している医療系大学の多くは，関係学部間の合同授業として複数年次にわたる編成をしており，教育効果においても，満足度，認識や態度の変容，知識や技能の習得などの面で肯定的な結果が出ているとのことである。

　IPE の意義は，多職種連携に関する技術的習得にとどまらない。山中は，ジャーメインが協働・連携の目的として「(協働・連携する）目的は，一つの領域（あるいはひとりの実践者）だけでは，達成できないか，十分には達成できない，ヘルスケアに関する特定の目標や課題を達成すること」（Germain 1984：199）と述べていることに注目し，「連携・協働するには支援者は自己の限界を認識すること

が求められ」、それは「当事者のニーズに照らして自分の能力を内省的に振り返ること」(山中 2015：101) と述べ、養成課程に求められるのは「多職種を意識し、多職種を意識したのちに振り返って再度自己のあり方を形成する過程」(山中 2015：112) であると指摘する。この内省的姿勢こそが2の(2)に挙げられた「リフレクション」であり、ソーシャルワーカーの媒介性の起点となり、利用者のニーズを起点とする支援をかたどる態度といえよう。

それぞれの専門性の重要性あるいは優位性ばかりを教育された支援者が他職と連携をするのは様々な葛藤が生じる。できるだけ職に就く前の段階で自身の専門性を相対化する経験を積んでおくことの意義は大きい。

(3) ソーシャルワーク養成課程の今後

前掲の「新福祉ビジョン」を受けて、2016 (平成28) 年にソーシャルワーク教育団体連絡協議会「新福祉ビジョン特別委員会」による「ソーシャルワーカー養成教育の改革・改善の課題と論点」〈最終報告〉がまとめられた。それによると今後の社会福祉士養成カリキュラム改善の方向性として、「養成時間の上限とジェネリックな視点からの科目の見直し」「ソーシャルワーク実践力をつける」(相談援助関係科目の比重を増やす) や「講義科目と演習の関連」、そして「多職種連携とケアに関する科目の新設」、その他、社会福祉士と精神保健福祉士の科目共通化による両資格取得を促進することや、実習時間数の増加と多様な実習先の拡大などが提言されている。

包括的支援に向けての実践力養成においては、特に多職種連携に関する科目の設置は重要である。このような科目が設けられることにより、現行のカリキュラムでは難しい多職種連携の視点から実践までの流れを統合的に把握できることが期待される。

ところがこの報告では、IPE の実施については具体的に触れられていない。日本において IPE が大きく進展しない理由について春田 (2016：35) は、専門職の養成にはそれぞれの資格取得過程があり、授業を揃えるのが難しいこと、各専門職養成課程の教育内容が増加し、調整が困難なこと、複数の関連した各過程を持つ大学においても学部間調整は難しく、単科大学では他大学との調整を行う必要があり、そこに多大な労力を要すること、日本における IPE の歴史が浅く、体

系的な専門職連携教育の実践方法が整っていないことなどを指摘している。

いずれも妥当な理由であるが,前述したようにIPEは,包括的支援に欠かせない教育機会である。全国一律のカリキュラム設定は国家資格の性質上やむを得ないが,たとえば,近隣校,他学部との合同でケース検討演習を行うなどの取り組みを,「相談援助演習」として認定するなどの柔軟な促進策が採られても良いのではないだろうか。連携対象がたとえば法律,建築,栄養等の学部学科であったとしても,支援連携をともにする可能性がある他領域と学び合うことが重要なのである。

地域共生社会における包括的支援に対応するソーシャルワーカーは,多くのコンピテンシーを習得しつつも,自らの弱さやできなさを自覚する姿勢も同時に身に付けなければならない。その自覚は,利用者のニーズをていねいに受け止め,安易な解決などないという実感を伴うべきものである。一人のキーパーソンが中心になりつくられるネットワークは,中心が抜ければ全体が崩壊するという「カリスマ性が諸刃の剣」(川島 2011:169) という性質ももつ。他職との連携を進めようとする意識はこのような態度と認識から生じるのであって,それを促進するのは他職への理解と尊重であり,ひな形となる経験であろう。

「客観的」な指標で人のニーズを分断し,それぞれにあてがうように別個のサービスを届けるような支援は,助けにはなっても「主体的」な生き方を支えることにはならない。支援という行為は,支援者の文脈と利用者の文脈の接点においてなされ,その接合に齟齬があれば支援は機能せず,時に抑圧化していく。包括的支援におけるソーシャルワーカーの使命はその接点に立ちつつ,利用者の思いや個々のストーリーを支援側へつなぎながら,それぞれに応じた支えの形を作ること,そして権利と尊厳を守る支援構築が可能な地域社会を形成することである。すなわち「本人を援助の出発点とし,そこから新しいシステムを創造し,そしてその創造を促す」(岩間 2000:108) 意識とコンピテンシーを備えたソーシャルワーカーの養成が地域共生社会を「包摂的」にしていくために必要だろう。

注
(1)「医療保健福祉分野の多職種連携コンピテンシー (Interprofessional Competency

in Japan)」(2016年3月31日, 第1版) (http://www.hosp.tsukuba.ac.jp/mirai_iryo/pdf/Interprofessional_Competency_in_Japan_ver15.pdf, 2017年9月30日アクセス)。
(2) これはイギリス専門職連携教育推進センター (Center for the Advancement of Interprofessional Education: CAIPE 2012) の定義の埼玉県立大学訳である。

参考文献
岩間伸之 (2000)『ソーシャルワークにおける媒介実践論研究』中央法規出版。
岩間伸之 (2011)「地域を基盤としたソーシャルワークの特質と機能――個と地域の一体的支援の展開に向けて」『ソーシャルワーク研究』37(1), 4-19頁。
衛藤幹子 (2015)「新自由主義の時代におけるフェミニズム, 市民社会」『大原社会問題研究所雑誌』683・684, 21-38頁。
川島ゆり子 (2011)『地域を基盤としたソーシャルワークの展開――コミュニティケアネットワーク構築の実践』ミネルヴァ書房。
埼玉県立大学編著 (2009)『IPWを学ぶ――利用者中心の保健医療福祉連携』中央法規出版。
田中千栄子 (2016)「保健医療領域における「連携」の基本概念と課題」『ソーシャルワーク研究』42(3), 161-172頁。
地域包括支援センター運営マニュアル検討委員会編 (2016)「地域包括支援センター運営マニュアル――地域の力を引き出す地域包括ケアの推進を目指して」長寿社会開発センター。
福山和女 (2009)「ソーシャルワークにおける協働とその技法」『ソーシャルワーク研究』34(4), 278-291頁。
春田淳志 (2016)「日本の連携コンピテンシーとソーシャルワーカーに期待する役割」『ソーシャルワーク研究』42(3), 190-199頁。
前野貴美 (2015)「専門職連携教育」『日本内科学会雑誌』104(12), 135-143頁。
松岡克尚 (2016)『ソーシャルワークにおけるネットワーク概念とネットワーク・アプローチ』関西学院大学出版会。
松岡千代 (2000)「ヘルスケア領域における専門職間連携――ソーシャルワークの視点からの理論的整理」『社会福祉学』40(2), 17-38頁。
松岡千代 (2009)「多職種連携のスキルと専門職教育における課題」『ソーシャルワーク研究』34(4), 314-320頁。
山中京子 (2015)「もう一人の他者との連携・協働――多職種連携・協働の課題とその可能性」児島亜紀子編著『社会福祉実践における主体性を尊重した対等な関わりは可能か――利用者 - 援助者関係を考える』ミネルヴァ書房, 97-122頁。
山辺朗子 (2011)『ジェネラリスト・ソーシャルワークの基盤と展開――総合的包括的

な支援の確立に向けて』ミネルヴァ書房。
吉池毅志・栄セツコ（2009）「保健医療福祉領域における『連携』の基本的概念整理——精神保健福祉実践における『連携』に着目して」『桃山学院大学総合研究所紀要』34(3), 109-122頁。
Germain, C. B. (1984) *Social Work Practice in Health Care: an Ecological Perspective,* Free Press.
Heath, J. (2008) *Following the Rules Practical Reasoning and Deontic Constraint.* Oxford University Press. (＝2013, 瀧澤弘和訳『ルールに従う——社会科学の規範理論序説』NTT出版。)

（山田　容）

第7章　レジデンシャルワークの専門性
　　　　　――ケアワークからの考察

1　生活型福祉施設の役割と機能の経過

　1998（平成10）年からの一連の社会福祉基礎構造改革の流れの中で，生活型施設に対し「個室化・小規模化により，より居宅に近づけること」，さらに「地域で支援を受けて可能な限り在宅で生活する」という脱施設化の方向性が明確に示された。一方では，生活型施設の必要性が全くなくなることについて懐疑的な意見も聞かれる。[1]利用者の地域での自立支援が強調される中，施設での生活を選ぶ（選ばざるを得ない）利用者はより課題の多い状況にあることが想定される。
　生活型福祉施設の利用者（生活者）は，何らかの理由で生得的家族等の「自宅」から離れる必要があるため施設で生活する。クロウ（2002）は，レジデンシャルワークについて考える前提として，施設ワーカーは利用者が「誰しも施設での生活を望んでいないことを認識するべきだ」と注意を喚起している。必ずしも自発的に施設での生活を選択したとは限らないからこそ，生活型福祉施設のワーカーは利用者の個別の状況に配慮し，その権利擁護により敏感であることが求められる。本章では，生活型施設の利用者に，施設ワーカーが提供するべき支援について考察する。

（1）生活型福祉施設の現状と背景
　まず，日本における生活型福祉施設について概観する。現在，日本に存在する生活型福祉施設は，利用者の課題，年齢，障害特性により，それぞれの根拠法に基づき設立されている。具体的には，①生活保護法による保護施設（救護施設，更生施設等），②老人福祉法による養護老人ホーム，軽費老人ホーム，特別養護老人ホーム（介護保険制度による介護老人福祉施設と同じ），③障害者総合支援法による障害者支援施設で提供される支援のうち，施設内で提供される日中の生活活動

支援と施設入所支援，④児童福祉法による児童福祉施設（乳児院，児童養護施設，母子生活支援施設，福祉型・医療型障害児入所施設，等）である。

なお，本章では，上記の生活型施設の内，利用者と歴史的変遷が明確な，児童福祉施設・障害者支援施設（生活型の旧身体障害者施設，旧知的障害者施設）・高齢者福祉施設の3類型に限定して考察を進める。[(2)]

（2）生活型福祉施設の近年の歴史

前述した3類型の生活型福祉施設の歴史的経緯は，大まかには入所する利用者の変化と理念の変化から概観できる。入所利用者の変化から見ると，家族や地域社会から必要とするケアを受けられない貧困者，子ども，障害者，高齢者等を保護収容した「混合収容型」から，利用者のニーズに従いそれぞれの根拠法によって成立した「専門分化型」へと発展した。理念は，利用者の保護収容から自立支援へと変化している。さらに，地域福祉を強調した社会福祉基礎構造改革後は，冒頭に述べたように，特に障害分野の施設では，利用者の課題や特性よりも「身近な地域での生活」を重視した生活型施設の再編が進み，利用者の生涯の生活場所として認識されていた施設も，地域生活への「通過施設」であることが要請されている。

ここでは1945（昭和20）年の第2次世界大戦後，日本国憲法公布前後から，2010年代の生活型施設の変遷について，児童・障害者（身体障害，知的障害）・高齢者の利用者別に概観する。

1）児童福祉施設の変遷

第2次世界大戦後，戦災孤児，浮浪児等と呼称された，住む家のない子どもたちが街にあふれた。この対策として1947（昭和22）年に児童福祉法が施行され「養護施設（現・児童養護施設）」「精神薄弱児（2008〔平成20〕年，知的障害児に用語変更）施設」「肢体不自由児施設」の児童福祉施設体系が完成した。

児童福祉施設の体系は，1949（昭和24）年，1950年の児童福祉法の改正を経て，児童の課題ごとに専門分化の方向に進んだ。一括りに「療育施設」とされていた施設は，1949年に虚弱児施設，肢体不自由児施設，盲児施設，ろうあ児施設，に分けられた。また，精神薄弱児施設から1957（昭和32）年には通園施設が分離し，1961年に情緒障害児短期治療施設（現・児童心理治療施設），1967（昭和42）年に重

症心身障害児施設が成立した。

　1997（平成9）年の児童福祉法改正時には，各施設の名称変更とともに，「自立支援」が施設の支援理念の中心に置かれた。その後の社会福祉基礎構造改革の中で，障害児・者の「一貫した支援」「身近な地域での支援」が強調され，一旦機能分化した障害児の生活型施設は，重症心身障害児施設等，日常的に医療支援の必要な「医療型障害児入所施設」と，知的障害の児童等の常時の医療を必要とせず，生活支援を主とする「福祉型障害児入所施設」に二分割され，障害者施策と同様，障害者自立支援費による契約制度に移行した。なお，「平等な関係に基づいた」利用制度，契約制度が浸透する中で，乳児院，児童養護施設，児童心理治療施設，児童自立支援施設の生活型児童福祉施設は，契約主体となる保護者との利益背反となるケースも想定され，児童の権利擁護の観点から措置制度が継続されている。

　現在，児童養護施設等養護系施設では，居住施設の小規模化に加え，子どもの養育のパーマネンシーを重視した里親重視の方向が打ち出されている。児童の権利に関する条約にも児童の家庭をもつ権利が明記されており，[3]児童一人ひとりにふさわしい家庭が提供されることには異議はない。しかし，里親委託が中心の欧米の養護システムにおいて，里親家庭をたらいまわしにされ，権利擁護が実現されない児童が存在することも忘れてはならない。[4]児童に新しい養育環境を提供するためには，十分な里親支援と里親家庭の外部からの透明性の確保について，慎重な議論が必要であると考える。

2）障害者支援施設の変遷

① 身体障害者施設の変遷

　障害者に対する施策は，第2次世界大戦による傷病軍人への対策が急務とされ，身体障害者に対する施策が先行した。1947（昭和22）年には，傷痍軍人のための身体障害者収容授産施設が設置され，その後1949年には，身体障害者福祉法が成立し，身体障害者更生援護施設と総称される施設体系が確立した。

　生活型施設としては，生活支援とともに自立に向けた治療・訓練を提供する生活施設として，肢体不自由者，視覚障害者，聴覚・言語障害者，内部障害者，重度の肢体不自由者及び内部障害者等の重度身体障害者，それぞれの対象者別に身体障害者更生施設が設置された。さらに，常時の介護が必要な身体障害者療護施

設，職業的自立に向けた支援を提供する身体障害者授産施設等が成立した。療護施設の他は，通所形態のサービスを含む。身体障害者更生施設の対象者は時代によっても変化し，例えば肢体不自由者更生施設においては施設数の減少傾向が続き，その意義の見直しが求められていた。

② 知的障害者施設の経緯

知的障害者に対する対策は，身体障害者に比してかなり遅れて成立する。18歳までの中・軽度の児童を対象とする前述の精神薄弱児施設は児童福祉法を根拠として成立したが，受け入れ側の態勢が整わないとの理由で，重度の知的障害児・者や児童福祉法の対象外となる18歳を過ぎた成人の施策については未解決な状態が続いた。この状況に対する知的障害児・者をもつ親の会の運動等を受け，1957（昭和32）年には国立精神薄弱児施設で重度の知的障害児を受け入れること，「社会生活に適応できるようになるまで」18歳を超えても施設を利用し続けられることが規定された。

1960（昭和35）年に精神薄弱者福祉法（現・知的障害者福祉法）が成立し，精神薄弱者更生施設（現・障害者支援施設），精神薄弱者授産施設（現・生活介護，または就労継続支援B型），精神薄弱者通勤寮（現・宿泊型自主訓練施設）が法定化された。それでも成人が生活できる施設の数は少なく，「親亡き後」の知的障害者の生活場所の確保は，親の会の悲願となっていた。これらを背景に，1964（昭和39）年には学識経験者から成る「心身障害者の村（コロニー）懇談会」が設置され，懇談会の基本方針に基づき1971（昭和46）年には最初の大規模コロニーである「国立コロニーのぞみの園」が設立された。世界的動向としては，閉鎖的，全施設的コロニーに対して既に批判が高まっていたが，地域資源が乏しく，圧倒的な施設の不足状況を背景に，日本では各地に大規模コロニー建設が進んだ。

1981年の「完全参加と平等」をテーマとした国際障害者年の設定により，日本でもノーマライゼーション理念が国内に広まり，大規模施設への隔離収容に対して見直しが進むこととなった。

③ 障害者施設の統合化

2005（平成17）年には障害者自立支援法が制定され，身近な地域で必要な支援を受け，自立した生活を送ることが施策目標となった。より身近な施設を利用できるよう，身体・知的・精神のそれぞれ障害別に独立していた施策が統一され，

各施設名称も「障害者支援施設」として統一された。

2012（平成24）年に成立した障害者総合支援法の下，生活型施設は自立した生活者としての地域生活へ向けての「通過施設」の位置づけをとる。しかし，重要なのは，すべての人を「地域に送り出す」ことではなく，自分の生活する場所について自己決定を可能にする「選択肢」を提供することであるのは明らかだ。

3）高齢者福祉施設

高齢者の生活型施設の根拠法となる老人福祉法が成立したのは，1963（昭和38）年である。それまでは養老院が生活保護法を根拠として身寄りのない貧困高齢者を保護していたが，老人福祉法成立後，養護老人ホームとして引き継がれることになった。その他の生活型施設としては，低額な料金で高齢者の世帯を住まわせる軽費老人ホーム，身体上又は精神上の著しい障害のため常時介護を必要とし，かつ在宅生活が困難な高齢者を対象とした特別養護老人ホーム（以下，特養）が規定された。生活上の介護を必要とする人の割合は収入等に関連なく加齢により高まるため，特養の受容の高まりは，核家族のケア機能の低下とともに，社会福祉の普遍化の方向を示していた。

人口の高齢化が進み，介護を要する高齢者が増え続け，その増大する費用に対処するため2000（平成12）年に介護保険制度が導入された。これにより，特別養護老人ホームは，介護保険法の介護老人ホームとしても規定されることとなった。介護保険は社会保険の形態で保険金の拠出，サービス受給時の自己負担を伴い，福祉サービスの普遍化，サービス利用に対する権利意識の向上につながった。

2003（平成15）年には，厚生労働省老健局から「施設サービスの見直しと特別養護老人ホームについて」が提出され，高齢者を住み慣れた地域から切り離して，大集団の中で処遇することに対して見直しの必要性が強調され，在宅福祉サービスの拡大，特養でのユニットケア，グループホームでの処遇につながった。

特養をはじめとする高齢者施設も「自立支援」という枠組みの中では通過施設の位置づけを求められる一方，現実的には「終の棲家」としての役割をも期待される。契約時に，病院ではなく施設で最期を迎えたいという本人，家族の意向を尊重し，「看取りケア」に取り組む施設も増加している。

(3) 生活型施設の機能

小笠原 (1981) は,生活型施設の基本的機能を,児童養護施設,養護老人ホーム等に求められる家族のもつ養護(養育)・保護的(日常生活の援護機能)機能(①),障害児・者施設,医療福祉的施設などに求められる治療・教育的機能(②)とに分類する。さらに,特養や重症心身障害児施設等に求められる介護機能(③),授産施設等で提供される労働(職業訓練,授産)機能(④),軽費老人ホーム等が持つ住宅提供機能(⑤),の計5つの機能を抽出している。小笠原によれば,これらの5つの機能は程度の差はあれ重複して存在する。さらに,①養護・保護機能,⑤住宅提供機能を代替的機能とし,②治療・教育機能,労働機能を専門的機能,③介護機能については,代替的機能と専門的機能の両方に関わる機能,として分類している。提供機能が専門的であるか,代替的であるかは,利用者の「家族」が提供できるか否かが判断基準となっており,介護については「家族により提供される」一面とともに「介護という専門性を通じて,自立支援,諸能力の開発・回復の側面をもつこと」が,両方の機能をもつ根拠とされる。

施設機能の専門性が,家族が提供できるか否かに関連づけられているのは,1980(昭和55)年当時の現実的な施設認識が垣間見られ興味深い。小笠原は生活型施設の問題点について,「対象の問題や障害のために,自立した生活ができないことを援助するところに役割があるが,年齢,障害,福祉的問題に細分化することによって,施設に入所者集団が等質化され,同質集団という限られた社会関係の中に閉じ込めてしまう」という問題を指摘している。

保積 (2008) は,知的障害者施設に求められる機能を歴史的に概観し,社会状況との関わりで「保護機能」から「地域の障害者福祉の拠点としての役割・機能」へと変遷していったことを説明する。さらに,施設が地域社会の拠点として,それぞれの地域の特性に見合った役割や機能を発揮していくことの重要性を強調している。保積によれば,今日求められる施設職員の専門性は,①知的障害者施設が時代の考え方やニーズの下でそのあり方が変容していることを歴史的な視点から認識し,時代のニーズに対応した施設のあり方を検証すること,②施設利用者のニーズに応えうるサービス提供のあり方,地域福祉の拠点となるために,どのような役割や機能を担っていくべきか,地域ニーズの実態に即した取り組みを行うこと,③関わる者が利用者に対する人間観・価値観や態度を確立し,その基

盤に立って「知的障害者を権利の主体者として尊重すること」であり、利用者支援における個別支援の重要性を指摘する。保積の論は、1981年の小笠原の論と比較すると、施設で現に生活している利用者の支援にとどまらず、地域生活への移行支援、地域生活をしている利用者への支援、コミュニティへの支援が、施設の機能として認識されていることがわかる。

落合（2013）は、特養の入居者に対する支援を、居住支援ソーシャルワークとして捉え直すことを提案している。具体的には、①居住の安全性、②居住の安定性、③居住の継続（連続）性、④居住の快適性、⑤適切な入退所支援、の枠組みでの支援の再構成について提案している。落合の指摘するように、生活型施設は今日であっても、まず「居住施設として」適切に機能することが求められる。

以上から、今日の生活型施設には、①利用者の自立支援、②利用者の地域生活への移行支援、③利用者の地域生活への支援、④利用者を支える地域社会の形成、が求められる。同時に生活型施設は、居住する利用者が過去から未来に向かう自己を再生産し、安心・安全で、ありのままの自己を受容される「生活の場」であることが求められる。つまり、生活型施設のワーカーには、「専門性」と「疑似家族性（非専門性）」の一見相反する役割を果たす必要性が示唆される。

施設ワーカーの専門性は、まず利用者支援に向けられる。具体的には利用者への様々なケアを通じ、利用者の権利を擁護し、自立を支援する。施設ワーカーの専門性を考察するため、まず、ケアそのものについて考察する。

2　ケアによる他者の支援[5]

（1）ケアの関係性

ケアとは、世話・介護・気配り（『広辞苑　第六版』）などの意味をもち、看護・介護・保育、療育等、対人援助職の分野で広く使われる言葉である。キティ（2010）は、「誰もがみんなお母さんの子どもである」という印象的なフレーズで、ケアを必要とする依存状態の普遍性を表現した。生涯他者からのケアを必要とする重度の知的障害をもつわが子のケア経験をふまえ、キティは女性によって担われてきたケアを、依存という状態を含む平等、という世界の再構築を図ろうとする。

ケアの受け手と提供者の関係については，臨床哲学の立場からも考察がなされている。鷲田（1999）はケアの本質を「そこにたちすくむこと」と表現する。鷲田によればケアという行為は「相手の時間にはいりこみ，相手の時間の中でつきあうこと」を原点とする。さらに，乳児と母親の関係を典型とした非専門的なケア及び職業的専門的なケアについて，ケアの受け手と提供者が時間と空間を共にすることを強調している。野口（2002）は「社会構成主義」に基づくナラティブの理論にたち，専門家のケアについて「援助者は，患者という一人の人生の物語にどう関わることができるのか，そして援助者自身，どのようなケアの物語を生きようとするのか，これらが問われなければならない」と，両者の関係性を強調する。広井（2000）は，ケアを「ケア学」というすべての領域に存在する広い概念として再構成し，科学・産業の発達により，村落共同体・大家族という拘束から解き放たれた個人が，ケアという行為によって再び他者とつながっていくことを描き出している。上野（2011）は社会学の立場から，ケアする者とケアされるものとの相互行為としてケアを捉えた際，その関係における「圧倒的な非対称性」を強調する。その上で，ケアの当事者主権を追求した時，ケアの質を判定するのは「当事者」であり，当事者が「よいケア」と判断すればケアの提供者には「学歴も技術も関係ない」と，専門性が潜在的にもつパターナリズムを徹底的に否定する。以上，人間存在に対するケアのもつ普遍性，ケアの受け手と提供者がお互いの人生を関わらせながら対峙する関係性，また，専門性への様々な視点について概観した。

（2）看護分野のケアの専門性

専門職としてのケアにまず言及したのは看護学である。看護学におけるケアについての考察は，治療行為を行う医師と看護師との専門性の違いを明確にする目的で進められた。ケアとキュア（治療）の関係について，村田（1998）は医師の立場から，患者の苦しみの解消に視点を当て両者の違いを述べている。村田によると，患者の苦しみはその人の（健康ではない）客観的状況と，主観的な想い・願い・価値観の「ズレ」から構成される。よって，健康を願う患者に対し，可能な時はキュアによる健康の回復により「ズレ」を解消し苦しみをなくすことができる。一方，現在の医療技術による回復が困難な場合は，患者が現在の客観的な

状況を受け入れ新しい生活の質（QOL）を獲得することでズレを解消する。このためには，ケアという援助が必要である，と両者の関係を説明する。ここではキュアを前提としたケアについて説明されているが，看護の立場からケアについてさらに意味づけがなされる。メイヤロフ（1987）は，ケアについて「一人の人格をケアするとは，最も深い意味で，その人が成長すること，自己実現することを助けること」と定義する。メイヤロフは「相手とともにいる」ことをケアの本質として捉え，ケアする対象と向き合うことにより「自己の生の意味を生きるということ」と，ケアによる人間存在の意義を主張する。また，彼によると，ケアにおいて第一義的に重要なのは，結果よりも過程の方である。同様にシモーヌ（1996）は，「人間とはケアをする存在である」と，ケアをしたいという欲求は人間性に根差したものであると主張する。このため，ケアリング（ケアをすること）の職業化に必要なのは，「ケアリングがまさに人間の存在様式であることを認めること」とされる。

シモーヌは看護師のケアリングに求められるものとして，思いやり（Compassion），能力（Competence），信頼（Confidence），良心（Conscience），コミットメント（Commitment）の5つのCを挙げる。思いやりは能力を前提とするが，能力のみの重視は，対象を操作するような誤った使い方をする可能性も秘めている。このため職業的ケアリングにおいては，成熟した良心が必要となると，その精神性を重視する。看護におけるケアは，上野の主張する「圧倒的な非対称性」が不可避的に伴うが，その解消のため精神性が強調されていることがわかる。

（3）社会福祉分野のケアの専門性

社会福祉分野のケアは，「対象者の最大限の自己実現の尊重」という社会福祉の価値が反映され，「当事者主権」＝利用者の側に立った支援が自明のこととして重視される。一方では，社会福祉のケアにおいてもサービス利用者とケア提供者の間には，利用者のケアの不可避性，情報量等，様々な非対称性が存在する。この解消のため，利用者側の選択によるサービスの提供，利用者と支援者の対等な関係が強調される。以下，社会福祉分野がこの非対称性を克服するためのケアについてみていく。

佐藤（2011）は「ケアとは，専門家が一方的に利用者に与えるものではなく，

お互いが主体的になることで実現される」と関係の双方向性を主張する。専門職としてのケアについては，他者を大切にするための行動とは今の自分をすべて差し出し相手の世界に飛び込むこと，対人援助職の実践力とは，2度とない一瞬としての一回性の相手の気持ちの動きに対応できること，と利用者の状況に応えることの第一義性を強調する。また，成清（2003）はケアについて「ケアは人間が抱えている苦しみ，痛み，悩み，損傷，発達障害，身辺自立等に対する軽減，回復，獲得をするため個々の残存能力或いは潜在能力を生かすことによって，自己実現を達成するための援助」と規定する。また，ケアの送り手とケアの受け手の関係は直接対向性が基本であり，その関わりは，皮相的な関わりではなく，深層的な関わりが好ましい。そこに両者間の意思の相互交流が促進されることにより，結果として「卑屈な（上下）関係」が除去され，「良好な人間関係（水平関係）」が成立することになる，と述べている。ここでは，双方向の理解により水平的な関係を確保することで，パターナリズムからの脱却が図られていることがわかる。

専門職の提供するケアのもつパターナリズムを排除することは，利用者主体をその本質とする社会福祉専門職にとっては必須といえる。岡村（1983）の設定する他の専門職にない「社会福祉の固有の視点」は，利用者の視点からその社会関係全体を理解することで，利用者主体を可能にする。また，この実現のためには，利用者の視点に立とうとするワーカー自体が，ともすれば社会福祉の利用者に対して偏見をもつ社会の一員であることを，鋭く自覚する必要がある。大谷（2012）はPSWの課題の一つとして，ソーシャルワーカーが精神障害者の支援に関して社会防衛的側面をもつ役割を担うと同時に利用者の尊厳を守ることのジレンマを挙げている。また，少ない社会資源の開発や地域啓発，ソーシャルアクション，法制度への政策提言という環境面への働きかけと同時に，自分自身が障害者への差別を内在化している精神障害者の生きる意味や人生の価値を問うという課題に精神障害者とともに取り組まざるを得ない，というワーカーの現状を挙げ，支援におけるパターナリズムの排除と自らの偏見への気づきを含めた自己覚知の必要性を提起する。

生活型施設においては，専門職のもつケアの非対称性をどのように克服するかは根本的ともいえる課題である。以下，生活型施設でのケア＝利用者支援について考察する。

3 生活型施設における利用者支援

　米本（2012）は，生活型福祉施設にはその施設の目的に適した立地環境，居住空間，専門職としての職員配置等の有形物と，目的を達成するための無形サービスのそれぞれの必要性を指摘する。また，それらを設定する際に，ゴッフマンのいう「施設の負の遺産」（Goffman 1961 = 1984）がかつて存在してきたことへの注意を喚起している。三井（2012）は施設空間自体のもつ力について言及し「何らかの困難を抱えている人に対して，多くの人やモノが織りなす〈場〉が，何よりも大きな支援やケアになることがある」とケアにおける場の力について提起している。生活型社会福祉施設は，米本の示すマイナス要因の排除に留意することを前提に，様々な人々から構成される場の力を借りて，人々を支援しようとする試みとも位置づけられる。

　生活型施設は，基本的に乳児・児童・高齢者・障害者，といった同様の社会的ニーズをもつことが想定されるカテゴリーに従い，利用者を限定している。また，食事・入浴等の生活上の共通するニーズに関するサービスの提供の際，利用者を集団的に処遇する施設の「日課」が存在する。施設によっては，排泄，レクレーション等，個別のニーズに関するケア項目も，プログラム化され一斉に実施されることもある。中村（2003）は特別養護老人ホームにおいて参与観察を実施し，ケアが構造的にもつ制約・特徴として，①集団を扱うため，サービス内容が画一的になりやすい，②ルーチンワークの中で職員が「部品のように」働くことが可能である，③情報や目指す方向性を職員間に広げておかないと全体としての「よいケア」にはつながらない，ことを抽出している。その上で，多くの制約と可能性の中から答えを選びとっていかざるを得ない関わりの中で，介護・看護・相談員の複線的な上下関係こそが現実的な対処をどうにか可能にしたと，他職種によるチームで仕事を行う緊張関係が，より良いしかも現実的な利用者への対応を可能にしていることを指摘した。同様にクロウ（2002）はレジデンシャルワークの特質について，スタッフの仕事の多くが他のスタッフや利用者の前で遂行されており，「その仕事は公開されているようなものだ」と述べている。また，生活型施設の仕事の特徴として，多くのスタッフによって遂行されることを挙げている。

集団処遇が実施される一方で、生活型施設の役割は、提供されるサービスの利用を通じた利用者の自己実現に集約される。利用者は一人ひとり異なる存在であり異なるニーズをもつ。よって、その自己実現を図るためにはオーダーメイドの個別のケアが必要となる。沖倉（2012）は、障害者支援施設では、利用者と複数の支援者との2者関係の積み重ねで利用者の自己実現が可能になる場合が多いことを指摘する。さらに、施設でのソーシャルワークは職員の総体として提供されるため、その職員間の意思疎通のツールとして、利用者本人の意思に基づく支援計画を位置づける重要性を主張する。

高齢者の施設においては、個別ケアを重視する方向から個人のニーズに応じたケアが可能となる「ユニットケア」の方向性が示されている。この一方で春日（2003）は、ユニットケアにおいて、単独のワーカーが他者と話し合うことなく責任を抱え込む可能性について言及している。春日はケアワークを「感情労働」として捉え、不適切な感情は、バーンアウトにつながると注意を喚起している。これは、利用者に対し複数の支援者が関わることで、そのニーズについて客観的に把握するチャンネルが増えることと同時に、責任が分散できることに関連すると考える。

児童養護施設等の児童が生活する施設においては、児童の特定の職員個人に愛着を求めるニーズは、その発達段階において適切ではあるが、時には該当職員のオーバーワークや感情的負担にもつながる。よって、大人への愛着形成のニーズへの応答と、専門職としての客観性の担保とを両立させるために、沖倉が主張するところの、支援計画（児童自立支援計画）を共有し、職員集団として個別ニーズに応えていくことが重要である。支援計画作成においては利用者のアセスメントが欠かせないが、これについては施設でのケアワークとソーシャルワークの考察の中で検討する。

4　生活型施設におけるソーシャルワークとケアワーク

米本（2012）は、レジデンシャルワークの構成要素として、施設におけるアドミニストレーション、ケアワーク、ソーシャルワークの3つを規定している。その上で、施設におけるソーシャルワークとケアワークの関係において、①生活処

遇・生活支援においてケアワークを優位とする立場，②ケアワークと融合した形でのソーシャルワーク実践を推奨する立場，③ソーシャルワークの独自性・固有性を主張しケアワークとの分離を主張する立場，を挙げ，①，②は従来からの考え方であるのに対し，③の立場は最近になってからのことと述べている。③の主張は，明らかに社会福祉士養成カリキュラム改革の際の「社会福祉士独自の専門性推進」に沿ったものであるといえよう。

　一方で，②のケアワークと融合した形でのソーシャルワーク実践に沿った考えも，最近でも提出されている。先に挙げた沖倉 (2012) は，利用者本人の意思に基づく「計画作成」，及びその実施に際して，誰がソーシャルワーカーで誰がケアワーカーという区分ではなく，施設の職員全体として「ソーシャルワークが提供される」という立場を強調する。また，伊藤 (2012) は児童養護施設でのソーシャルワークについて検討し，その多くは直接処遇であるケアワークの一環として提供されていることを報告している。

　北川 (2010) は，子どもたちの身辺や日常生活上の世話，チャイルドケアワークを中心に据えて支援活動を体系化することに疑問を呈してはいるが，施設養護としての支援過程を円滑に展開するには，施設職員と施設で生活する子どもたちとの間に信頼に基づく人間関係 (rapport) の形成が欠かせないこと，子どもたちが施設の生活を通じて自分に対する特別な配慮を実感できる（自分の居場所が実感できる）ことの重要性を主張している。北川は，ワーカーが利用者を自らの意のままに操作する無意識的なパターナリズムを強く戒める意味で，ケアワークに埋没し自らの実践を検証しないことについては警告を発し，児童や家族の望む未来に向けて支援を提供するためのソーシャルワークの必要性を主張するが，子どもとの関係性を形成するケアについて否定しているのではないと受け取られる。

　前述した米本 (2012) は，レジデンシャル・ソーシャルワークの9機能モデルとして，①利用者の［心＝身＝社会関連・生活・環境］に関する情報の集約点であること，②利用者の個別援助計画の作成・実施・モニタリング・評価の機能をもつこと，③利用者の個別相談援助機能（狭義の固有のソーシャルワーク実践），④調整機能，⑤施設評価機能と施設改革機能，⑥資源開発機能，⑦研究機能，⑧教育機能，⑨リスクマネジメント機能，を提起する。同時に，以上を一人のワーカーが担当することは不可能であり，施設のソーシャルワーク部門設置について言

及している。上記の9つについてソーシャルワーカーが先導的立場をとるとしても，特に利用者の日常的支援に関わる内容についてはケアワーク提供者との連携が必要となる。

「個別ケア」を実施するツールとして個別支援計画を策定するには，利用者のアセスメントが欠かせない。生活型施設での利用者支援は，概念的にはすべての生活型福祉施設で「自立支援」を目標とし，利用者の最大限の自己実現を可能にするアドミッションケア（施設入所前後の支援），インケア（施設内支援），リービングケア（施設退所に向けた支援），アフターケア（施設退所後の支援）が実施される。計画作成においては利用者の希望が優先されるが，その表出は典型的な相談援助が実施される相談室でなされるとは限らない。一方，日常的に利用者と支援者が関わるケア場面において，利用者とワーカーの関係は基本的に非対称であり，当事者主権を目指す支援においては，ワーカー側が様々な「意思の読み取り」をし，自ら希望を表出するための「エンパワメント」を行う必要がある。以上のことは，狭義のソーシャルワークだけでは利用者のアセスメントが困難なこと，ケアワークにおいてもソーシャルワークの技術が求められることを示唆する。

以上の考察から，沖倉の述べる「施設の職員全体としてのソーシャルワークの提供」は，現実の支援を反映した提起であると考える。しかし，施設内虐待を典型とする，専門職のパターナリズムから脱却できていないケアが存在することも事実である。以下，職員全体としてソーシャルワークを提供するためのケアワークの内容について考察を進めていく。

5　ケアワークの類型

中村（2003）は，利用者に対するケアに関して，専門職としての判断ではなく利用者の反応が「よいケアか否か」を決定し，利用者の心の中の「ほんとうのニーズ」を見極めるには，それを読み取る力，利用者とのより深いコミュニケーション・洞察が求められることを指摘している。ワーカーは利用者のニーズを見極め，ニーズ表出に向けてエンパワメントを行った上で，実際の支援計画作成においては，利用者の強みを活かして作成することが有効である。この際，利用者に関するアセスメントは，利用者とのコミュニケーションを基に実施される。生活

型施設の利用者は,「言葉による語り」よりも,共にいることを通じての「言葉以外による語り」において雄弁に意思を示す,またはワーカーが意思を読み取れる場合が多いのではないだろうか。以上のように,「個別ケア」においては,利用者からの情報提供が第一義的なアセスメント材料となる。この情報提供は,利用者が面談室を自ら訪れて意思を伝える場面もあろうが,多くは生活を共にする中でワーカーに伝えられる,または語られないがワーカーがその関係性において利用者の立場に立ち理解する,ということが考えられる。

　生活型施設実践におけるケアは,「利用者の自己実現の実現につながる」という価値の下で実践する時に,社会福祉領域の「ケアワーク」として成立する。そのためには利用者を個別化し,今現在の状況を,生活全体の中で捉える視点が求められる。施設において実践されるケアには次の方向性が考えられる。

① ケア項目の熟練のレベル
　この項目は,ケアの手際のよさ,速さ,状況に対する的確さなどの,いわゆる熟練に関するレベルである。一般的には,新人職員が最も苦手とするレベルであり,経験を積むことで自然に身に付くことが予測される。

② ケア提供の感性のレベル
　ケアを提供する現在の利用者の気持ちを読み取り,ケア提供者側を用いて,誠実に支援を行うレベルである。経験も大切だが,ワーカー一人ひとりの,これまでの教育・経験に裏打ちされた人間性と大きく関わるレベルである。

③ ケアの専門性のレベル
　利用者の発達段階・障害の程度・疾病の特徴等,ワーカーとしての知識・技術の習熟がケアに反映されるレベルである。

④ 利用者の生活の全体性への理解からケアを提供するレベル
　利用者は,その人生の主人公であり,岡村(1983)の指摘するように,一つのことに対してもその生活のすべてをかけて対応している。この利用者の過去から現在,未来に通じる時間軸と現在のすべての関係性を理解した上でのケアの提供である。具体的には,それぞれの支援計画の理解を,現在の提供するケアに結び付ける力を必要とするレベルであり,ソーシャルワークと同一の視点に立ったケアの提供のレベルである。

図7-1 ケアワークの構造（試論）

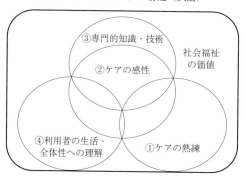

以上のレベルは社会福祉の価値を基盤として，図7-1のように示される。

施設における「ケアワーク」は，①，②，③のレベルの習熟済み，または習熟中であることを前提に，④の利用者の全体性を視野に入れたケアが求められる。同時に，④のレベルは，ソーシャルワークの視点に直接つながるレベルであると考える。

6 レジデンシャル・ソーシャルワークの成立に向けて

伊藤（1996）は，戦後の社会福祉施設の実践について分析し，「措置」という時代的な要請を受けて成立した制度が，安定的な経営と引き換えに民間社会福祉としての独立性を損ない，先駆性，開拓性が発揮されなかったこと，それが実践理論の発展の遅れにつながったことを指摘する。伊藤は，アメリカ，イギリスのソーシャルワーク理論とその専門教育体系が文化的背景・社会状況に適合して発展してきたのに比較し，日本がともすればアメリカのソーシャルワーク理論の輸入にのみ熱心であったことの功罪について詳細に検討している。その上で，施設における指導業務の固有性に鑑み，以下の点の検討の必要性について示される。

① 援助の原則：非定型な生活場面面接等の支援場面も含めて，支援を一定程度構造化した，施設の生活空間で適用可能な柔軟な援助構造の検討。集団力動の理解，非構造的なグループ活動の

実施等，施設場面に即した援助技法の開発。
② 援助の原則：管理的な側面を避けがたく持つ施設の現状に合わせた「受容」「自己決定」等，支援理念の再構成。
③ 援助の関係：ケアする側も，される側も複数となる施設の状況に適合する援助関係の修正。伊藤は日本の伝統的な施設処遇論とのすりあわせも含め，海外のソーシャルワーク理論の適用と修正と併せて施設の支援理論を形成することの重要性を提言している。

日本の生活型施設での施設ワーカーによる直接的支援（ケアワーク）は，利用者の視点に立つ細やかさの点で，欧米の言語優位の支援に比して優れていると確信する。それは，日本独自の「慮り」の文化に根差すものであると考える。近年，大江ほか編著（2013）は，児童養護施設での実践を，ジェネラリスト・ソーシャルワークの枠組みとして再構成した。生活型施設での実践が「単なるお世話」ではなく，ソーシャルワークの枠組みで捉えられることを示した功績は大きい。後に続く私たちは，その試みを，「人が人をケアすること」，ケアワークそのものの専門性を再確認し，日本独自のレジデンシャル・ソーシャルワークとして理論化に向け，実践現場と研究機関とが連携し，切磋琢磨を続けることが求められる。

注
(1) 北岡は，障害者を支える地域の基盤整備が急速に進むことについて懐疑的であることを，施設解体はありえない，という考えを示している（北岡 2007）。
(2) 障害者支援施設には精神障害者に対する生活型施設も当然含まれるが，その経過については詳細な考察が求められることから，紙面の関係上，本章の障害者支援施設での検討には含まないことをご容赦願いたい。
(3) 児童の権利に関する条約前文参照。
(4) 1980年代からアメリカにおいて，被虐待児対応として「危険な親」から分離し里親委託が重視される中で，実際には複数の里親家庭をたらいまわしにされるケースが問題視されてきた。
(5) 本章第2～5節は，以下の再掲。土田美世子（2013）「ソーシャルワークとケアワークの共通基盤」『龍谷大学社会学部紀要』43, 83-90頁。

(6) 例えば，高齢者福祉施設等において，おむつ交換の時間がプログラム化されている場合や，体操等のリクレーションへの参加が実質的に強制力を伴う（車椅子でホールに集合させられる等）場合などが該当する。
(7) 周囲との協調，妥協が重要視され，相手の気持ちを慮る，察することが重んじられてきた日本の文化においては，言葉にして自分の主張をはっきりと伝えることは，時には「他人への配慮に欠けた」行為とすら受け取られることもある。多民族社会で生活経験も基本的な考え方も異なる可能性が高い欧米社会においては，「自分の意思・主張を言葉ではっきり相手に伝える」ことは自明であり，ソーシャルワークも基本的にその文化の中で育まれた技法であることへの注意を喚起し，日本の文脈中でのソーシャルワークの翻訳作業が必要であると考える。
(8) 土田（2003）の保育所調査に基づくケアワーク分類を，生活型施設に当てはめたものである。

参考文献

伊藤嘉余子（2012）「生活型福祉施設におけるソーシャルワークの介入と調整」『ソーシャルワーク研究』38(2)，24-30頁。

伊藤淑子（1996）『社会福祉職発達史研究——米英日三カ国比較による検討』ドメス出版。

稲садаみ由紀（2018）「要介護高齢者のケアプロセスにおける役割——ケアを受ける側の視点からの質的データ分析」『社会福祉学』49(4)，131-142頁。

上野千鶴子（2011）『ケアの社会学——当事者主権の福祉社会へ』太田出版。

大江ひろみ・山辺朗子・石塚かおる編著（2013）『子どものニーズをみつめる児童養護施設のあゆみ——つばさ園のジェネラリスト・ソーシャルワークに基づく支援』ミネルヴァ書房。

大谷京子（2012）『ソーシャルワーク関係』相川書房。

小笠原祐次（1981）「施設機能の再点検と施設の専門性」『社会福祉研究』29，46-52頁。

岡村重夫（1983）『社会福祉原論』全国社会福祉協議会。

岡本栄一監修（2014）『なぎさの福祉コミュニティを拓く——福祉施設の新たな挑戦 第2版』大学教育出版。

沖倉智美（2012）「障害者支援施設における個別支援計画作成を再考する」『ソーシャルワーク研究』38(2)，15-23頁。

落合克能（2013）「特別養護老人ホームにおける居住支援としてのソーシャルワーク」『ソーシャルワーク研究』39(3)，相川書房，31-38頁。

春日キスヨ（2003）「高齢者介護倫理のパラダイム転換とケア労働」『思想』955，岩波書店，216-236頁。

川田誉音（2003）「英国におけるソーシャルケアの標準化」『日本福祉大学社会福祉論集』109，35-57頁．
北岡賢剛（2007）「地域生活移行を支えるために」『月刊福祉』90(7)，全国社会福祉協議会，22-27頁．
北川清一（2010）『児童養護施設のソーシャルワークと家族支援』中央法規出版．
キティ，エヴァ・フェダ／岡野八代・牟田和恵監訳（2010）『愛の労働あるいは依存とケアの正義論』白澤社．
クロウ，ロジャー／杉本敏夫訳（2002）『これからの施設福祉を考える――レジデンシャルワークの理論と実際』久美．
厚生労働統計協会（2017）『国民の福祉と介護の動向　2017/2018』64(10)．
佐藤俊一（2011）『ケアを生み出す力』川島書店．
曽根直樹（2017）「入所施設政策の変遷と現状」『季刊福祉労働』155，8-33頁．
高橋重弘監修（2009）『日本の子ども家庭福祉――児童福祉法制定60年の歩み』明石書店．
土田美世子（2003）「保育所保育士の職務についての考察」『子ども家庭福祉学』3(0)，25-36頁．
中村義哉（2003）「介護老人福祉施設（特別養護老人ホーム）におけるケア労働分業の現状と課題――分業構造からみた施設ケアの実態」社会政策学会誌10(0)，139-161頁．
成清美治（2003）『新・ケアワーク論』学文社．
野口裕二（2002）『物語としてのケア――ナラティヴ・アプローチの世界へ』医学書院．
広井良典（2000）『越境するケアへ』医学書院．
保積功一（2008）「知的障害者施設の役割と職員の専門性を巡って」『吉備国際大学社会福祉学部研究紀要』13，23-33頁．
松岡是伸・小山菜生子（2012）「ソーシャルワークの機能に関する実践的考察――児童養護施設での実践事例をもとにして」『名寄市立大学紀要』6，21-26頁．
三井さよ（2012）「〈場〉の力　ケア行為という発想を超えて」三井さよ・鈴木智之編著『ケアのリアリティ　境界を問いなおす』法政大学出版局，13-45頁．
村田久行（1998）『改訂増補　ケアの思想と対人援助』川島書店．
メイヤロフ，ミルトン／田村真・向野宣之訳（1987）『ケアの本質――生きることの意味』ゆみる出版．
米本秀仁（2012）「生活型社会福祉施設のソーシャルワークのゆくえと展望」『ソーシャルワーク研究』38(2)，80-90頁．
ローチ，シスター・M・シモーヌ／鈴木智之・操華子・森岡崇訳（1996）『アクト・オブ・ケアリング――ケアする存在としての人間』ゆみる出版．

鷲田清一（1999）『聴くことの力——臨床哲学試論』阪急コミュニケーションズ。

Goffman, I. I.（1961）*Asylums: Essays on the Social Situation of Mental Patients and Other Inmates,* Doubleday.（＝1984, 石黒毅訳『アサイラム——施設収容者の日常世界』〔ゴッフマンの社会学③〕誠信書房。）

（土田美世子）

第8章 ソーシャルワーカーを支えるための支援
―― 卒後教育における大学の役割

1 スタートラインに立つ卒業生

　国際的に西側の国々で，新自由主義的なグローバリゼーションがあらゆる範囲でソーシャルワークを変質させている（ファーガスン 2012：4）中で，我が国においてもネオリベラリズムの基本的な視座である小さな政府，自己責任論，市場原理主義を中核とした社会福祉政策が進められている。そして，その影響は国家の社会福祉予算を抑えるために社会保険方式を導入し，規制緩和の推進による公的福祉供給システムを市場原理に委ねて民間サービスに期待するもので，福祉依存体質への批判としての「クライアンティズム」の考え方を基調として，「ウェルフェア（welfare）からワークフェア（workfare）」の考え方の導入により，社会福祉の公的な責任から遊離し，社会福祉サービスの受益者の自己責任を求める内容になっている（荒田 2005：197-198）。このことを2005年の段階で指摘したが，残念ながら予想した結果になっていることは，多くの人の知るところである（荒田 2013：160-161）。

　そのような時代背景において，ソーシャルワーカーの国家資格である社会福祉士の養成が始まって約30年，そして精神保健福祉士のそれも約20年が経過した。龍谷大学（以下，本学）においても社会福祉士と精神保健福祉士の国家資格の取得のために養成を行ってきたが，養成カリキュラムの規制のために各大学において独自の教育内容を展開することは困難である。

　本学においては，時代背景を見通す力を身に付け，ソーシャルワーカーとして福祉現場で働いていくモチベーションを高めていくための教育を，筆者だけでなく多くの教員が教育内容を工夫しつつ努めている。しかしながら，国家資格を取得して社会福祉現場で働くようになったとしても，それはマラソンランナーがマラソンという競技に参加するチケットを得ただけであって，スタートラインに立

つだけの段階に学生を送り出すようなものであると考えている。また，国家資格を取得した卒業生を社会に送り出すだけで養成機関の役割を終えてよいのだろうかということが，14年前に大学教員になった時からの筆者の問題意識であった。そして，その意識の背景には，30年近く福祉の現場でソーシャルワーク実践を行う中で実習生の指導や新人教育に携わってきた体験から，養成機関と福祉現場との連携が必要であることと，大学教育だけではソーシャルワーカーとしてふさわしい専門性を担保することが時間的に困難であるということがある。さらに，ソーシャルワーカーとして生涯にわたって成長していくことが求められていることを考慮すると，卒業後のソーシャルワーカーの教育に大学の役割を検討する必要性があると考えるようになった。

　本章では，本学を卒業して精神保健福祉の現場で働く精神保健福祉士を対象に「龍谷大学 PSW 研究会」と称して年に3回の勉強会を13年間開催してきた経験から，新人ソーシャルワーカーの課題や現場のソーシャルワーカーが抱えるジレンマなどと，社会福祉現場で働くソーシャルワーカーを支援するために，卒後教育における大学の役割について考えたい。

2　卒後研修としての「龍谷大学 PSW 研究会」の開催

　本来，ソーシャルワーカーである社会福祉士や精神保健福祉士は，対人援助の専門職である以上，絶えず変化する社会状況を認識しつつ，新たに開発される制度政策と支援技法等に関する知識の検討と，自らの人間性の省察をして各々が自己覚知を深め，資質向上を図る必要がある。そして，新人ソーシャルワーカーの教育的な指導や支援は，各々の社会福祉の現場で行われることや都道府県や地区単位での専門職団体によって実施されることが理想である。現状では，国家資格取得者の専門職団体への加入率が低いという問題がある。社会福祉士や精神保健福祉士の専門職能団体は，研修機会の提供と新人の社会福祉士及び精神保健福祉士が参加しやすい環境整備を図り，研修機会の提供と養成教育機関との連動性のあるスーパービジョン体制の充実を図らなくてはならないと考える。その専門職団体である日本社会福祉士会と日本精神保健福祉士協会の支部地区との連携を図り，研修とスーパービジョンの実施に関する養成教育機関としての大学の役割は

大きい。

　一方で，各々の福祉現場ではオン・ザ・ジョブ・トレーニング（OJT）と初任者研修の十分な機会と期間を設けることが求められているが，実際には十分な研修体系を整えているところは多くない。筆者の経験では，新人に対して3～6カ月の研修期間を設けてきた精神科医療機関もあったが，マンパワー不足のために徐々に研修期間が短くなっているという現実的な困難さがある。また，公的な医療機関に就職したばかりの卒業生から，就職して1週間した時期に電話相談に対応するように上司に指示され，その電話相談への対応に困って，筆者に緊急に連絡があり相談されたことがあるが，このようなことは特殊な例であると思いたい。社会福祉士や精神保健福祉士という国家資格を取得しているだけで，ソーシャルワーク実践の力量を備えていると誤解されている。

　以上の状況を考慮して，本学において「精神保健福祉士」資格を取得した卒業生を対象に「龍谷大学PSW研究会」を2005（平成17）年2月から年3回開催するようになり，開催回数は35回になった。この会は，当初，あまりにも卒業したばかりの精神保健福祉士から，職場でのソーシャルワーク実践についての相談が多いということと，「勉強会を開催してほしい」という要望から開催したのが単純な理由である。そして，回を重ねるにしたがって，卒業生同士の交流として，先輩と後輩や同級生同士の交流ができる機会を作るだけでなく，精神保健福祉現場で働く精神保健福祉士の新人や中堅者を対象に，専門職としての成長を支援することや安心して集まって愚痴などを話し合える場の保障を目的にして開催することとした。

　当然，教員である筆者と職場の悩みを相談する機会になることを目的に参加する卒業生もいるが，自分自身の自己研鑽の場として毎回参加する卒業生も増えてきた。会の運営は，2000（平成12）年3月に卒業した第1期生2名が幹事として担当し，開催案内を卒業生に連絡し，毎回20～30名の参加がある。研究会の内容は，講師による講義として，精神保健福祉に関する状況の変化と精神保健福祉士の専門性に関する内容や精神保健福祉士のソーシャルワーカーとしての支援のあり方と実践課題などを適宜行い，卒業生が発表する精神保健福祉士のソーシャルワーク実践の事例発表について，講師よりグループ討論の視点の説明と事例研究の方向性を指示し，グループ討論を2～3のグループに分かれて行っている。そ

して，その後は懇親会を実施している。参加者は，精神科病院や精神障害者の地域生活支援を行う障害者の事業所で働く精神保健福祉士を中心にして，一般科病院の医療ソーシャルワーカー，地方自治体で相談支援を行う社会福祉士や精神保健福祉士，社会福祉協議会のコミュニティソーシャルワーカー，認知症高齢者支援を行う地域包括支援センターの社会福祉士などの多岐にわたっている。

3　社会福祉の現場における新人ソーシャルワーカーの課題

　実際の「龍谷大学PSW研究会」の場で話される新人ソーシャルワーカーの悩みとして，「上司や同僚の評価が気になる」「クライエントとの信頼関係の構築に自信が持てない」「他職種との関係を作ることに不安がある」「チーム医療への参加の仕方がわからない」「ソーシャルワーカーの主張できる視点が整理できない」「地域における関係機関との連携のあり方を知りたい」「自分自身のソーシャルワーク実践全体の評価のあり方がわからない」「クライエントの理解の仕方に悩む」などの初歩的な段階の悩みをどのように克服していくのかということが語られている。

　就職したばかりのソーシャルワーカーである社会福祉士や精神保健福祉士は，養成機関で学んだソーシャルワーカーの価値や知識を活かして，社会福祉の現場で活躍していこうと理想に燃えているであろう。クライエントに対して謙虚になろうとする姿勢を堅持しようとしているであろう。しかし，医療と社会福祉の現場は効率化を求められて，スピードある問題解決と対処を求められているために，丁寧な時間をかけたクライエントとのかかわりを実践できない場合もあるために，理想と現実のギャップに苦しむことがある。一方で，上司や同僚の視線を気にして，その評価を意識してしまい，組織や機関の機能や役割を果たそうと過剰に適応することに懸命になってしまう場合もある。新人ソーシャルワーカーの課題は，理想と現実のギャップに悩むことが多く，大学などの養成教育の中でソーシャルワークの専門性としての知識や価値を教えていくとともに，社会福祉の現場で何が起きていて，その具体的な実践的課題を十分に踏まえた状況判断や柔軟性を求められていることを，学生に伝えなければならない。

　「ソーシャルワーク実践の本質に由来するスタッフの自由裁量と組織のなかで

働くことにまつわる条件への順応との間の緊張の度合いを，スーパーバイザーがスタッフと組織と両者を代表して調節する」(カデューシンほか 2016：578) として，スーパービジョン機能が働くことを期待されている。そして，専門職と官僚制との関連で，「官僚制が求める標準化，統一性，役割の固定，効率化，没個性，規則順守，すなわちマネジド・ケアと EBP (根拠に基づいた実践) のニーズであり，専門職が求める柔軟性，最大の裁量権と自律性，個人の独自な状況に対する感受性，クライエントのニーズの最優先などとは正反対のものである」(カデューシンほか 2016：579) とカデューシンは述べている。我が国の精神科医療機関や精神障害者の地域生活支援事業所などは，決して官僚制を有している行政機関ではないが，医療制度と介護保険制度や障害者総合支援法などの法制度に規定された業務を実施しているために，極めて法制度に制約を受けた官僚的側面をもっている。

　また，ソーシャルワーカーとしての専門職としてのあり方を追及していこうとする新人ソーシャルワーカーは，上記のように専門職であろうとする限りにおいて，相当の緊張とストレスを抱えていると考えられる。本来であれば，各職場においてスーパービジョン体制が機能しているのであれば，その調整を行うことが可能であるが，残念ながら我が国においては，スーパービジョンの管理的機能が職場の状況に対する発言力を持つことも含めて，スーパービジョンのシステムの体系化は今後の喫緊の課題である。そこで，「龍谷大学 PSW 研究会」においては，スーパービジョンに代わるものとして，専門職としての緊張やジレンマを言語化することにより，相互に話し合うことによる感情の吐露だけでなく，個々の参加者が抱えている葛藤状況の共有化と客観化・普遍化することを目的にしている。

　新人ソーシャルワーカーの抱えている課題を整理すると，新人の段階ではソーシャルワークの価値や知識を鵜呑みにする傾向があり，当事者に対して謙虚な姿勢で臨むものの，学んできたソーシャルワークの知識・技術・価値の理想と現実のギャップやさまざまなジレンマ (葛藤) の中で苦しむことが多く，一方で組織・機関の規則や活動に過剰に適応する傾向を持ち合わせているといえる。また，OJT や新人研修が丁寧にされていない職場や福利厚生が保障されていない福祉の現場もあり，職業人としての混乱が生じてしまう場合もある。

4　ソーシャルワーカーに期待する実践力

(1) ソーシャルワークにおけるジレンマの克服

　この「龍谷大学 PSW 研究会」や筆者の実施しているグループスーパービジョンに繰り返し登場するソーシャルワーク実践の課題は，①クライエントのニーズや思いと向き合うことができていない（自分自身の価値観に向き合うこと），②ソーシャルワークの権威性に気づいていない，③生活者支援の視点が忘れられている（医学モデルに振り回されている），④チームの意見と自分自身の意見のジレンマで悩む，⑤クライエントの自己決定の尊重の理念が軽視されている，⑥組織・機関の方針や規則とクライエントのニーズの実現との関係のジレンマ（ソーシャルワーカーがその両者の中間的な位置に存在する意味），⑦倫理とクライエントの関係におけるジレンマなどが登場する。精神保健福祉の現場で働いている限り，精神保健福祉士は役割葛藤と倫理的ジレンマを感じることが多くなる。

　そして，ソーシャルワーカーとしての初心者，中堅者，エキスパートという活動の経験によって，感じるジレンマの内容は変わる。大切なことは，この役割の葛藤やジレンマを感じる度合いは，精神保健福祉士がソーシャルワーカーとして専門性を発揮しようとすることとジレンマには相関関係があり，専門職であろうとする意識が強い人ほど感じる役割葛藤は大きいということ，また，クライエントの自己決定の原理を大切にしようとする倫理観が強い人ほど，倫理的ジレンマを感じているという相関関係があるという研究報告がある（白澤ほか 2005）。

　ソーシャルワーク実践において，ジレンマを感じる感性が重要であり，自らがどのような状況にあるのかという冷静な眼を持つためには，自らの実践を言語化できること，ケースカンファレンスに参加すること，スーパービジョンを受けることなどの行動が求められる。その役割葛藤と倫理的ジレンマの連続性がソーシャルワークであり，揺れることや悩むことが精神保健福祉士としての能力でもある。安易にその役割葛藤や倫理的ジレンマから逃れることを考慮するのではなく，ジレンマに向き合い，クライエントとの関係により，そのジレンマの背景にある問題や課題をともに解決していくことがジレンマを乗り越えることになる。ソーシャルワークの過程で，ぶつかるジレンマの課題を当事者と話し合い，フィード

バックし，ともにその課題に向かってソーシャルワークにおける協働の関係を繰り返していく循環的な関係があると考える。この「龍谷大学PSW研究会」におけるグループ討論の話題についても，意識的にこのジレンマに関するテーマを話題にするように指示している。

　倫理的ジレンマの克服に関し，ソーシャルワーカーが倫理的意思決定と「倫理的な営為」についてバンクスは，「この『倫理的な営為』の中には，実践家たちがある状況下における彼（女）らの役割について，常に注意を怠らず，自分たちが働いている政治的文脈を批判的に認識していることや，かかわった人々の特定のニーズ，願望，感情，権利と責任に関心を払ったり，倫理的に目立った状況の特徴に注意を払うこと，また，実践者が他者の面倒をみる，思いやりを示す，頼りがいがある，信用できるということを含んでいる」（バンクス 2016：230）と，倫理的なジレンマに向き合った時の姿勢として，クライエントの真のニーズに着目し，その権利を尊重するとともに信頼関係を構築して支援していくことを示している。また，サラ・バンクスは倫理的ジレンマや問題の分析と対応に関し，グーバーツの提案を紹介している（バンクス 2016：229）。

① 何が事実であるのか？
② 誰の利害（益）が問題なのか？
③ 何についてのジレンマなのか？
④ 代替可能な選択肢は何があるのか？
⑤ 結論は何であるのか？
⑥ 決定をどのように実行するのか？
⑦ 評価及び省察

　筆者がこの研究会で話し合った事例であるが，「アルツハイマー型認知症の70代の母親と暮らす30代の長女が，2人の子どもを抱えての生活苦と介護の疲れから，母親に対する身体的・心理的虐待を隠れて行うようになり，罪悪感に苛まれてソーシャルワーカーに『誰にも言わないでほしい』と告白した相談を受けた時に，ソーシャルワーカーはどのように対応したらよいのだろうか？」と卒業後3年目のソーシャルワーカーから事例提供があった。この事例の場合には，告白さ

れた内容の事実の確認をすること，そして，母親の虐待の被害の内容の確認とともに，勇気を出して告白したことや虐待をしてしまう長女の心理状態を受容することがまずは求められる対応である。そして，ここで生じているジレンマは，秘密の保持という倫理と高齢者虐待防止法に基づく通報義務と長女との信頼関係をどのように維持していくのかということである。

母親の虐待の被害の程度によっては，医療的な介入と緊急に安全確保のための措置として短期的に施設入所も考慮しなければならない。母親への支援体制の構築とともに，告白した長女との信頼関係を大切にしつつ高齢者虐待防止法に基づく通報を納得していただき，今後の長女への精神的な支援と生活安定のための解決策を共に考えていくこと，そして，母親との生活の再構築を考慮することが求められる。

前述したように，この倫理的ジレンマに対応することが，ソーシャルワークそのものの実践力になるのであろう。もう一つの視点として，当事者の抱えているジレンマを考えなければならない。社会の偏見と差別がある中で，病や障害を抱えて生きること，非自発的入院や一方的な精神保健福祉サービスを押し付けられることなど，私たちが感じる以上のジレンマの中で彼らは生きているということを考えなければならない。そのことに配慮して，当事者のニーズの実現と生活者支援の視点に根拠を置いた支援を徹底させることがソーシャルワークなのである。

（2）クライエントにかかわる

ソーシャルワーカーには，①クライエントとかかわる能力（関係する力），②自分の思いや支援の方向性を伝える能力（伝える力），③多職種や多機関との関係を調整する能力（調整力），④新しい社会資源や地域を開発する能力（作る力）等が必要であると考える。特に，新人ソーシャルワーカーにとって，クライエントの思いやニーズに向き合うとともに，自分自身の支援の価値観などに直面しなければならない。

ジョンソンは，「個人が人との関係の中で生活する困難を抱える時，個人の潜在力を最大限に引き出す時，あるいは環境からの要求を満たす時，さらにはいかなる発達のニーズも満たされない可能性が比較的高い時，ソーシャルワーカーが関与することになる。…（中略）…ソーシャルワークの取り組みの中核となるの

は，健全な社会的機能を促進し，充足されていないニーズに関する関心を軽減するためのワーカーとクライエントとの相互作用である。それゆえ，社会的機能における問題に対しては，ワーカーとクライエントとの相互作用の中で対処することになる」（ジョンソンほか 2004：19）とワーカーとクライエントの相互作用がソーシャルワークの中核にあると述べている。

ソーシャルワーカーがクライエントの「自己決定の尊重」を支援の価値の中心において，当事者の生活課題をともに考え，その問題解決の方法をともに探索して取り組んでいくことを「協働」という。その時のかかわっていく前提として，病に焦点を当てないで生活者として尊重し，相手の痛み・悲しみに共感することと，さまざまな立場の違いなどの関係性の障壁を乗り越えて対等な関係を作っていく努力が必要になる。ソーシャルワークにおける「協働」とは，ワーカーとクライエントの対等な関係であり，相互に影響しあう相互関係である。ソーシャルワーカーが，彼らの生活世界に近づこうとする時に，一方的に侵入するのではなく，彼らの日々の生活の営みや感情を理解しようとしているのか，「今，ここ」に生きる人としての悩みや苦しみや喜びの感情を感じようとしているのかが問われることになる。

精神保健福祉士がその感性を備えて，彼らの生きる力を信頼した時に，彼らは心を開いて本音や悩みを打ち明けてくれるという信頼関係が醸成されていく。土足で心の中に踏み込まないで，日々の生活の中の息づかいを慎重に感じながら，彼らの側に立って思考を巡らせることによって，「協働」できるのではないかと考える。クライエントに向き合うということは，自分自身に向き合うということでもある。それは，相互主体性の関係によりクライエントから学ぶことであり，ソーシャルワーカーの支援の向こうに自分自身を見て，自分自身の精神障害者観や差別感や支援のあり方，そして生き方に向き合うことである。

フレイレは，希望を持つことと変革の精神が必要であるとともに，私たちを取り巻く現状を改革することや，支援における希望を持ち続けることの大切さを教示している（フレイレ 2001：8-11）。地域社会をベースにした生活支援の追求と，新しい地域の創造に向けて，ワーカーとクライエントがともに希望をもって社会変革のために戦うことが現実的な時代になっていると考える。精神保健福祉士の希望や変革の意識が弱くなってしまうことは，クライエントへの支援について，

現状のサービスを押し付けてしまうことになる。

5　大学の教育と卒後教育

　大学教育における学生生活は，学問的な探求とともに一人の人間としての成長を図り，生き方を模索するために必要な時間である。社会福祉士や精神保健福祉士を養成している大学にとって，社会福祉士・精神保健福祉士という専門職（ソーシャルワーカー）の知識と技術と価値についての，基本的な専門職としての資格に相応しい人材を育成することを期待されているものの，専門職資格を得るための教育課程が充実するにつれ，社会福祉系大学のカリキュラムが硬直化させている（芝野　2012：23）。

　大学の教育の役割は，障害者や認知症高齢者などの弱者と呼ばれている人達の現実から，冷静に社会状況を見つめ，その生活問題の根拠を分析・評価し，具体的な生活支援を展開することにあることを意識して，その問題意識に基づき実践することが可能な学生を養成することを求められている。そして，当事者と協働しつつ，これからの政策的課題と支援の課題を提起し，社会資源の創出と拡大を行い，暮らしやすい地域を創っていく実践力を養成していくことが期待されている。大学教育は，そのような役割と機能をもつ専門職を養成することにあることはいうまでもないが，社会福祉に関する制度や知識だけではなく，社会問題に対する問題意識をもつことと，専門職としての理念や価値観を学ぶことにある。その価値とは，「人の主体性を尊重すること」，そして「人の成長の可能性」を信頼すること，人を社会との関連で捉える「人と状況の全体性」の視点である。また，「人の哀しみやつらさを受容する心」「人の幸せを願う心」「共生の心」を育てることが社会福祉教育には含まれていると考える。

　そして，卒業後に社会福祉の現場で働くことは，対象者を理解すること，所属機関の役割と利用者のニーズの実現とのジレンマや，利用者との関係や他職種チームの意見の相違などで悩み，自らの実践力の限界を感じることが多い。また，他者の自己実現と生活の質の向上を目指すことに専心するとともに，そこで支援者も自己実現できることが可能になる。しかし，大学院教育においてリカレント教育（職業人の社会人教育）を実施している大学もあるが，大学の教育と卒業後の

教育の連携に関する先行研究は少ない。

　横山は，アメリカにおけるリカレント教育に相当するものとして，卒後教育としての継続教育（Continuing Education）を，生涯学習を促進する公式な教育として，ソーシャルワーカーにとって新たな役割に向けた必要な能力を備え，新しい理論と実践の方向づけの機会として，以下のように紹介している（横山 2012：61-62）。

　　「アメリカの継続教育は，スタッフ・デベロップメント（SD）と総称され，ワークッショップ，学会，訓練リトリート，訓練機関が含まれ，1990年代になってからは，ソーシャルワークの資格と法律規則により継続教育が義務づけられた経過があるとのことである。継続教育の実施は，組織と実践家の双方にとって責任があり，具体的には，スタッフの質の向上に関心を持ち，スタッフが機関の認証基準に合致しつつも，資格制度と他の専門職の要件を満たしていることを保障する責任を持つことを意味しているとのこと。機関は定期的に，倫理や経営に関する訓練や伝染病の予防のためのユニバーサルな警戒に関する訓練を実施し，スタッフの能力向上に向け，新しい治療法に関して訓練したり，新しい管理者のための発達プログラムと個別化された継続教育のためのコンサルテーションを調整すると。…（中略）…個人の方は，個人的な関心や成長や資格要件の達成，効果的かつ倫理的な実践のために要求される能力の保障を目的とし，レクレーションの機会に合わせて，知識とスキル向上の可能性のある希望する休養地での継続教育プログラムを選択する。」

　　「すべての行政区や組織において，ソーシャルワーカーの認証や資格において継続教育を受けることが義務づけられている。」

　　「継続教育の基準として，ソーシャルワーカーの団体は，各々別個に，学習内容や時間数，学習形態を定めている。」

　法制度や資格のあり方に差異があるために安易に比較できないものの，我が国における専門職制度と専門職団体のあり方や，教育機関と社会福祉の現場との連携，卒業後の教育のあり方に示唆を与えるものである。大学における教育と研究

は，社会福祉の現場で起きていることを熟知し，卒業して働くソーシャルワーカーの具体的な実践の内容を理解しつつ，卒業生たちと連携して継続的に学習の場を保障していくことによって，ソーシャルワーカーとしての成長に寄与することが求められている。

6 専門職を支えるネットワークの体系化に向けて

　本学において精神保健福祉士の国家資格を取得して卒業していった学生に，卒業後の集まる場であり，研修の場を保障することによって，大学教育と卒業後の教育の連動による専門職の育成に関与するだけでなく，この「龍谷大学PSW研究会」の場が精神保健福祉士という専門職を支援するネットワーク創りを志向することになっていった。
　この12年間の「龍谷大学PSW研究会」の経験を通して，就職したばかりの新人ソーシャルワーカーに対する相談活動などの支援は，どのような形態であっても必要であることと，経験を重ねて中堅者やエキスパートになった場合でも，その成長の段階に応じた学習の機会を整備していくことが求められていることを学んだ。そして，安心して集まれる場所，帰ってこられる場所を確保しておきたいということで始まった研究会が，専門職団体との研修や研究の連携，社会福祉の実践現場と筆者自身の研究活動との連携，卒業生の就職活動への影響だけでなく，精神保健福祉実習の日常的な連携と実習生のきめ細かい指導などの実習教育の体系化につながり，さらに，精神障害者当事者の日常の授業への参加と実習生の評価活動の参加と広がっていった。
　今年（2017年）度，精神保健福祉実習を終えたばかりの学生（4回生）が，これから精神保健福祉に関する学習を進めていこうとしている1～3回生の学生に対して，自主的に「相談会」を開催して，自分たちの経験を踏まえて，精神保健福祉分野に関心はあるが実習などの履修に不安を抱えている学生たちに対し，経験談を話したり，下級生の相談に乗る取り組みを準備している。学生たちの意識として，龍谷大学の精神保健福祉ネットワークを維持して大切にしていきたいという思いがあるようである。

（1）精神保健福祉士のネットワークの効果

　本学において，精神保健福祉士のネットワークを実現すると，その効果として次のようなことが考えられる。卒業生に対する効果として，卒後教育の展開と実践の場の連携により，専門職の育成の継続性は確保できることになる。具体的な「研究会」への参画によって，経験者である先輩の専門職からの助言と指導だけでなく，先輩と後輩の日常的な相談関係ができる。また，卒業した同級生同士の愚痴が話せる場・支え合いの場の保障になり，龍谷大学の教育との連携により本学で学んだという同窓意識の自覚の醸成につながる。

　大学にとっての効果としては，大学の実習教育と実践現場の実習指導の連携による実習教育の体系化につながり，次のような具体的な連携が実現できる。

　実習教育において，実習生が精神保健福祉士として成長する過程を，大学の担当教員と実習機関・施設の実習指導者が協力と連携によって進めていくという三者関係が重要である。実習生と担当教員や実習指導者とが信頼関係ができるように，事前に三者で話し合うことが大切であるが，少なくとも担当教員と実習指導者は実習生を依頼する前から連携関係を作っておく努力が必要である。

　また，実習の関係にはこの三者関係だけでなく，実習現場の「利用者」が登場する。「利用者」とのかかわりを実習指導者がスーパービジョンによって教育と指導を行い，その経験を担当教員が巡回指導や事後学習によって再度スーパービジョンを行うことになる。精神保健福祉援助実習は，「利用者」との直接的なかかわりがあって初めて成立するものであり，実習生は「利用者」とのかかわりから，精神保健福祉士としての成長を学ぶことができる。実習教育において，前述した三者関係だけでなく，「利用者」も含めた実習の評価などの四者関係も大切であり，担当教員と実習指導者との信頼関係を基軸にした緊密な連携が必須である（米本 2009：86-87）。精神保健福祉のネットワークを活用して，本学の場合には，実際に精神保健福祉実習の依頼先の12カ所の実習先の実習指導者が卒業生であり，担当教員と実習指導者の信頼関係の下できめ細かい実習指導における連携が可能になっている。

　大学教員には，社会福祉実践現場の現状を知り，現場で何が起きているのかという現場感覚を養うために，社会福祉の現場から学ぶ姿勢が求められ，その学んだ現場感覚を教育と研究に活かすことになる。

筆者は，精神保健福祉の現場でソーシャルワークを実践しつつ，その実践の意味を検証していくことから研究活動を始めた。その研究によって距離を置いて自分自身のソーシャルワークの意味を見つめ直すことが可能になった。社会福祉研究は，実際に社会で起きている現象に対する問題意識と疑念をもつことから始まる。社会福祉の思想や理念に関する理論研究と，社会福祉の現場で起きていることの調査分析やソーシャルワーク実践を検証して，その社会問題の解決とソーシャルワーク実践のあり方を改善するために研究を進めるための実証研究がある。そして，その研究によって新しく発見された知見をもとに，社会問題の解決のための制度政策と新しい福祉サービスやソーシャルワークの方法について提言することになる。社会福祉の現場は研究に必要なデータが豊富にあり，教育と研究を担当する教員と社会福祉の現場で働く卒業生が連携して社会福祉現場を対象に研究活動を行うことが可能になる。

　筆者は，2011～2012年度に独立行政法人福祉医療機構社会福祉振興助成事業による研究で，「宅配弁当による認知症のある方への就労支援事業」において卒業生に研究協力をお願いした。認知症高齢者の就労支援の有効性が明らかになるだけでなく，認知症高齢者の生きがい作りとともに一人暮らしの高齢者や障害者の見守り活動の重要性を確認できた。そして，介護保険制度や障害者自立支援法（現・障害者総合支援法）のサービスでは展開できない日常生活における生活ニーズが多岐にわたって存在していることが明らかになり，地域住民のボランティアを活用してその生活ニーズへの対応を実現し，新たな地域の創生の具現化を探った。

　また，2013～2014年度に日本精神保健福祉士協会の「高齢精神障害者支援検討委員会」に委員長として参加し，研究委員会に卒業生の参加と協力を要請し，多くの精神保健福祉士協会の会員にも調査に協力して頂いた。我が国において，精神科病院に長期に入院する65歳以上の558例について実態調査を行い，「社会的入院」といわれている人の実態が明らかになった。過去に精神科病院に長期に入院している人の500例に及ぶ実態調査はあまり行われていなかった。研究結果として，対象者の42％が退院希望していることや「社会的入院者」のADLは予想以上に高いこと，身体合併症を罹患している人は予想より少なく，退院支援はあまり行われていないという現実がわかった。以上のように，精神保健福祉士のネッ

トワークを活かして，社会福祉現場で働く卒業生との連携による研究活動を体験することが可能になった。

（2）専門職団体との連携

社会福祉の現場で働く専門職にとって，専門職団体の開催する研修会への参加は不可欠であり，都道府県の段階や支部地区での専門職団体の役割は大きい。筆者は，日本精神保健福祉士協会の支部・地区の活動・研修など積極的に関与し連携している。具体的には，日本精神保健福祉士協会のスーパーバイザー養成研修の講師，滋賀県精神保健福祉士協会の支部地区の幹事，日本精神保健福祉士協会の生涯研修である基幹研修の講師，関西地区2府4県の精神保健福祉士協会支部・地区の研修講師，精神保健福祉士実習指導者研修講師などに従事している。教育機関に所属しながら，専門職団体との連携の活動に関与できることが可能な教員ばかりではないと思うが，専門職の研修体制と認証制度の構築を進めているわが国の現状を考慮すると，その研修内容の充実に向けた大学教員の積極的な協力の姿勢は欠かせない。

7 社会福祉の現場から学ぶ

龍谷大学の社会学部では「現場主義」を謳って，社会で起きている社会問題や地域社会の現象に学生が直接関与しながら学習を深めていくことができるように，授業内容についても工夫して，少人数教育である「社会共生実習」などを展開して学生の問題意識を醸成させている。

社会福祉教育においても，地域社会や社会福祉の現場に教員と学生が出かけて，地域社会の問題解決を地域住民と共に取り組んだり，社会福祉課題を考慮するテーマを掲げて，社会福祉の「現場」との交流を重ねて学習を深化させている。また，福祉現場で働く専門職や福祉サービスの利用者が，社会福祉の実践内容や利用者の生活実態を学ぶため授業に参加して，社会福祉の現場の状況を生き生きと語って授業の内容を豊富にしてくれている。

しかし，今後の課題について考えると，大学教員と社会福祉の現場の専門職や利用者との人事的な交流を深めてきたが，大学と福祉現場とのワークショップ，

シンポジウム，学会などの開催による研究発表などの日常的な連携の場面は単発的なものになっており，継続的な教育と研究の連携と協働が求められる。

大学教育と卒後教育は，精神保健福祉ネットワークを作っていく経過から，実習教育や研究活動などにおいて連携を深めていくことが可能になり，卒業生の専門職としての成長に寄与できる。しかし，その内容は新人や中堅者のソーシャルワーカーの学習と研修には一定の役割を果たすことが可能であっても，系統的で継続的な研修の場にはなり切れないという限界がある。

「龍谷大学PSW研究会」を開催してきた結果，卒業生の集まる場，安心して話せる場を保障し，相互に交流を深めるために，この会を開催することを13年間休まずに継続してきた。そして，矢継ぎ早に変化する医療と社会福祉の制度政策の情報を提供するとともに，事例検討を通して，ソーシャルワーカーとしての専門性を検討し，専門職としても原点に立ち返ることが可能になることを意識してきた。

この「研究会」の経験から，卒後教育を継続して実践し，卒後教育やスーパービジョンの中で，社会福祉の現場で考える力・悩む力を醸成し，悩むことが成長につながるという確信を得ることができた。また，卒後教育に対する大学の役割は，卒業生が悩みを語り，相互に支え合う場を提供するだけでなく，「現場」での経験と教育を融合させて社会福祉専門職として成長することを助け，教員も「現場」で起きている現実から学ぶことでもある。

参考文献

荒田寛（2005）「精神保健福祉の動向とソーシャルワークの課題」『精神保健福祉』36(3)，197-198頁。

荒田寛（2013）「専門職としての価値と実践内容の統合」『精神保健福祉』44(3)，160-161頁。

柏木昭・佐々木敏明・荒田寛（2010）『ソーシャルワーク――協働の思想"クリネー"から"トポス"へ』へるす出版。

カデューシン，アルフレッド・ダニエル，ハークネス／福山和女監修，萬歳夫美子・萩野ひろみ監訳（2016）『スーパービジョン　イン　ソーシャルワーク　第5版』中央法規出版。

芝野松次郎（2012）「社会福祉系大学における人材育成の意義と課題」『社会福祉研究』

115, 23-26頁。

ジョンソン, ルイーズ. C・ヤンカ, ステファン. J／山辺朗子・岩間伸之訳（2004）『ジェネラリスト・ソーシャルワーク』ミネルヴァ書房。

白澤政和ほか（2005）「ソーシャルワーカーとケアワーカーの役割葛藤および倫理的ジレンマに関する研究報告書」ソーシャルケア研究会。

日本精神保健福祉士協会編（荒田寛：編集顧問）（2013）『生涯研修制度共通テキスト第2版』中央法規出版。

ファーガスン, イアン／石倉康次・市井吉興監訳（2012）『ソーシャルワークの復権』クリエイツかもがわ。

バンクス, サラ／石倉康次・児島亜紀子・伊藤文人監訳（2016）『ソーシャルワークの倫理と価値』法律文化社。

フレイレ, パウロ／里見実訳（2001）『希望の教育学』太郎次郎社。

横山穣（2012）「大学院教育におけるリカレント教育の実態と今後の課題」『社会福祉研究』115, 61-62頁。

米本秀仁（2009）「実習四者関係」社団法人日本社会福祉士養成校協会編『相談援助実習指導・現場実習教員テキスト』中央法規出版, 86-87頁。

（荒田　寛）

第Ⅲ部　社会福祉課題を越えるための取り組み
　　　──実践現場からの報告

| 第9章 | 地域包括支援センター社会福祉士による
ソーシャルワーク実践
——実践・政策・専門性の視点から |

1　ソーシャルワーク実践の3つの困難性

　福祉現場におけるソーシャルワーク実践を表す言葉として「点から線へ，線から面へ」が挙げられる。一人ひとりの個人を意味する「点」への支援を通して共通するニーズを見出すことでネットワークを意味する「線」が構成される。同じニーズを持つ「線」が幾重にも重なることで様々な活動や集いの場が作られ，地域を意味する「面」へとつながり地域全体の活性化に至る様子を表している。ソーシャルワーク実践では，この「点・線・面」のつながりづくりが重要である。
　「点・線・面」の支援が実践されている最前線の機関として地域包括支援センター（以下，包括）が挙げられる。介護保険法第115条の46において包括は「地域住民の心身の健康の保持及び生活の安定のために必要な援助を行うことにより，その保健医療の向上及び福祉の増進を包括的に支援することを目的とする施設」と規定されており，高齢者が住み慣れた地域で安心・安全な生活を送ることができるように地域の様々な社会資源と連携した支援を展開することで，日本における地域包括ケアシステム体制の構築につなげることが求められている。
　筆者は2007（平成19）年3月から2016（平成28）年7月までX市内の包括に社会福祉士（一部期間は居宅介護支援事業所の介護支援専門員を兼務）として従事してきた。試行錯誤のソーシャルワーク実践に取り組む過程を通し，社会福祉士が包括の中で専門性を発揮して地域・社会からの要請に応えることの難しさを感じてきた。
　包括におけるソーシャルワーク実践の困難性は何に起因するのだろうか。それは，①現場における個別支援から地域支援，資源開発及び政策形成に「つなぐ」業務の困難性，②介護保険法改正をはじめとする政策変更による影響，③包括社会福祉士の専門性のゆらぎ，以上の点に集約されると考える。本章においては包

第9章　地域包括支援センター社会福祉士によるソーシャルワーク実践

括の社会福祉士によるソーシャルワーク実践の現状・課題及び今後の可能性について現場における実践，政策の変更，社会福祉士の専門性の3点から論述する。

2　地域ネットワークを活かしたソーシャルワーク実践

(1) 個別支援を通じたネットワーク形成

　筆者が包括の業務を地域住民に説明する際，よく使っていた言葉は「地域のよろず相談所」であった。つまりワンストップの総合相談支援機能を有し，介護予防，権利擁護など多様な相談業務を担いながら個別・地域の課題を包括的かつ継続的に支援することを端的に表した言葉である。
　多種多様な包括の業務の根底にあるのは地域に住む高齢者一人ひとりに対する個別支援である。ソーシャルワークにおいては個別援助技術に相当する包括の個別支援がどのように他業務に展開していくのだろうか。特徴的な事例を紹介しながら以下に述べたい。なお，事例の掲載にあたっては本人ならびに包括など関係者に対して口頭で説明を行い，了承を得ている。また本人の個人情報が特定されないよう表現に配慮していることも申し添えておく。

1) 支援困難な個別ケースへの対応

　筆者が支援した一般的にゴミ屋敷といわれるケースへの関わりを通して包括における個別支援の意義について考察する。
　筆者が包括着任当初に引き継ぎを受けた中にゴミ屋敷に住む高齢者Aさんのケースがあった。「隣家からいやがらせを受けている」とAさんは話し，2階建て住居の部屋すべてが天井までゴミで埋まっていた。Aさんはゴミに押し出されるように広さ1畳にも満たない玄関の上がり框付近で老犬と暮らす状況であった。
　包括における個別支援の第1の要素として挙げるのは個人との関係づくりである。筆者はAさん宅に定期的に訪問した。訪問の目的はゴミの片づけを促すことではなく，Aさんとの関係性を作ることである。ゴミを片づけることはもちろん重要だが，まずはAさんにその言葉を聞いてもらえる信頼関係を構築しないと意味がない。事実，信頼関係ができるとAさんはゴミの中から電話機を探して包括に初めて電話をかけて下さった。Aさんからの電話を契機としてゴミ

を少しずつ片づけられるようになった。

　第2の要素として地域住民を巻き込んでいくことである。Aさんは地域住民から厄介者としてみなされ，特に加害者扱いされていた隣家とは険悪な状況であった。そのため隣家を訪ねて包括や役所などが連携してAさんを支援している現状を伝えた。当初は感情的に包括や役所の不手際を罵っていた隣家の住民も，会話を重ねることで徐々に信頼を得られるようになり，Aさんの様子などを包括に報告下さるようになった。このように，地域住民を巻き込んだ支援を行うことでAさんの課題を地域全体で話し合う土壌づくりにつなげることが包括には求められている。

2）個別レベル地域ケア会議

　Aさんの事例のように個別課題を起点に地域住民を巻き込み，地域全体で支援の必要な高齢者を支えていくボトムアップ機能が包括に求められている。その役割を担うツールとなるのが地域ケア会議である。後述するが地域ケア会議の機能は現在大きく5つに分類されており，その基盤には個別事例を扱う個別レベル地域ケア会議（以下，個別ケア会議）が位置づけられている（図9-1参照）。

　個別ケア会議では虐待，精神障害など様々なケースについて検討がなされるが，個別ケースを地域全体で支援する視点が最も発揮されるケースの一つとして挙げられるのは悪質商法への対応ではないだろうか。悪質商法の被害を受けている高齢者Bさんへの個別ケア会議開催を通じ，地域全体での支え合い体制構築に至った事例について述べたい。

　Bさんは独居であり認知症の進行がみられ，少しずつ自身による金銭管理が困難になりつつある状況であった。その中で覚えのない健康食品が自宅内に増えており，悪質商法に巻き込まれている疑いが強まっていた。今後の対応に不安を感じたBさん担当の居宅介護支援事業所の介護支援専門員から相談を受け，介護保険サービスの事業所職員とBさん宅周辺の地域住民が一堂に会して個別ケア会議を実施した。

　個別ケア会議においては個別課題解決のため多角的な視点からの検討を行う。Bさんを悪質商法から守るための方策として，連絡体制の強化，地域住民による見守り，成年後見制度の利用検討など，フォーマル・インフォーマルの両面から多くの提案がなされた。この際，専門職からは専門性に基づく意見，地域住民か

第9章　地域包括支援センター社会福祉士によるソーシャルワーク実践

図9-1　地域ケア会議の全体像

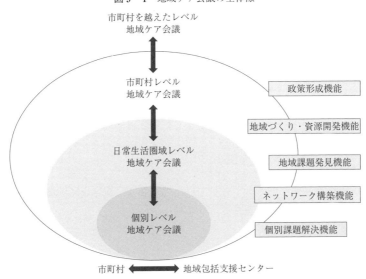

出所：厚生労働省老健局（2014：21）。

らはBさんとの長い付き合いの中で知りえた貴重な情報など，双方のストレングスを活用した検討がなされ，地域全体でBさんを支援する体制構築につなげることができた。

　また個別ケア会議を通して「地域課題の種」をみつけることも重要である。Bさんにおいても個別課題として完結させるのではなく，「Bさんを悪質商法から守るための方法」を「地域に住む高齢者を悪質商法から守るための方法」へと地域課題として捉え直し，行政を巻き込んだ地域の取り組みにつなげることができた。

（2）**地域ケア会議を起点にした地域ネットワークの展開**

　小学校区や日常生活圏域レベルで開催される地域ケア会議は，包括をはじめとする専門職と民生委員をはじめとする地域住民が地域で課題となっていることを把握・検討できる貴重な場である。筆者が所属していた包括では主に小学校区ごとに行われる民生委員協議会の場を借りて地域ケア会議を開催した。筆者が開催した地域課題を取り扱う地域ケア会議を基に，包括が地域ケア会議を通して行う

地域へのアプローチとはどのようなものかについて述べる。

　筆者が地域ケア会議を開催して直面したのは，民生委員等からの意見がなく受け身の状況であった。そのため，どのように地域住民の積極性を引き出すかが地域ケア会議の大きな課題であった。

　地域ケア会議の活発な議論のためにはソーシャルワークにおける集団援助技術（グループワーク）による仕掛け，つまり参加者が話をしたくなるような工夫が必要である。たとえば地域の課題を把握するために地域支援の計画表を独自に作成してファシリテーションの技法を駆使しながら検討するなど，活気ある地域ケア会議の運営に努めた。

　地域課題を取り扱う地域ケア会議では，地域課題を基に資源開発・政策形成につなげる可能性を持つ。たとえば，ある地域では高齢者が集まり運動する場がないことが地域課題として浮かび上がり，その対策として地域の運動教室を有志で立ち上げることができた。地域ケア会議という場を通して地域に住む高齢者のニーズをネットワークでつなぎ，地域で新たな社会資源を作る。まさに「点・線・面」の支援が実践された。また，運動教室の立ち上げなど，新たな社会資源の開発とは言い換えれば福祉を通したまちづくりを包括が担うことを意味しており，ソーシャルワークにおける間接援助技術（コミュニティワーク）に相当する。地域に住む個々の高齢者のニーズを束ね，地域の力を結集することで地域の新しい可能性をみつけることができるのは包括の仕事の醍醐味の一つである。

（3）現場における「つなぐ」支援の困難性

　以上のように包括の業務は個別支援から地域支援に至るボトムアップの機能を有し，広い意味でまちづくりまで担う幅の広いソーシャルワーク実践に特徴がある。しかし個別課題を地域課題に，地域課題を資源開発や政策形成に「つなぐ」ことは言葉でわかっても実践することは難しい。包括で実践したい地域支援が必ずしも地域住民にとって受け入れてもらえるとは限らず，実際に提案した地域支援を断られることもあった。マニュアル化できない現実が地域にはあり，その現実に包括の職員は大きく迷っているのではないか。2013（平成25）年10月に東京都地域ケア会議推進部会において東京都内区市町村及び包括を対象に行われた調査においても，「地域の課題を抽出するための具体的な手順を知りたい」「個別ケ

ースの課題分析を積み重ねることで地域課題の発見を行い，地域づくり・資源開発につなげていくという道筋が漠然としていて理解しづらい」といった意見があった。

上記の意見が包括からのアンケート結果に表れているように，地域ケア会議を通して個別課題を地域課題・資源開発・政策形成に「つなぐ」ことは理解できているようで理解できないものとなっており，現場のもどかしさが伝わる調査結果となっている。

3　地域包括支援センターに求められる役割の変化
──政策の視点から

包括におけるソーシャルワーク実践は日本における地域包括ケアシステム構築に伴う政策運用と強い相関関係を持つ。特に近年では2014（平成26）年に「地域における医療及び介護の総合的な確保を推進するための関係法律の整備等に関する法律」制定を受け，2015（平成27）年4月に改正された介護保険法の影響が大きい。大きな変更点としては地域ケア会議の強化・生活支援コーディネーター（以下，生活支援C）の設置が挙げられる。このような政策の変更は現場にどのような影響を及ぼしているのだろうか。

（1）地域ケア会議の法定化

地域ケア会議は地域包括ケアシステム構築の手段として位置づけられており，2015（平成27）年4月の介護保険法改正では第115条の48において地域ケア会議が初めて法的に位置づけられた。

地域ケア会議は法定化以前から各地域で実施されていたが，その開催内容・頻度には大きな差がみられた。この差の平準化を目的として長寿社会開発センターから2013（平成25）年3月に地域ケア会議運営マニュアルが出されている。マニュアルにおいて示された地域ケア会議の役割として，以下の4点に集約できる。

① 地域ケア会議の機能を5つに分類（個別課題解決機能，ネットワーク構築機能，地域課題発見機能，地域づくり・資源開発機能，政策形成機能）。
② 地域ケア会議における個別課題解決機能を重視。

③ 個別課題から地域課題，地域課題から社会資源開発・政策提言へと至るボトムアップの視点を強調しており，そのための意見集約・課題解決を包括が担う。
④ 多職種協働への強い意識，特に医療面を巻き込んだ支援。

また，地域ケア会議運営マニュアルは2016年6月に地域ケア会議運営ハンドブックとして改訂されており，地域づくり・資源開発機能と政策形成機能を担う地域ケア推進会議が新たに位置づけられた。地域ケア推進会議が設置されたことで，地域包括ケアにつながる大きな意味での地域づくりが地域ケア会議に求められている。

地域ケア会議が法定化されたことは，包括の現場における地域支援を後押しするものとなった。地域によっては住民の理解が得られず地域ケア会議が開催できない現場もある。そのような地域に対して地域ケア会議の必要性を訴え，包括・行政が連携しながら地域支援に取り組むことが期待されている。

（2）生活支援コーディネーターの設置

生活支援コーディネーター（以下，生活支援C）は介護保険サービスでは担いきれない細やかな生活支援ニーズを地域全体で支え，地域資源の掘り起こし，資源開発を通して地域包括ケアシステム構築に寄与することを目的としている。2015（平成27）年4月の介護保険法改正により，保険者（市町村）に設置が義務づけられている。

生活支援Cは協議体の場を通し「いま，地域にあるもの」を組み合わせて支援することが求められる。地域にあるもの同士を組み合わせた先にある新たな地域の価値の再発見，つまり「宝物探し」としての機能が重要な意味を持つ。地域支援の現場においても包括や社会福祉協議会（以下，社協）との連携を通して地域の社会資源の開発が期待されている。

（3）政策面からみた地域包括支援センター運営の困難性

政策面（地域ケア会議・生活支援C）からみた包括運営の困難性については3点があげられる。

第9章　地域包括支援センター社会福祉士によるソーシャルワーク実践

　第1に地域ケア会議開催が努力義務化されたことにより，包括ごとに行われている独自性豊かなソーシャルワーク実践を後退させてしまうリスクがある。地域ケア会議は地域包括ケアシステム構築の手段であり目的ではない。そのため包括（地域）によっては地域ケア会議を開催していなくても，それに代わるソーシャルワーク実践の仕掛けが行われている地域もあるだろう。しかし今回の地域ケア会議法定化により，地域ケア会議を開催することが目的化するおそれが懸念される。

　第2に生活支援Cと包括の役割分担である。生活支援Cが行おうとしている社会資源の把握・開発は包括がすでに実施しているところも少なくない。筆者の担当地域は前述した地域の運動教室の他にも高齢者が集うサロンなど地域の民生委員や社協との連携を通して資源開発が行われている。同様に生活支援Cと包括で業務内容が重複する地域が出てくることも予想されるため，両者の住み分けの検討は急務である。

　第3に生活支援Cが個別支援機能を有しない点である。包括であれば介護予防ケアマネジメントや地域ケア会議の場を通して個別ケースから地域課題を汲み取ることができる。しかし生活支援Cは地域課題（線・面）に対応するため「点・線・面」の「点」がない。つまり，個別支援において重要な関係作りや地域を巻き込む力が弱いことを意味しており，十分な地域課題の把握・解決ができるのか不安を抱えている状態である。筆者が勤務するX市においても生活支援Cが第1層（X市は政令指定都市のため行政区単位）のみ設置となっていることから，日常生活圏域や小学校区，町内会などミクロな地域レベルの中でどれだけ地域住民の声を拾うことができるかが課題となる。

4　チームアプローチにおける社会福祉士の位置づけ

(1) 幅広い実践を求められる社会福祉士

　包括の特徴の一つに社会福祉士，保健師，主任介護支援専門員の3専門職が連携してソーシャルワーク実践に取り組むことが挙げられる。地域包括支援センター運営マニュアル検討委員会（2015：58）には「包括センターに3つの職種が配置されているのは，保健師等は保健医療，社会福祉士はソーシャルワーク，主任

介護支援専門員はケアマネジメント，それぞれの専門性を発揮することが期待されている」とある。それぞれの専門職としての専門性を活かした支援が求められていると同時に，3職種が別々に機能するのではなく一体となって地域支援に携わるチームアプローチが求められている。

　包括は個別支援，地域支援，政策提言など，ミクロ・メゾ・マクロの各レベルにおいて形を変えたソーシャルワーク実践を行うことが必要である。その意味ではソーシャルワークの専門性を持つ社会福祉士に大きな期待がかかっている。髙山（2015：13-29）は包括社会福祉士への期待について，①ソーシャルワーカーとしての専門性の発揮，②高齢者虐待や権利擁護における専門知識と技術の活用，③地域を基盤とした実践の展開，以上の3点に整理を試みており，社会福祉士にはソーシャルワークの深い知識と技術を駆使した幅広い実践が求められていることがわかる。

（2）チームアプローチによるソーシャルワーク実践

　包括におけるソーシャルワーク実践の現場に約10年在籍して感じることは，10年の時間の中で培った地域住民との関係性，個別に集めたニーズ，そして包括におけるチームアプローチが基盤となり，各包括において地域包括ケアシステム構築につながる萌芽が始まっていることである。

　たとえば，X市においては一部の行政区において認知症支援のためのネットワークづくりが進められている。包括や行政だけでなく社協や地域のサービス事業所などが中心になり，認知症になっても住みやすいまちづくりの一環として認知症サポーター研修を受講修了した者がいることを示すステッカーを地域の飲食店に配布するなど，包括の圏域を越えた福祉のまちづくりが専門職のチームアプローチの下に進められている。

（3）社会福祉士の専門性のゆらぎ

　前述のように包括のソーシャルワーク実践は個別支援はもちろんのこと，包括圏域の枠を越えて，まちづくりに関わる広いエリアでの支援まで及んでいる。ではその中で包括の社会福祉士が専門性を発揮できているかと問われれば，十分ではないと答えざるを得ない。

第9章　地域包括支援センター社会福祉士によるソーシャルワーク実践

表9-1　ヒアリング調査協力者の概要

ID	職　種	経　験	性　別
A	社会福祉士	8年6カ月	女
B	保健師	6年	女
C	社会福祉士	9年1カ月	男
D	主任介護支援専門員	4年	男
E	社会福祉士	2年5カ月	男
F	主任介護支援専門員	4年11カ月	男
G	介護支援専門員	4年3カ月	男
H	社会福祉士	4年5カ月	男

　専門性を発揮して積極的に地域へアプローチを行う社会福祉士も現場には多くいる。しかし「社会福祉士でないとできない」と言い切れる地域へのアプローチはない。その点については髙山（2014：81-93）も「地域包括支援センターの特性をふまえたとき，あらためて地域を基盤としたソーシャルワークは一専門職，一社会福祉士によって完結することではないことを認識させられる」と述べているように，3専門職のチームアプローチこそが重要となるだろう。しかし，その社会福祉士の持つ専門性の曖昧さが包括における社会福祉士の存在価値とは何かをわかりにくくしている。

5　ソーシャルワーク実践力向上のための課題整理
　　　　──ヒアリング調査を通して

　以上，包括の現状及び課題を現場における実践，政策の変更，社会福祉士の専門性の視点から論じてきた。では筆者がここまで論じてきた包括の現状及び課題は他の包括職員も同様に感じているものだろうか。ヒアリング調査を通して包括におけるソーシャルワーク実践の課題整理を試みたい。

（1）調査方法
　調査対象として政令指定都市であるX市内の包括でソーシャルワーク実践に従事している職員8名にヒアリング調査を実施した。なお，G氏はプラン作成を[2]

第Ⅲ部　社会福祉課題を越えるための取り組み

表9-2　事例コード・

研究軸 コードID	包括におけるソーシャルワーク実践の現状			
	地域ケア会議の取り組み	地域支援組織とのネットワーク構築	地域ケア会議の課題	個別・地域・政策レベルのつなぎ
A	・個別レベルは行わず，勉強会中心	・民生委員等との連携はできている。 ・地域向けの徘徊模擬訓練 ・大学との連携	・相談するより先に動いてしまう ・圏域型の場合，地域性の違いから課題がまとまらない。	・ボトムアップが困難 ・個別課題を地域課題に吸い上げる難しさ
B	・個別レベル，地域課題型などを実施	・地域課題を拾い上げ独自事業の創設につなげた	・地域によって内容の成熟度が違う	特になし
C	・個別レベルに加え，隣接する包括と合同での地域ケア会議を実施	・消防，保健所，職業団体，学生，民間企業，公共交通機関など福祉分野に限らない連携 ・地域役員の負担は限界	・個別課題型は専門的な話になり地域役員がついていけない。	特になし
D	・個別・小学校区・圏域（隣接包括と合同）型を開催している。	・地域関係者はすでにオーバーユース。既存の会議に顔を出す	特になし	・講座等を実施しても次につながらない
E	D氏と同じ	D氏と同じ	・地域ケア会議の調整が負担	D氏と同じ
F	・地域課題を事前に見立て，その確認のため個別課題を積み重ねる ・どうやって解決したか普遍化を狙いたい ・会議前の事前すりあわせ	・地域とつながるメリットを居宅一軒一軒回って説明 ・地域での特徴的な課題を基にした地域支援	・包括によって地域ケア会議の運営方式が違うのでまとまらない ・すりあわせの場はいる。実際，H区では運営会議という会議があり，運営協議会の前の月に開催する	・下からあがってきた課題を次に持っていく場がない。
G	・（介護などにまつわる）事件を発端として自分たちで任意団体のネットワークを作った ・いずれはネットワークを地縁組織にしたい ・包括はネットワークの全面に出ないよう意識している	・本当であれば（地域ケア会議）間で足並みを揃える何かが必要	・包括運営協議会が機能していない	・個別は個別（レベル）で完結してしまう。
H	・地域に課題を投げかけられるかどうか ・積極的に（地域支援組織に）歩み寄ることで（中略）地域ケア会議にも来てもらいやすくもなってくる	・某学区では（地域サロンにおいて）毎月情報提供を積極的に行う ・見守り活動定例会への参加 ・地域支援を行う上で社協を重要視 ・独自に生活支援Cを設置	・区の課題がまとまらない。	・次のレベルにつなげることの難しさ ・事件等のきっかけなしに地域住民のやる気を上げる困難性

第9章 地域包括支援センター社会福祉士によるソーシャルワーク実践

マトリックス

	包括と政策面との連携			包括社会福祉士としての専門性
行政との連携及び課題	政策（生活支援C）との連携	地域ケア会議マニュアル策定の影響		包括社会福祉士としての専門性のゆらぎと職員個人の特性
・行政から委託を受ける業務が多すぎて流されてしまう。	特になし	・地域ケア会議の開催回数をマニュアル化されたことでのやらされ感		・社会福祉士よりも介護支援専門員の方が連携しやすい ・（福祉分野以外の入職者など）包括を客観視できる人との大きな違い ・地域を動かしていくには熱さ、思いが原動力になる
・区としての課題を検討する場が欲しい	特になし	・会議の枠組み変更を地域役員に説明に回った		特になし
・公共機関も巻き込んだ幅広い連携	・高齢者の課題＝地域課題ではない	特になし		・地域のプロデュース力がないと包括は埋もれてしまう
・包括職員も行政に委ね過ぎでは	特になし	・マニュアルを超える柔軟な裁量権		・市の意向に縛られない自由度のある地域支援への答えを専門職も出せていない
特になし	特になし	・圏域型地域ケア会議では地域課題が（包括ごとに）違う		特になし
・役所職員人数が少ないことを理由に連携を拒まれる地域支援の取り組みを予算立てすることが難しい	・地域の居場所作りでの会議に参加	・マニュアル通りの地域支援実施		・地域ケア会議を通じた（地域住民・専門職への）人材育成 ・原動力は頼られる包括を作りたい、がんばっている地域住民をなんとかしないといけない、他の包括にも負けたくないという一心
・気持ちがあっても金がないとできないのはダメ。事業運営に困る人が出ないようにしてほしい ・職員配置が多い区でも、多かったら多かったで言い訳される	・情報交換会への参加のみ ・実際の連携が本当にないから困っている部分もみえてない。メリットもみえず ・生活支援Cが地域支援の着火剤になれば	・（地域ケア会議成立のための）マニュアルの人員要件を満たさないため会議のレベルを落とさざるを得ないこともある		・社会福祉士による地域アプローチは当然と受け取られそう。ケアマネ配置である方が共感が得やすい ・経営学部出身であり、包括の競争原理のなさには腹が立った。その思いがネットワーク組織化の原動力となった ・地域、役所の人の巻き込み方
・役所が変われば全部変わる。 ・異動で人が入れ替わる（ために継続性が持てないことが課題）	・情報交換会では生活支援Cによる居場所の紹介をしただけ ・生活支援Cへの期待はそこまでない	・市から地域ケア会議開催を義務づけられると形骸化		・管理者（センター長）が社会福祉士資格を持っているかどうかで地域の見方が変わるのでは ・社会福祉士でやると仕事になる。社会福祉士よりもケアマネの方がやりやすい。（社会福祉士としての）自分の中でのジレンマ ・職員個人の魅力・モチベーション

199

主業務とする介護支援専門員として包括に配置されているが，社会福祉士資格を有し地域と密接に関わりながら業務を行っているため対象者として加えている。実施時期は2016（平成28）年6月～11月に実施した。調査協力者の概要は表9-1の通りである。

　包括職員へのヒアリング実施・分析にあたっては佐藤郁哉（2008）の質的データ分析法を参考にした。ヒアリング内容は逐語録を作成し，合計8つのコードに分類した事例コード・マトリックスに基づく整理を試みる。事例コード・マトリックスを用いることでコード同士の関係性や文章セグメントを比較検討することで概念化させることが目的である。

　なお，倫理的配慮としてヒアリング協力者には調査の主旨，調査結果の使途，個人情報の保護について口頭で説明を行い，事前に了承を得ている。ヒアリング内容についても個人を特定できないよう配慮している。

（2）インタビュー結果

　事例コード・マトリックスを表9-2に示す。その結果から本章の軸となる包括におけるソーシャルワーク実践の現状，政策面との連携，包括社会福祉士としての専門性から結果を整理する。なお，文中の【　】は調査において聞き取った内容を示す。

1）地域包括支援センターにおけるソーシャルワーク実践の現状

① 地域ケア会議の取り組み・課題

　地域ケア会議の開催に関しては調査を行った8名が所属する包括（D氏・E氏は同包括）すべてで実施している。会議内容は【A：個別レベルは行わず，勉強会中心】【C：個別レベルに加え，隣接する包括と合同での地域ケア会議を実施】【G：（介護などにまつわる）事件を発端として自分たちで任意団体のネットワークを作った】など，地域性に合わせて多様な地域ケア会議が実施されていることが確認できた。

　地域ケア会議の課題としては【E：地域ケア会議の調整が負担】に代表される運営面での課題に加え，【B：地域によって内容の成熟度が違う】ために【C：個別課題型は専門的な話になり地域役員がついていけない。】といった現象も起きている。また，地域ケア会議のボトムアップ機能を活かすことへの困難性への意

見としては【A:ボトムアップが困難,個別課題を地域課題に吸い上げる難しさ】【D:講座等を実施しても次につながらない】といった意見がみられた。

② 地域支援組織とのネットワーク構築

民生委員,社協などをはじめとする地域支援組織とのネットワーク構築に関しては多様な連携の状況が明らかになった。【A:民生委員等との連携はできている】【H:某学区では（地域サロンにおいて）毎月情報提供を積極的に行う・見守り活動定例会への参加・地域支援を行う上で社協を重要視】の意見からは民生委員,社協など既存の地域支援組織との連携を重要視している姿勢が感じられる。一方で【D:地域関係者はすでにオーバーユース】であり【A:大学との連携】【C:消防,保健所,職域団体,学生,民間企業,公共交通機関など福祉分野に限らない連携】に代表されるように福祉分野以外の地域支援組織との連携を模索している様子がうかがえる。

2）地域包括支援センターと政策面との連携

① 行政との連携及び課題

行政との連携については【A:行政から委託を受ける業務が多すぎて流されてしまう】【D:包括職員も行政に委ね過ぎでは】のように,包括と行政の関係性に課題があるとの認識を示す意見があった。次に【F:地域支援の取り組みを予算立てすることが難しい】【G:気持ちがあっても金がないとできないのはダメ。事業運営に困る人が出ないようにしてほしい】といった意見からは包括が地域課題に取り組み,何等かの事業立ち上げに携わった場合,予算を配分することができる行政側の支援が欲しいとの意見があった。

② 政策（生活支援C）との連携

地域とのネットワーク作りにおいて関連性が高いと思われる生活支援Cとの連携については調査時点では設置から日が浅い（X市では2016（平成28）年5月に生活支援Cを設置）こともあり具体的な連携事例に乏しい現状が見受けられた。その中でも【F:地域の居場所作りでの会議に参加】【H:情報交換会では生活支援Cによる居場所の紹介をした】といった聞き取り結果からは,生活支援Cが地域に介入するための足掛かりとして地域との話し合いの場を持とうとしていることがわかる。

また,X市においては第1層（行政区単位）に1人の生活支援C配置となって

いるため，第2層（日常生活圏域）を活動圏域とする包括とは活動圏域のズレを生じさせており【G：メリットもみえない】【H：生活支援Cへの期待はそこまでない】の意見のように，行政区単位という大きな圏域で1人の設置に留まっている生活支援Cへの期待感のなさが表れている。一方で【G：実際の連携が本当にないから困っている部分もみえてない】ため今後の密な連携を通して【G：生活支援Cが地域支援の着火剤になれば】といった聞き取りもあり，今後の連携強化への期待感が込められていた。

3）地域包括支援センター社会福祉士としての専門性と職員特性

包括社会福祉士については専門性と職員特性に関する意見がみられた。

まず包括社会福祉士としての専門性である。【C：地域のプロデュース力がないと包括は埋もれてしまう】【G：地域・役所の人の巻き込み方】といった聞き取り結果からは，地域に向けてソーシャルワーク実践を行う社会福祉士だからこそ地域を育てる力，地域住民を巻き込みながら地域づくりに携わる必要性があるとの認識を示した。一方で【A：社会福祉士よりも介護支援専門員の方が連携しやすい】【H：社会福祉士でやると仕事になる】の意見からは，地域におけるソーシャルワーク実践を担う専門職として背負っている看板が逆に地域と関わる上で相手との距離感を作ってしまい，連携を困難にしているのではと解釈していた。この点から，社会福祉士が持つ専門性へのゆらぎを抱えていることが示唆される。

また，ソーシャルワーク実践を行える背景にあるものとして包括職員個人が持つ特性にも注目された。【F：頼られる包括を作りたい，がんばっている地域住民をなんとかしないといけない，他の包括にも負けたくない】【G：経営学部出身であり，包括の競争原理のなさには腹が立った。その思いがネットワーク組織化の原動力】のように，包括社会福祉士が個々に持つ専門性とは別に，地域のソーシャルワーク実践に携わることへの強い目的意識を持っていることがわかった。

4）地域ケア会議マニュアル策定の影響

X市においては前述の地域ケア会議運営マニュアル作成委員会（2013），地域ケア会議運営ハンドブック作成委員会（2016）を参考に市独自の地域ケア会議運営のマニュアルを作成し，地域ケア会議の回数や内容についてより細かな規定を行っている。

マニュアルに基づく地域ケア会議運営については，マニュアル化することへの

弊害意見が多くみられた。【A：地域ケア会議の開催回数をマニュアル化されたことでのやらされ感】からの包括職員のモチベーションの低下，【H：市から地域ケア会議開催を義務づけられると形骸化】するとの懸念には包括による独自性豊かな地域支援が失われるのではとの不安が感じられる。

また，地域ケア会議の持つ5つの機能に沿って地域ケア会議の形態も5種類に分類したことから【E：圏域型地域ケア会議では地域課題が（包括ごとに）違う】【G：（地域ケア会議成立のための）マニュアルの人員要件を満たさないため会議のレベルを落とさざるを得ないこともある】のように，マニュアル化による平準化のねらいとは裏腹に円滑な地域ケア会議運営に支障をきたしている現状を知ることができた。

（3）ヒアリング調査を踏まえたソーシャルワーク実践の現状把握及び考察

ヒアリング調査結果からは筆者が現場で抱える悩みと類似のものが多く，調査に協力いただいた包括職員も現場において悩みを抱えながらソーシャルワーク実践に取り組んでいる様子をうかがい知ることができた。同時に，それぞれの包括で独自性豊かなソーシャルワーク実践がなされており，包括の実践における幅の広さを感じさせるものとなった。包括によるソーシャルワーク実践の現状把握及び考察を以下の3点に分けて述べる。

1）ソーシャルワーク実践の3類型

包括におけるソーシャルワーク実践は，大きく分けて3類型に整理することができる。

① 個別課題を通した支援の集積の結果，地域課題へとつながるタイプ（F氏のソーシャルワーク実践）
② 地域支援組織との連携を重視して社会資源開発や政策提言へとつなげるタイプ（C氏・H氏のソーシャルワーク実践）
③ 地域課題に対して組織化の手法を用いて地域支援の解決を目指すタイプ（G氏のソーシャルワーク実践）

包括におけるソーシャルワーク実践の3類型はそれぞれが関係性を持ち，優劣

第Ⅲ部　社会福祉課題を越えるための取り組み

の差はないと考える。特にX市のような政令指定都市の場合，住宅密集地から山間地まで幅広い地域性があり，加えて各行政区の人口・サービス事業所数の違いなども考慮に入れればソーシャルワーク実践の方法は自然と変わってくるだろう。その意味では3類型はそれぞれに意義があり，またソーシャルワーク実践においては個別課題・地域課題の焦点の当て方によって3類型のバランスを臨機応変に変容させながら支援することが必要になると考えられ，包括で行われているソーシャルワーク実践の多様性を表している。

2）政策面と現場におけるソーシャルワーク実践との協調

政策面においては行政主体であるX市と包括職員との連携，また新たな政策面の変化として生活支援Cとの連携に課題があることが明らかになった。今回の調査結果から政策面と実践面の踏み込んだ連携への手がかりになるものとして以下の3点を挙げたい。

第1にすり合わせの場の設定である。ソーシャルワーク実践が多機能化するほど連携する団体は増え，地域ケア会議における検討内容はさらに専門性を高めるものになりがちである。ヒアリング調査においても【F：すり合わせの場はいる。実際，H区では運営会議という会議があり，運営協議会の前の月に開催する】【G：本当であれば（地域ケア会議）間で足並みを揃える何かが必要】といったように地域ケア会議の前段階として意見共有を目的としたすり合わせの場の設置を行うことが必要と考える。

第2に第2層生活支援Cの設置の必要性である。ヒアリングでは第1層（行政区単位）に1人の生活支援Cが設置されている現状では期待感が薄いとの声があった。X市において生活支援Cの設置が第1層にとどまっているのはあくまで現状の話であり，今後の展開は不明である。しかし今後，包括を中心とする地域包括ケアシステムの推進及び地域支援機能の向上を目指すならば，第2層への生活支援Cへの設置は必要不可欠である。

第3にX市と包括の関係性の変革である。現状におけるX市から包括に対する関与とはマニュアルの整備等を通した平準化としての側面が強い。もちろん公的な事業である以上，包括間において必要以上の差が生まれることは好ましいものではないだろう。しかし本章におけるヒアリング調査結果において，多くの独自色豊かなソーシャルワーク実践が行われていることが明らかになったことから

も，地域性を活かした包括ごとの独自性を伸ばす視点に着目した行政・包括の関係性の変容を検討すべきではないか。

3）地域包括支援センター社会福祉士の専門性向上

ヒアリング調査からは包括社会福祉士が地域住民などを巻き込んでいく力を課題として考えていることが明らかになった。上記の課題解決の方法として，包括におけるソーシャルワーク実践力向上を見据えた研修体系の変更を検討する必要がある。たとえば，どのような地域性にも対応できるように，先で示したソーシャルワークの3類型をバランスよく実践できるスキルの習得を研修内容に組み込むことが必要ではないか。

なお，研修体系の変更は単にカリキュラムを変更するだけであったり座学のみで習得できたりするものではないだろう。たとえば違う包括の職員同士が行う職員交換研修など，視点を変えるような学びの場の提供をすると同時に社会福祉士のモチベーションを上げる仕組みづくりが研修カリキュラムに求められているといえよう。

6　立体的なソーシャルワーク実践の可能性

今後，包括社会福祉士におけるソーシャルワーク実践が効果的に展開していくためには何が必要になるのだろうか。筆者は「点・線・面」の支援から新たに「点・線・面から立体へ」の支援が必要と考える。立体的な支援を社会福祉士が実践するための視点について以下の2点に整理して述べたい。

第1に面と立体の違いは「奥行き」が生まれることである。ソーシャルワーク実践における「奥行き」とは地域へのアセスメント力を意味する。個別ケースと同じように地域にも地域住民が暮らしてきた歴史がある。今は存在しない地域住民にとって憩いの場であった池の名前が老人クラブの名前に残っているなど，地域のアセスメントを深く掘り下げることで地域の新たな側面を発見することにつながる。ソーシャルワークの専門性を駆使しながら深い地域アセスメントを通じて地域に携わる姿勢が求められているといえよう。

第2に開発の視点である。地域ケア会議の法定化，生活支援C設置の背景には地域にある様々な地域支援組織との連携を通した地域包括ケアシステムの構築

を目指す意図があると思われる。そのためには地域にある強みを伸ばしていくスキルに加え、地域にないものを開発していくスキルが包括社会福祉士には求められる。

たとえば前述した地域の運動教室開催のように、社会資源の開発は地域の現状をアセスメントする、地域ケア会議で話し合う、地域住民の同意を得る、行政を巻き込んだ連携など様々なソーシャルワークの要素から成り立つ。つまり社会資源の開発に携わることが結果的にソーシャルワークのスキルを向上させることにつながり、多角的に地域に取り組むことが求められる包括の社会福祉士にとって今後必要な視点になると考える。

7　ゆらぎながら前を向く姿勢の重要性

様々な現場で勤務している社会福祉士が等しく感じていることだと思うが、眼前の支援に手一杯で自身の実践を振り返る時間はほとんどない。あわただしい毎日の中で最善を尽くしつつも「このやり方でよいのだろうか」と自問自答しながら業務に携わる社会福祉士は多いのではないか。

筆者自身、ヒアリング調査において迷いや悩みを秘めている包括職員と気持ちを共有することの重要性を強く再認識した。ヒアリング調査の際に聞き取った次の言葉が象徴的である。

　　【G：このヒアリングもひとつのすり合わせの場ですからね。お互い刺激を受け合って、口に出したら整理できるようになるからね、整理したらより深まってきますよね。】

包括は地域性、包括内の組織特性、運営方式（委託・直営）など様々な要因が重なり、同じ包括は一つもない。それが包括の独自性を生むと同時に、難しさを職員が抱えやすい構造になっている。しかし、G氏の言葉のように同じ包括社会福祉士としての悩みの共有や振り返りを通じ、常にゆらぎながらも個々に包括社会福祉士として専門性を確立していこうとする姿勢が地域の専門職として求められている。

注
(1) 本章における包括のソーシャルワーク実践とは，個別支援を基調とするコミュニティソーシャルワーク，地域づくり・まちづくりを基調とする広義の意味でのコミュニティワークといった理論を包含しており，地域ケア会議等を通した地域におけるネットワーク構築及び地域の社会資源開発を含む概念として定義する。
(2) ヒアリング調査は筆者が2016年度に日本福祉大学大学院社会福祉学研究科に提出した修士論文で採用した調査に加筆修正を加えてまとめたものである。

参考文献

浅野貴博（2014）「ソーシャルワーカーであることの不確かさ」『ソーシャルワーク学会誌』34, 1-14頁。

岩間伸之（2011）「地域を基盤としたソーシャルワークの特質と機能——個と地域の一体的支援の展開に向けて」『ソーシャルワーク研究』37(1), 4-19頁。

大橋謙策（2006）「コミュニティソーシャルワークの展開過程と留意点」日本地域福祉学会編『新版　地域福祉辞典』中央法規出版, 21-23頁。

厚生労働省老健局（2014）「地域包括ケアの実現に向けた地域ケア会議実践事例集」。

これからの地域福祉のあり方に関する研究会（2008）「地域における『新たな支え合い』を求めて——住民と行政の協働による新しい福祉」。

佐藤郁哉（2008）『質的データ分析法——原理・方法・実践』新曜社。

高橋誠一ほか編著（2016）『生活支援コーディネーター養成テキスト』全国コミュニティライフサポートセンター。

髙山由美子（2014）「地域包括支援センターを機能させる要件——ソーシャルワーク専門職を配置したことの意義」『東洋大学大学院紀要』50, 81-93頁。

髙山由美子（2015）「地域包括支援センターにおける社会福祉士の実践に関する論述と研究の動向」『ルーテル学院研究紀要』49, 13-29頁。

髙山由美子（2016）「ソーシャルワーク実践としての地域ケア会議」『ソーシャルワーク研究』42(1), 13-21頁。

地域包括支援センター運営マニュアル検討委員会（2015）『地域包括支援センター運営マニュアル』長寿社会開発センター。

地域ケア会議運営マニュアル作成委員会（2013）『地域ケア会議運営マニュアル』長寿社会開発センター。

地域ケア会議運営ハンドブック作成委員会（2016）『地域ケア会議運営ハンドブック』長寿社会開発センター。

東京都地域ケア会議推進部会（2014）「東京都地域ケア会議推進部会のまとめ——地域包括ケアシステムの構築に向けて」東京都保健福祉局。

第Ⅲ部　社会福祉課題を越えるための取り組み

日本能率協会総合研究所（2016）「介護予防・日常生活支援総合事業におけるコーディネーター・協議体のあり方に関する研究事業報告書」。
日本福祉大学アジア福祉社会開発研究センター編（2017）『地域共生の開発福祉——制度アプローチを越えて』ミネルヴァ書房。
原田正樹（2005）「コミュニティワークを地域住民の力へ——コミュニティワークの発展とこれからの戦略」『地域福祉研究』33，32-41頁。
平野隆之（2003）「コミュニティワークから地域福祉援助技術へ」高森敬久・高田眞治・加納恵子・平野隆之『地域福祉援助技術論』相川書房，32-40頁。

（吉岡祐紀）

第10章 地域における成年後見・権利擁護支援システムの構築

1 ソーシャルワークと権利擁護支援

(1) 生活相談員の実践と権利擁護支援——特別養護老人ホームの事例から

　要介護状態の高齢者が生活する特別養護老人ホームには、「生活相談員」と、「介護支援専門員」という2つの相談援助業務の専門職が位置づけられている。介護支援計画の策定を主な業務とするのが、「介護支援専門員」である。一方で「生活相談員」には、入所者への相談援助だけにとどまらず、入所者の家族、さらには地域との連携や調整が求められる。つまり、ソーシャルワーカーとしての専門性を必要とする相談援助職である。

　「特別養護老人ホームの生活相談員はどうあるべきか」という悩みや葛藤は多くの生活相談員が経験している。なぜなら、「生活相談員は入所者100人に対し1人の生活相談員を置かなければならない」という規定のため、大多数を占める介護職員などの直接援助職員に比べ、圧倒的に少ない職種であり、生活相談員が相談できる相手が近くにいないこと、具体的な責務や業務についての規定がなく、業務の幅が広いという要因があるからである。

　滋賀県甲賀市にある社会福祉法人甲南会「特別養護老人ホームせせらぎ苑」は「生活相談員はソーシャルワーカーであるべき」という方針の下、事業を運営している。入所者の中には権利擁護支援を必要とする人も利用しており、生活相談員が権利擁護支援の必要性に気づき、支援を行うことがある。事業所職員は、権利擁護支援ニーズのある高齢者等との利害関係にある以上、権利擁護支援の中心となることは困難な場合がある。しかしながら、権利擁護支援のチームの一員として重要な役割を果たす。

　「特別養護老人ホームに入所後、次第に利用料が滞るようになり、親族からの搾取が判明したケース」「本人の意向に沿わない介護サービスの利用や、本人が

望まない治療を家族や医療関係者で決定してしまうケース」のように施設職員は，本人を知るからこそ，「これでよいのか」というジレンマを感じ，悩むことが少なくない。

（2）社会福祉士会の活動

特別養護老人ホームの生活相談員は，「生活相談員とは何か」「生活相談員はどのように行動するべきか」を問い続ける職種である。生活相談員だけではない。多くの相談支援従事者は，答えのない支援に日々奮闘している。

社会福祉士会に所属し，高齢者，障害者，児童福祉の現場，行政や社会福祉協議会，医療，教育，司法現場など様々な分野で活動をするソーシャルワーカーが所属する社会福祉士会での活動は専門性を高めるものとして，有効であると考えられる。

2000（平成12）年の民法改正に伴い，新たな成年後見制度が始まった。「財産管理」だけではなく，「身上監護」を目的として成年後見制度を申し立てる件数が増加した。2016（平成28）年の家庭裁判所への申立案件の申立理由で最も多いものが，「預貯金等の管理，解約」であった。それに次いで「身上監護」が多くなっている（最高裁判所事務総局家庭局 2017）。

「身上監護」の専門職として，社会福祉士会が専門職後見人として家庭裁判所から審判を受け，受任活動を行っている。受任件数は，司法書士，弁護士に続いて社会福祉士（以下，ぱあとなあ）が多くなっている。[1]

ぱあとなあで活動をする社会福祉士は，受任活動の中で地域の社会福祉事業従事者や相談支援従事者が，「成年後見制度を利用することが支援のゴールであり，成年後見人が選任されたら，その後の支援は成年後見人がすべての支援を行う」といういわゆる「成年後見人に丸投げ」という事態が起こっていることに疑問を感じていた（これは，後に甲賀・湖南成年後見センターが行ったヒアリング調査においても明らかになった）。

成年後見人は，家庭裁判所から審判を受けて初めて被後見人のことを知り，しかも申立書や，申立に係るわずかな書類でしか情報がない中で後見活動が始まる。すでに長期間にわたり被後見人等の支援者であった社会福祉現場の相談支援従事者や施設職員との連携や継続した支援がなければ被後見人等の権利擁護支援がで

きるわけではなく，制度利用の目的が本当に被後見人のためのものなのか。

支援者が，支援に行き詰まっていて誰か（もしくはどこかの機関）に渡してしまいたい，と思っているだけではないか。という疑問が起こるような状況であった。

2016（平成28）年に成年後見制度利用促進法が施行されたことを受け，被成年後見人等の意思決定支援，身上監護が重視されるようになった。

とりわけ権利擁護支援が必要な高齢者・障害者の意思決定においては，従来の支援者との連携・協働が不可欠である。成年後見人等が他の支援者とともに支援を続けていくためには，成年後見制度の正しい理解と，個別の支援ネットワークの中に成年後見人も組み入れていけるような仕組みを作っていくことが重要であるといえる。

（3）権利擁護支援が必要な社会的背景

2000（平成12）年に社会福祉基礎構造改革が行われ，長く高齢者福祉制度の基本となってきた措置制度から介護保険制度という利用契約制度に移行した。

介護保険サービス事業所職員は，措置制度にはなかった，契約書の作成，利用者への重要事項の説明，契約の締結という手続きをこなしていく一方で，「認知症高齢者がこの契約内容を理解しているのか」，家族に対しサービス内容を説明する場面では「一体誰と契約をしているのか」という疑問をもち，さらには，署名欄を埋めることに躍起になる自らの行動に「介護計画やサービス内容は家族のためのものか，利用者本人のためのものか」「主体は誰か」という肝心なことを忘れてしまうような現実があった。

認知症高齢者等が利用する介護保険サービスが契約制度となった。ということは，契約内容を十分に理解できないまま利用する恐れがある，決して高齢者本人のためのサービスとはいえないサービスが家族や親族で契約されてしまうことが実態であった。つまり，容易に権利侵害が起こりうる仕組みに移行したのである。

成年後見制度は，明治時代から長く続いた禁治産・準禁治産制度が廃止され，介護保険制度と時期を同じくして新しく生まれ変わった。旧禁治産制度・準禁治産制度の主な目的は，「財産管理」であり，とりわけ「治めることを禁ずる」という「財産の保全」が最大の目的であった。一方，改正成年後見制度の大きな特徴は「身上監護」である。つまり，認知症高齢者等がその人が望む生活を実現し，

第Ⅲ部　社会福祉課題を越えるための取り組み

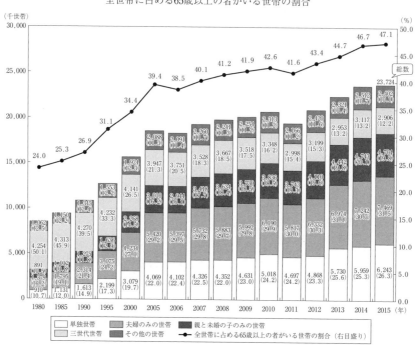

図10-1　65歳以上の者のいる世帯数及び構成割合（世帯構造別）と全世帯に占める65歳以上の者がいる世帯の割合

注：(1) 平成7年の数値は兵庫県を除いたもの、平成23年の数値は岩手県、宮城県及び福島県を除いたもの、平成24年の数値は福島県を除いたものである。
(2) （　）内の数字は、65歳以上の者のいる世帯数に占める割合（％）
(3) 四捨五入のため合計は必ずしも一致しない。
資料：昭和60年以前の数値は厚生省「厚生行政基礎調査」、昭和61年以降の数値は厚生労働省「国民生活基礎調査」による。
出所：厚生労働省『高齢者白書　平成29年版』。

　その人らしく生活ができるよう支援をすることである。成年後見制度が法的支援だけではなく、権利擁護支援の一つとしての認識が広まった。
　高齢者を取り巻く環境も変化した。高齢者世帯の単身世帯、高齢者のみの世帯、高齢者と単身の子で構成される世帯が増加した（図10-1）。さらに、雇用の不安定化により、子世代の経済状況が悪化したことで、世帯が抱える課題が複雑で多岐にわたるものとなり、高齢者や障害者を支える支援者が、一人で抱えるには負担を感じるようになっていた。金銭管理が十分にできない人や、身近に頼れる親

族がいない人が成年後見制度を利用していた。そこには，支援者自身の「(成年後見人等の支援者が増えることで) 負担を軽くしたい」という切なる思いがあったことが想像できる。

このような状況下で，滋賀県甲賀圏域 (滋賀県の福祉圏域の一つで，甲賀市，湖南市のことを指す) では，2011 (平成23) 年度，行政や，社会福祉協議会，地域の高齢者・障害者福祉事業所関係者から，権利擁護センター設立の必要性が高まったのである。

2 地域の権利擁護支援における相談機関の役割
―― 甲賀・湖南成年後見センターぱんじーの事例から

甲賀・湖南成年後見センターぱんじー (以下，ぱんじー) は，甲賀市，湖南市福祉行政をはじめ，圏域の高齢者・障害者施設，事業所など関係者が設立準備委員会を立ち上げて設立に向けての検討を行った。

甲賀圏域は，高齢者福祉施設はもちろん，障害者福祉においては，全国的にも福祉の先進地としても有名な地域である。

昭和30年代以降，障害者福祉施策の整備とともに各地から甲賀市，湖南市の施設に入所し，その後長期にわたり，地域で生活している。利用者，その家族が高齢化する中，いわゆる「親亡き後」を支えるものとして成年後見制度の利用が必要とされていた。そのような背景があり，甲賀圏域に成年後見センターの設立を，という声は甲賀地域障害児・者サービス調整会議 (自立支援協議会) から特に要望が強かった。

設立準備委員会が運営主体を検討する段階で，事業型社会福祉協議会は利益相反が課題となるという意見などがあり，新たにNPO法人を立ち上げ，法人後見受任団体としての機能が期待された。

2013 (平成25) 年9月にNPO法人として認可を受け，同10月よりぱんじーは事業を開始した。当初，相談員が1名であったこともあり，すぐに法人後見受任を始められる体制ではなかった。まず，ぱんじーが地域で何をするべきか。ということを理事会で話し合った。

行政主体で立ち上がったセンターだからこそ，いわゆる「成年後見受任」という機能だけではなく，地域の権利擁護支援を必要とする方への相談支援や，権利

擁護の啓発などが重要な役割なのではないか，という方針を掲げた。

　まず，権利擁護支援をすすめていくには現状把握が不可欠であったため，2つの調査を行うことになった。

　1つ目は，2014（平成26）年2月「権利擁護支援に関する現状と課題」として，地域の高齢者・障害者の相談支援に従事する人たちに対して行った実態調査である（甲賀・湖南成年後見センターぱんじー 2015）。その内容は，「成年後見制度に関する相談を受けたことがあるか」「虐待等権利擁護支援ニーズのあるケースへの相談対応において必要なことは何か」「権利擁護に特化した専門的な機関に求めること」などについて尋ねたものである。

　この調査で，多くの人が成年後見制度や虐待など権利擁護支援ニーズのあるケースを抱えているものの，行政への報告や相談については「支援が複雑になる」「相談をしても解決が困難」と考え，相談することを悩んでいること，また，支援が困難なケースの相談対応に必要なことは「関係機関や専門機関のネットワーク」という回答が最も多く，その機能として求めるものとして，「ケースに関する全体的なコーディネート」「ケースに対する直接的な支援や調整」であることが明らかになった。

　前述の調査では，多くの支援者が「困難と感じる」ケースを抱えているが，どのようなケースに困難さを感じているのかを調査するために，2014（平成26）年9月，同じく相談支援事業従事者に対し，「支援困難ケースの現状と課題」としてアンケート調査を行った。調査の内容は，支援者自身が「支援が困難」と感じるケースについて，その困難性の要因を「支援ニーズの困難性」「本人（家族等も含む）との関係性等での困難性」「支援者や支援のしくみの困難性」に分類し，それぞれに回答を求めた。その要因と，具体的な課題については，表10-1の通りである。

　この調査では，困難性を感じる要因のいずれに対しても半数以上の支援者が困難性を感じていることがわかった。特に困難を感じていることとしては，「支援拒否」「コミュニケーションが困難なケース」「自己管理能力が不足しているケース」などの利用者本人や家族との関係性による困難性やニーズが複合しているケースが多く挙げられた。

　次に，支援困難ケースに対する問題点について問う質問に対しては，「資源の

表10-1　支援困難ケースの要因と課題

困難性の要因	具体的な課題
[ア] 支援ニーズ（解決すべき課題やニーズ）の困難性	・支援のための資源が不足している ・支援のための資源が利用しにくい ・新たな資源を開発することが難しい
[イ] 本人（家族等も含む）との関係性等での困難性	・支援者のスキルが不足している ・機関内の支援体制が不足している ・連携での支援体制が不足している
[ウ] 支援者や支援のしくみの困難性	・支援者のスキルアップのしくみが不足 ・連携のためのしくみが不足 ・連携を推進するしくみが不足

出所：甲賀・湖南成年後見センターぱんじー（2014）「支援困難ケースの現状と課題に関する調査」。

不足」「支援者のスキル不足」が特に回答が多かった。

　また，困難性を感じているケースに対しての支援の必要性を問う質問に対しては，どの項目に対してもほとんどの人が一定以上の支援の必要性を感じていることがわかった。「サービスや支援体制の充実」などの，成果が直接的に見えるような取り組みと，「スキルアップのための研修やスーパービジョン」といった人材育成に関する取り組みや「連携のための仕組み」「連携を推進する仕組み」という回答に現れているように，システム構築や支援者に対する支援を求めるものであった。

　支援者は，自身の支援に「この支援でよいのか」と悩みながら支援をしていること，支援者が必要と感じているサービスや支援体制の充実と同様に，スキルアップや支援者同士のネットワークを構築するための研修会や事例検討会など，人材育成に関する企画運営もぱんじーにとって重要な役割の一つであることが明らかとなった。

　この調査を通して，権利擁護支援システムに必要な柱を「個別支援」「支援者支援」「地域づくり」と導くことができた（表10-2）。

3　甲賀・湖南成年後見センターぱんじーの実践

（1）相談事業

　2013（平成25）年10月の事業開始以降，相談件数は増加している（図10-2）。

表10-2 権利擁護支援システムの機能と具体例

	機能	具体的な事業等の例
個別支援	①成年後見制度利用支援	・申立支援 ・受任調整（受任調整会議等の設置） ・成年後見制度利用支援事業
	②専門相談・支援	・司法職をはじめとする専門職の協力 　・専門相談・支援（権利侵害への対応，債務整理，訴訟等） 　・虐待ケースへの対応（各市マニュアルに基づく），支援（施設従事者等による虐待も含む） ・支援困難ケースに対する支援
	③アウトリーチによる支援	・「高齢者・障がい者なんでも相談会」などの相談会を開催し，地域のニーズの把握，掘り起こし，権利擁護の理念の啓発，ネットワークの拡大などを行う。
支援者支援	①支援者支援	・専門職相談 ・支援困難ケースに対する支援 ・支援者向け事例検討会 　・「高齢者・障がい者なんでも相談会」
	②スーパーバイズ機能	・支援困難ケースに対する専門的助言，評価等
	③後見活動支援	・親族後見人に対する研修，懇談会等 ・第三者後見人に対する研修，事例検討会等
地域づくり	①権利擁護の理念の啓発	・虐待防止，成年後見制度，その他権利擁護に関する出前講座
	②成年後見制度の普及・啓発	・住民向け，専門職向け，事業所向け研修，出前講座
	③権利擁護支援者等人材育成	・地域福祉権利擁護事業の地域支援員，市民後見人の養成
	④地域包括ケアシステムの活用	・既存の（小）地域ケア会議などの活用 ・専門職だけではなく，インフォーマルな資源を活用，地域でできる権利擁護支援の実現をめざす。人材育成への展開も可能。
	⑤虐待防止ネットワークの形成	・各市に設置されている高齢者（障害者）虐待防止ネットワーク会議との連携
	⑥権利擁護支援センター運営委員会	権利擁護支援センターに，福祉医療現場や当事者等地域の意見を反映させる
	⑦甲賀圏域権利擁護システム推進協議会	圏域の権利擁護支援システムを総括し，システムの課題分析，提案を進める協議会。 成年後見制度や地域福祉権利擁護事業にとどまらず，障害者差別解消法，意思決定支援による成年後見制度など，圏域全体の権利擁護に関する課題を協議する。
	⑧専門職，他圏域の権利擁護支援センター等とのネットワーク	・県内権利擁護支援センター等連絡協議会 ・「高齢者・障がい者なんでも相談会」等への協力

出所：甲賀・湖南成年後見センターぱんじー（2015）「甲賀圏域権利擁護支援システム検討会報告書」。

図10-2 ぱんじー相談延件数

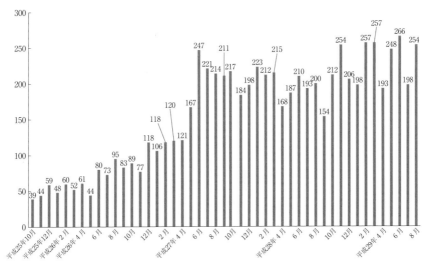

出所：甲賀・湖南成年後見センターぱんじー調べ（各年度）。

相談員2人で，1カ月の相談件数は延べ約200件（実人数約70件）を超え毎月新規相談が10〜20件が寄せられている状況である。2人の相談員では，対応が十分にできないほどの状況であるが，地域に権利擁護支援を必要とする高齢者・障害者が多いということの現れである。

相談内容については，成年後見制度に関する相談だけではなく，消費者被害などの相談，金銭・財産管理や虐待，さらには，意思決定支援など広く権利擁護支援に関わる相談が多くなってきている。ぱんじーが目指してきた「成年後見制度に関する相談や後見人としての受任だけではなく，権利擁護に関わる相談を」という理念が浸透してきたといえるのではないだろうか。

相談支援をすすめる中で，成年後見制度の申立支援につながるケースが年間約30件あり，成年後見人選任後も，申立人である親族やご本人の支援を継続し，必要であれば成年後見人等の支援として関わりを続けている。

（2）広報・啓発事業

事業開始当初から，ホームページを開設し，ぱんじーの事業を公開している。

また,「ぱんじー通信」を年間4回発行し,地域の事業所や関係機関に配布している。

地域や医療福祉関係事業所または,自治会などに出向いて,成年後見制度についての講座,権利擁護支援や高齢者・障害者虐待についての出前講座を行っている。出前講座をきっかけに個別相談,支援につながるケースもあり,日頃悩んでいる人への相談のきっかけになっているのではないか,と思われる。

(3) 支援者支援事業

前述の2013(平成25)～2014(平成26)年度に行った調査で,支援者自身が支援を必要としている状況が明らかになった。権利擁護支援の専門的な相談機関として,支援者が相談できる機関であることが求められている。「高齢者・障がい者なんでも相談会」は,司法職,福祉職,行政職,社会福祉協議会など多職種の相談員が市民の高齢者,障害者に関する相談や悩みを無料,時間無制限で相談に応じるワンストップ相談会を定期的に開催している。これは,市民に対する相談会ではあるが,相談を受ける専門職側にとっても,「普段あまり関わることのない多くの専門職とのつながりの場」であり,また「他の専門職が相談に対してどのような助言を行っているのか」という他の専門職を知る場としても重要である。この相談会をきっかけに多職種の専門職との連携ができ,専門職の輪が拡がっている。

その他にもぱんじーは,支援者を支える事業として,「権利擁護支援事例検討会」「支援困難ケースの解決のためのアセスメントとチーム連携を考える研修会」という2つの事業を実施している。

「権利擁護支援事例検討会」は,事例提供者(地域の相談支援従事者)が,自身が困難であると感じているケースについて,支援者がどのようなことに困っていて,何について検討してほしいのかを明らかにすること,事例提供者を批判的に見るのではなく,支持的な視点で事例提供者をリスペクトすること,というルールを作った上で,司法職を含めた多職種にわたる参加者の意見を聞く,というスタイルのものである。勇気を出して事例を提供された事例提供者のモチベーションアップを目指したものである。

（4）権利擁護支援システム検討事業

　2013（平成25）年度からの複数の調査の結果，権利擁護支援システムの必要性が明らかになった。

　成年後見制度は，主に，弁護士，司法書士，社会福祉士会（以下，三士会）の専門職団体が成年後見制度の親族以外の受任を担っている（第三者後見人または，専門職後見人という）。ぱんじーでは，2014（平成26）年9～10月にかけてこの三士会に対しヒアリング調査を行った。そこで複数の団体から「後見人が決まったとたん，これまでの支援者が支援を終わらせようとし，後見人が孤立する」「後見人が決まると，後見人に丸投げをしようとし，関係機関がこれまでの役割を果たさなくなり，すき間が拡がってしまう」という回答があった。

　ぱんじーがあるべきセンター機能を模索する中で，「ぱんじーに相談すればそれで終わり」「あとはぱんじーに任せた」という状況を作ることが危惧されてきたが，これは，成年後見人が選任された後も同様のことを示すものであった。

　権利擁護支援は，一つの機関，一人の成年後見人等が選任されたら完結するものではないこと，行政，社会福祉協議会，福祉医療関係機関など，一人の高齢者・障害者に関わる人や機関が連携をしながら支援できるものである。そのためには，それをシステム化し，支援の質の専門性の担保と平準化を目指している。

　2016（平成28）年の施行された成年後見制度利用促進法においても，「地域連携ネットワーク」の設置が提案されている（図10-3）。

（5）法人後見事業

　思いのほか，相談件数が多いこと，相談員の増員がうまくいかなかったこともあり，法人後見受任には至っていなかった。

　事業開始3年目を迎えた2016（平成28）年8月にぱんじーの会員や地域の相談支援従事者等に対し，「ぱんじーの事業に期待すること」というアンケート調査を行った。

　その結果，相談事業，支援者支援とほぼ同じ割合で法人後見事業に対する期待があった。しかし，これまでの相談事業，支援者支援事業は継続してほしい，という意見も多く寄せられたことから，法人後見事業を始めるにあたり，「専門職後見人，親族後見人が担えないような複雑で，多岐にわたる課題を抱えた事例」

第Ⅲ部　社会福祉課題を越えるための取り組み

図10-3　地域連携ネットワークのイメージ

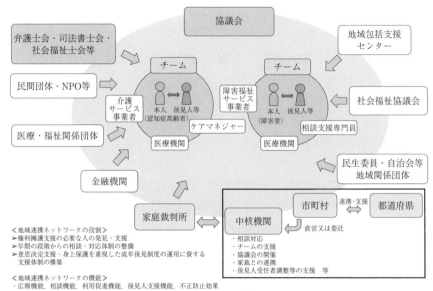

出所：厚生労働省HP（https://www.mhlw.go.jp/file/06-Seisakujouhou-12000000-Shakaiengokyoku-Shakai/keikaku-green.pdf，2018年8月11日アクセス）。

「後見報酬が見込めない事情があるような困難な事例」という，積極的に受任を進めていくというのではなく，第三者を含めた受任審査会を設け，ぱんじーが地域から求められている後見受任活動を行うこととした。

2018（平成30）年1月，ぱんじーは家庭裁判所より成年後見人としての審判を受け，法人後見活動が始まった。

4　利用者本人の生活を中心に置いた支援体制の構築
　　──相談事業からみる権利擁護支援の課題

第2節で相談事業の件数の増加について触れた。年々増加するぱんじーに寄せられる相談内容を分析することで，現在の権利擁護に関する課題を明らかにしたい。

ぱんじーへの相談は，高齢者や障害のある本人やその家族からの相談は少なく，むしろ，ケアマネジャーなど相談支援従事者や行政，地域包括支援センターから

の相談が圧倒的に多い。これは，2016（平成28）年度のぱんじーが成年後見制度の申立を行った36件の相談経路を調べた結果，7割以上が地域の相談支援従事者であり，本人，親族，民生委員などは3割に満たない，という結果からも明らかである。相談内容を大別すると以下の2つに分類できる。

① 成年後見制度に関する相談

財産や金銭管理，または，施設入所契約，相続手続きなど，今，目の前に明らかな課題があり，その課題の解決のために成年後見制度などの利用を考えている相談である。

本人やその家族からは，「成年後見制度を利用したい。申立手続きを教えてほしい」という初回相談の時点で，相談したい内容が明らかな場合である。地域包括支援センターやケアマネジャーなど相談支援従事者からの相談の場合，「成年後見制度が必要だと思う。制度の説明や手続きについて教えてほしい」という相談が寄せられる。

このような相談の場合，成年後見制度の理解が不十分なまま利用が検討されており，制度の考え方，審判までの手順や経過，審判後の家庭裁判所との関係などを説明することで，結果的に申立に至らないことや，相談者と支援が必要な高齢者（障害者）本人の間で利害関係が明らかになることがあり，本人の権利擁護の立場で支援をするぱんじーとしては，支援が継続できなくなってしまうことがある。

本人の利益より，相談者・支援者にとって都合のよい申立，利用が検討されている場合，本人の同意が得られず，成年後見制度利用の目的について，支援者と目的を確認，共有することが必要となる。

② 成年後見制度に関する相談ではないが，支援者・相談者自身が「なんとなく不安」「どう（支援を）したらよいかわからない」という見えない課題を抱えた相談。

「お金がない」「将来的に成年後見制度が必要だと思うが，いつ申立を考えたらいいか」「課題が複合的で多岐にわたるので，何から解決してよいかわからない」「世代を超えてそれぞれに課題があり，一つの機関，事業所では解決できない。どうしたらよいか」という相談が多く寄せられる。その場合の支援として，本人や親族，支援者それぞれに対し，権利擁護支援や成年後見制度の理解を求めるこ

とから始める（なぜ，成年後見制度が必要なのか。成年後見制度が目的ではなく，ご本人がどのような暮らしを送っていくのか。ということが重要であることの説明が必要になる）。また，支援者が複数ありながら，権利擁護支援の視点での課題整理ができていないことがあるため，課題整理から始めざるを得ない状況である。

③　長年複数の支援者がありながら，権利擁護支援の必要性が見過ごされてきた例

認知症のAさん（85歳）は，精神障害のある娘のBさん（54歳）との2人暮らし。数年前から，Aさんは介護保険サービスを，Bさんは障害者福祉サービスを利用していたため，それぞれにサービス提供や支援体制が充実していた。

Aさんは認知機能が低下し，これまで母として担ってきた家事やBさんの日々の困り事に対応することができなくなっていた。また，数年前に介護保険サービス事業所と契約をした当初は問題なくできていた金銭管理ができなくなっていた。このようなAさんの変化にBさんの支援者，Aさんの支援者がともに気づくことができなかった。次第に光熱費や介護サービス利用料の支払いが滞るようになった。

Aさんの支援者は，Aさんの要介護度の変化に対する直接介護に関する生活支援（具体的には，介護計画の見直し，それに伴うサービスの見直し）は行ったが，Bさんの状況や変化に気づくことができず課題が深刻化していった。

一方，Bさんの支援者である相談支援事業所やB型就労支援事業所，訪問看護などは日々の生活支援，医療の視点からの支援は十分に提供されていたが，高齢の母の変化に応じた支援へと変更することができず，また，世帯全体としての権利擁護支援ニーズをアセスメントすることができなかった。結果的に，預金が底をついて電気が止まる。という状況になって初めて事態の深刻さに気づいた。

このケースの場合は，Aさんの支援者，Bさんの支援者が定期的に集まり，支援会議が行われていた。日常生活やサービス利用時の状況についての課題は共有されていたが，「母娘の今後の生活」全体に目を向けることができなかった。

このようなケースは特別ではなく，現場ではよくあることである。複数の支援者が，個人の支援だけではなく，世帯の支援としてコーディネートをする機能が必要であること，長期間にわたる支援の中で，世帯を構成する一人ひとりのライフステージに合わせて，個人のニーズ，世帯のニーズも変化するため，それに応

じた支援が求められる。しかしながら，一人の支援者には限界があり，世帯を俯瞰的に捉える機能を持つことができる支援チームを作っていかなければならない。それが，権利擁護支援のシステムの「個別支援」機能であり，世帯に関わる支援者を支える「支援者支援」であり，権利擁護支援ニーズに早期に気づく「地域づくり」であると考えられる。

④　まとめ

ぱんじーの相談経路や内容から，権利擁護支援が必要な相談には，単に成年後見制度等の制度や施策につなげることで状況が改善する，という単純なものではないことがわかる。ぱんじーがこのような相談支援を続けていくためには，権利擁護支援システムの構築が必須であることが明らかになった。

日本の社会福祉施策は，施設や事業所の整備，各種制度の整備が中心であった。それは，サービス指向の相談援助につながった。パターナリズムの名残も影響し，家族中心，家族機能が前提のものであった。ところが，現代においては，個人の生き方を尊重し，多様な生活のスタイルが認められ，また，家族構成の変化により家族機能が低下している社会で個人や世帯が抱える課題が，非常に多岐にわたりかつ，複雑化している。従来の縦割で，かつ，サービス指向型の支援から，「高齢者・障害者本人の生活・暮らしを中心においた支援」いわゆるニーズ志向に転換してかなければならない。

5　地域共生社会と権利擁護支援
――成年後見制度利用促進法による地域連携ネットワーク

最高裁判所が公表している統計によると，成年後見人等と本人との関係について，現行の成年後見制度に改正された当時，2000（平成12）年は，親族が成年後見人等に選任されている割合は，全体の90.9％，親族以外の割合が9.1％であった。しかしながら，表10-3の通り年々変化を遂げており，2012（平成24）年には，親族と親族以外の割合が逆転した。そして，2015（平成27）年の統計では親族後見人は，30％を切る状況となった。これは，滋賀県甲賀圏域においても同様の状況である。むしろ，甲賀圏域では，より多くの第三者後見人を必要としている状況であるといえる。厚生労働省が打ち出している「我が事・丸ごと地域共生社会」の中でも互助を支える基盤が低下していることは明らかにされているとこ

表10-3 成年後見人等と本人との関係の推移

	平成12年	平成20年	平成24年	平成27年
親族後見人	90.9%	68.5%	48.5%	29.9%
親族以外の後見人	9.1%	31.5%	51.5%	70.1%

出所：最高裁判所事務総局・家庭局「成年後見制度の概況 平成12・20・24・27年版」を基に筆者作成。

ろであるが，成年後見制度においても同じことがいえる。

　また，成年後見制度利用促進法では，現状の成年後見制度は，利用者数は増加傾向にあるが，認知症高齢者等の数と比較して，著しく少ないこと，現状の成年後見制度の運用が，身上監護や意思決定支援を重視しているとは言い難い現状であることなどが課題とされていた。その課題を解決するためには，①権利擁護支援が必要な人の発見と早期からの相談，②後見人等を含めた「チーム（福祉等の関係者と後見人等がチームとなって本人を見守る体制）」による本人の見守り，③「協議会（福祉・法律の専門職団体が協力して個別のチームを支援する仕組み）等によるチームの支援」，④地域連携ネットワークの整備・運営の中核となる機関の必要性が打ち出された（図10-3）。地域におけるネットワークの重要性については，地域包括ケアシステムの構築，強化についても同様で，地域共生社会の実現においては要の一つであると考えられる。地域包括ケアシステムに，司法が加わった地域連携ネットワークが提案されている。基盤となる中核機関の設置や，市民後見人や法人後見の担い手の育成・活動の促進などが重要となっている。

　市民後見人の育成や活動については，先駆的に実践している地域もあるが，極めてプライバシーに関わる領域であること，また，権利擁護支援という，専門職であり，かつ，モラルや価値観が問われる支援であり，また，地域の実情に応じた人材の養成でありであることが望ましい，養成をしたものの形骸化する危険性もある。よって，市民後見人の育成については，慎重にならざるを得ないと考える。しかし，これからの権利擁護支援ニーズが増大すること，人口減少社会を迎える現状を考えると，避けては通れない課題である。

　国は，地域共生社会の実現を推進しているが，新たな縦割を生む施策では本末転倒である。生活は連続性のものであり，そこには，必ず専門職の支援が伴う仕組みになることを期待するものであり，行政責任の明確化，財政支援が必須である。

6　社会福祉士が権利擁護支援に関わる意義

　人が生活を送っていくには、様々な権利を行使する。「基本的人権の享有」や「幸福追求権」など、人として平等に与えられる権利であるはずが、時に社会福祉という、その人らしく生活を送る支援をする現場でさえ、支援者による権利侵害の事件が報道される。
　それは、多くの認知症高齢者や障害者は、権利を主張できない、意思を決定できないと考えられている社会が生み出す見えない抑圧か、支援する側と支援を受ける側という立場が確立されていることが影響しているのか、地域共生社会の理念とはほど遠い状況がある。その中には、決して意図的ではないものが少なくない。良かれと思っていることもあれば、他者の指摘があり初めて不適切な状況であることに気づくものも含まれている。
　ソーシャルワーカーは、人と環境との関係に着目し、社会生活上の問題を解決し、その人がその人らしく生活することの支援を行う、という専門職である。
　施設の生活相談員、成年後見制度に関わる成年後見人等、活動するフィールドにかかわらず権利擁護支援を行う専門職として目の前で支援を必要とする人に対する「個別支援」、支援者を孤立させない「支援者支援」、そして、地域に働きかける「地域づくり」を実践できる専門職である。
　アンバランスな権利関係がなぜ起こっているのか。その要因を明らかにし、人や環境にアプローチし、改善していくことがソーシャルワーカーの専門性であるといえよう。
　また、全国権利擁護支援ネットワーク代表の佐藤彰一は、「権利擁護支援には、『法的支援』『生活支援』『相談支援』という三つの支援を一人の人が担うのではなく、できるだけ多くの機関や人が関わることが望ましい」と述べている（全国権利擁護支援ネットワーク編 2015）。地域共生社会においては、ソーシャルワークの価値や技術（エンパワメント、ソーシャルアクション、スーパービジョン、コンサルテーションなど）が求められる。その技術を駆使し、権利擁護支援を必要とする人や社会に働きかけていくことがソーシャルワーカーに求められている。

第Ⅲ部　社会福祉課題を越えるための取り組み

注
(1) 公益社団法人日本社会福祉士会ならびに，各都道府県社会福祉士会が運営している。各都道府県社会福祉士会の「ぱあとなあ」では，所定の成年後見人養成研修を終了した社会福祉士を成年後見人等の候補者として登録している。

参考文献
奥田佑子・平野隆之・金圓景（2015）「地域における権利擁護支援システムの要素と形成プロセス」『日本の地域福祉』28, 1-13頁。
甲賀・湖南成年後見センターぱんじー（2015）「甲賀圏域権利擁護支援システム検討会報告書」。
最高裁判所事務総局家庭局（2017）「成年後見事件の概況　平成28年1月～12月」。
世田谷区地域福祉部介護保険課（2010）『ケアマネジメント困難事例集――支援が困難と感じたときのヒント』。
全国権利擁護支援ネットワーク（2013）『権利擁護支援システムを創ろう！――権利擁護支援活動マニュアル（ガイドブック）』。
全国権利擁護支援ネットワーク編（2015）『権利擁護支援と法人後見』ミネルヴァ書房。

（桐高とよみ）

| 第11章 | 障害者・家族が自分で人生を切り開くための相談活動 ——社会福祉専門職が持つエンパワメントの視点が生み出すもの |

1 自分が価値を置く人生を送る

　私たち社会福祉実践をしている人間のところに相談に来る人は，何かしらの原因で「思うような生活が送れない状況」にある。障害者や家族の相談の場合，その原因が病気や障害に起因することが多い。確かに，障害や病気による特有の生活困難の生じやすさ，というものはある。しかし，障害や病気があっても「生活者」であることに変わりはなく，その人の暮らす社会の一員であり，地域の住民である。

　窪田（2013：4）は「『生活』と言う語は英語のライフ（life）に相当する意味で用いられることが多い。ライフを3つの次元，すなわち生命活動，日々の暮らし，生涯というそれぞれ関連しつつも独自の領域を構成する部分に分けてこれを論じるときに，それぞれの特質も連関性もより明確にすることから社会学的にもよく用いられている認識である」と述べている。

　この窪田の定義を参考に，筆者は生活困難を次のように定義づけている。

① 「生命活動の困難」として，生命の維持，健康の維持の困難
② 「日々の暮らしの困難」として，経済的困難，文化的な生活の困難，人間関係の困難
③ 「人生の困難」として，自分たちが価値を置く生き方ができない困難

　そして，これら3つの次元すべてに「こうありたい自分」に向かって現実の自分を変革させたい「自己形成の要求」が実現できない困難さがある。それが，「思うような生活が送れない」という形となって現れる。

　障害者やその家族を対象とした相談活動が社会福祉実践として展開されるため

第Ⅲ部　社会福祉課題を越えるための取り組み

には，生活上に困難が現れている人の生活を「生命活動」「日々の暮らし」「人生」の総体として捉えて，その生活困難を把握し，表面に現れている生活困難に対して，危機介入の手立てをとりつつも，その生活困難の本質的な解決に向けての視点を持ち続けなければならない。生活上に現れている困難の背景にある自己形成の要求を把握し，本人が主体的に新しい自分を作り，新しい生活を作って自己実現を目指せるような相談活動を実践していく必要がある。

そのように生活困難を捉え，本人や家族が「こんな風に生きたい」と思えるような生活づくりに伴走する相談活動を展開することで，相談者が本来持っていた潜在的な力があふれ出し，自分の力で人生を切り拓いていけるようになっていく姿にたびたび出会う。そして，当初は，本人も相談員も周囲の人も想像し得なかったような変化を遂げていく。障害や病気そのものが大きく変化したわけではないのに，本人や家族は生き生きと生活ができるようになっていく。本章では，そのようなエンパワメントの視点をもった相談活動のあり方と，その社会的な意味について考察したい。

さらに，その実践の中で関わった社会福祉実践者たちが，相談者の変化に寄り添いながら，自分自身も変化していく。糸賀（1968：148）が「児童の内面性の深い探究とその人格形成は同時に職員の不断の人格形成と無縁ではない」「親や教師や職員が，そしてさらには地域社会が，その子どもとの関係性の中で改善され，変革されていくのである」と述べているように，変化していく本人と実践者たちが相互に関わり合う中で，今，目の前にある生活困難の背景にある社会の課題を発見し，解決のために社会に働きかけ，社会を作り変えていく。そのような社会福祉実践のあり方についても述べたい。

2　「家族依存」を軸にした社会の仕組みの中で

（1）自分で「私の役割」を作り変え，自分の人生を作る

Aさんは39歳の女性。高校生，中学生，小学生の3人の子どもがいる。

20代前半で結婚し，出産。子どもをとてもかわいいと感じていた。長男が4歳の時に，妹が生まれる。妹を育てるうちに長男と比べて様子が違うことに気がつく。ほとんどずっと眠っている。てんかん発作も起こるようになり，調べると障

第11章　障害者・家族が自分で人生を切り開くための相談活動

害があることがわかった。それからは，入退院を繰り返し，母は入院のたびに病院に泊り込み，退院しても通院や療育施設を回る日々が始まった。2年少し過ぎて次男を出産。生まれてしばらくはわからなかったが，次男にも障害があることがわかった。2人とも，食べること，出すこと，寝ること，移動すること，お風呂，着替え，生活のすべてにおいて全面的な介護が必要な最重度の重症心身障害であり，てんかん発作もあった。

長男の子育てはほとんどできなくなった。「長男の初めての保育園の運動会にも行ってあげられなかった」とAさんは振り返る。

また，家族の協力も得がたかった。夫は「責任を感じるとしんどい」と言い，義母は「人に預けるなんて。母親がちゃんとみたらいいんや」と言った。そんな環境の中でAさんは「私がこの子たちを育てる」という気持ちを強くしていった。

とはいえ，母一人では限界がある。Aさんは義母に隠れて福祉制度を利用するようになっていった。相談員もそんなAさんの事情に配慮して福祉制度を使う調整をした。大変ではあるが，Aさんは，福祉制度を活用しながら子育てに自分の役割を見出し，それが生きがいになっていった。

しかし，子どもたちは成長する。長女の体重も25kgを超え，抱え上げる事が大変になってきた。Aさんは，腰に重だるさや痛みを感じるようになってくる。相談員は，腰への負担が大きい入浴介護の負担軽減のため，住宅改修の提案をした。ちょうど，住宅改修の制度変更で補助額が減らされるため早く改修をした方がよいと伝えた。Aさんは「できたらいいけど……」と言いながら，制度を利用しても一部自己負担金が発生するので，それを支払えないことを理由に住宅改修を断念した。週2回ほど入浴介助のヘルパーは利用したが，育ち盛りの子どもたちはよく汗をかき，オムツをしている。清潔保持のため，ヘルパーが来ない日はすべてAさんが入浴介助をし続けた。

障害児の親に腰痛・肩こりの症状が多く現れることは知られており，その原因として，白坂・新田（2004：169-174）は「子どもの体重が25kgを超えること」や，「介護に当たっている総時間数との関係」を指摘している。ヘルパーや子どもの学校の先生も「腰痛が悪化しないように福祉にもっと頼ったら？」「お母さんが倒れちゃったら，子どもたちが寂しい思いをするよ」と助言していたが，A

さんは「こんなにサービス使うのは私くらいでしょ？　他の人はこんなに使ってない」「自分でできることはする」と言った。この発言の背景には，当時，社会資源の不足から，障害児のいる家庭の間で「サービス争奪戦」のような状況が起こっていたことがあると考えられる。

　その後も無理のある生活が続く。長男が中学生の頃に，夫と離婚。母子家庭になったAさんの介護負担はさらに増していき，ついに椎間板ヘルニアを発症し，激痛で微動だにできなくなり，救急車で搬送された。病院に駆けつけた相談員に対しAさんはベットの中で「ごめんなさい。私が言うことを聞かなかったからこんなことになった。もっと助けてもらえばよかった」と，痛みと後悔で泣きながら自分を責めた。

　自宅には高校生の兄と重症心身障害の妹弟が残された。相談員は短期入所施設などに片っ端から連絡し，2人の子どもの受け入れ先を探した。日頃から懇意にしている近所の人が駆けつけた。Aさんはそのまま入院し，手術をすることとなり入院は1カ月に及んだ。その間，子どもたちは，いくつかの短期入所施設などを転々とし，兄は自宅で一人で生活した。

　Aさんが居住する市の福祉事務所の担当ケースワーカーは児童相談所とも連携をとり，病院を訪ねて「障害児の入所施設に入所希望を出すように」とAさんを説得した。ケースワーカーは「介護ができなくても，母と言う存在は子どもたちにとってかけがえのないものです。このまま無理を続けたら，お母さんの体がもたない」と言った。相談員は，「将来，子どもたちが大きくなってから，施設に預けたとして，その時，Aさんはどうするの？　例えば55歳になった時，腰が痛くて，仕事ができる状態じゃないかもしれない。入所希望を出しても待機者が何十人もいてすぐに入所はできない。せめて希望だけでも出して」と説得した。しかし，Aさんは頑なに入所希望を出すことを拒否した。

　Aさん家族の今後を考える時，関係者は「母の介護を前提にした計画は立てられない」と判断していた。医師からは「2kg以上のものを持ってはいけない」といわれていた。子どもに会えても，自分は何もできない現状にAさんは途方にくれた。子育てと介護はAさんにとって「自分の役割」「生きがい」「存在意義」であった。それを「あなたはもうできない」と言われてしまったのだ。

　術後もAさんは，子どもたちと一緒に暮らし続けることしか考えていなかっ

た。子どもたちの介護は様々な福祉制度の組み合わせで乗り切ることになり，月間予定表はパズルのようになった。たくさんの事業所のたくさんのスタッフが子どもの介護に関わるので，相談員は1冊の共通の連絡ノートを作って情報共有ができるようにするなど，この綱渡りのような生活が安定していく方法を考えた。

　しかし，この家族の今後を考える時，子どもたちの生活だけではなく「Aさんの人生」が大きな課題であると相談員は考えていた。たくさんのヘルパーが出入りする家で，目の前にいる子どもの歯磨きすら自分では手伝えない。これからの人生，Aさんは何を生きがいにしていけるのだろうかと，相談員は頭を悩ませた。

　幸い，相談員とAさんは日常のたわいない会話も気軽にできる関係であった。そんな中から，お料理好きのAさんが家でお菓子やケーキを作ったことがないという話を聞いた。腰痛を悪化させないために体重コントロールも必要であったので，相談員は家で糖分控えめのお菓子作りをすることを提案した。「そんなの今までしたことないわ……」と言っていたAさんであったが，相談員が用意した簡単なレシピを見て，作ってみることにした。

　そんなある日，Aさんが「これ良かったら，食べて〜」とガトーショコラを持って相談センターを訪ねた。「みんなで一緒に作った」と言う。「みんなって？」と問い返すと，障害児のお母さんたち何人かで集まって一緒に作ったのだという。そのガトーショコラは本当においしく，「初めて作ったの？　信じられない。おいしい」と相談員はAさんに伝えた。

　その後，Aさんは，お菓子だけではなく，友だちと集まって，おかず作りをみんなでして「晩御飯のおかずをわけっこする」ということもした。「みんなで喋っていると，いろんな福祉サービスの使い方の情報交換ができる」「〇〇さんが困っているみたいだから，相談センターに行くように言っておいたから相談にのってあげて」などと言ってくれるようになった。

　そんな日々の中で，Aさんは，大きく自分の役割を変化させていく。相変わらず腰にはヘルニアを抱えている状態で，介護ができないことには変わりない。しかし，「自分が直接介護はできなくても，この子たちが将来生きていくためには，介護者が必要だ。この子たちが幸せに生きるために，介護者を育てるのが私の役割だ」と考えを切り替えた。そして「良い支援者」が増えることは，みんな

にとってよいことだ，と考えるようになる。具体的にはヘルパー等に，介護の方法をわかりやすく伝える「伝え方」を考えた。写真などを使い，その方法を職員間で共有しやすくした。10カ所以上の福祉事業所と契約し，30人近くの職員から毎日入れ替わり立ちかわりの支援を受ける。受け入れる家族のストレスもかなり高くなる。「たまには家族だけで過ごしたい」と月間計画の中にそういう時間を取り入れることも提案した。歯磨きが苦手なヘルパーさんには，「歯科通院同行」の依頼をして，歯磨きの方法を学んでもらったりした。事業所のスタッフに感謝の気持ちをいつも持っていて，そのことを言葉で伝えることも大切にしている。家事も「長く続けるには手抜きも大切よ」と朝ごはんは食べやすいプリンやヨーグルトで終わらせることもある。でも，子どもの靴下がズレていることは見逃さない。きちんと服を調えて学校へ送り出す。「子どもの介護」という家庭内での役割であったものを，「介護者の育成」という社会的な役割に変化させ，Aさんは元気に毎日を過ごしている。腰に負担の少ない仕事にも出会い，働きに行くようにもなった。

（2）「家族依存」の仕組みが2次的な生活困難を生む──生活困難の再生産

　Aさんの人生を振り返ると，介護の必要な人がいる家庭で，家族をまず「主たる介護者」として考える「家族依存」の仕組みがAさんの人生にも，子どもたちの生活にも，さらなる生活困難を生み出すことにつながっていることがわかる。障害者総合支援法における障害支援区分の認定調査用紙には，成人障害者の調査にもかかわらず，家族の健康状態までを記入する欄があり「介護はまず家族で」という前提があることがわかる。制度がそうである上に，住民にも「自分でできることは自分で」「福祉のお世話になるのはよくないこと」というような考え方はまだまだ根強い。義母の「人に頼らず，自分で子どもを見なさい」という言葉や，Aさん自身の「他の人はこんなにサービス使ってないでしょ？」という言葉にも，「サービスを使うことはよくないこと」という考え方が見える。

　2000年に介護保険が施行された時，「これからは介護の社会化だ」と言われていた。しかし，約20年経った今，介護の社会化どころか，ますます「自助の強要」が推し進められている。自助を前提に家族が支え，それでも無理なら地域住民同士で助け合うことまでを制度的に求められる（峰島 2017）。

第11章 障害者・家族が自分で人生を切り開くための相談活動

　この「自助の強要」が家族にその人生において「介護者」としての役割以外を選択させなくなっている。Aさんが頑なに子どもの入所を拒否した背景には，子どもと一緒に暮らしたいことはもちろんであるが，子どもの介護に自分の役割を見つけざるを得なかったという現実がある。家族依存の仕組みからくる「自助の強要」は「家族の自己実現」を阻む。そして，長期にわたるそのような関係は，強固な親子の依存関係につながりやすい。

　近年，高齢になった親と障害児の「老障介護」が問題になっているが，筆者は，高齢の母親が障害児が入所できるグループホーム（以下，GH）を希望して，やっと見つかったのに自ら断ってしまう，という話を何度か聞いた。2016（平成28）年に実施されたきょうされん（2016）によると，40代前半までは，親との同居が50%を超えており「親依存の生活」の現状にあることがわかる。これは，社会資源の不足，家族依存の仕組みが，福祉制度を利用したくても利用できず，直接的に老障介護を生み出していることもあるが，もう一つ，親子ともどもまだ若い頃から「自助の強要」の中で生活してきた結果，強固な依存関係が生まれ「親離れ・子離れ」を阻み，自ら積極的に福祉制度の利用を選択しない心理状態を生み出していると考えられる。

　社会福祉専門職は，障害者本人，その家族，みんなにとっての自己実現を視野に入れて実践に取り組む必要がある。実践現場では，障害者本人についての，①「生命活動の困難」と，②「日々の暮らしの困難」に焦点を当てがちである。その家族は「○○さんのお母さん」と言う位置付けで語られて，その人自身の名前ですら呼ばれないことも多い。障害のない子どもなら巣立ちの時期があり，ある程度は解放されるその役割も，障害児の親の場合は介護も含めその後もずっと続くことが多い。家族も一人の人間である。その人自身の人生がある。家族の人生も含んで実践を組み立てる必要がある。そしてそれは，①「生命活動の困難」，②「日々の暮らしの困難」だけではなく，③「人生の困難」すべてのレベルにおいて総体として捉えられなければならない。本人も家族も，自分が価値を置く人生を生きたい。「こうありたい自分」に向かって現実の自分を変革させたいという「自己形成の要求」がある。それが社会の仕組みによって阻まれて実現できないのであれば，その困難の解決も視野に入れた社会福祉実践でなければならない。そうでなければ，生活困難はますます膨らんでより深く大きな困難に再生産され

ていくことになる。

3　自分でも気がついていなかった「願い」

(1)「一人暮らしがしたい」は，なぜ表出されたのか

　Bさんは63歳。重度の知的障害がある。GHで知的障害者3名と一緒に生活をしていた。昼間は，清掃等のアルバイトに月〜土まで通い，月5〜6万円の賃金と障害基礎年金2級を受給していた。Bさんはとてもまじめな性格で，毎日きちんと仕事に通った。時計を読めないので，職員に目覚ましをセットしてもらって起床するが，いつもとても早く行動し，早めに職場に着いていた。GHでも一切と言っていいほど何も問題のない人であった。会話は可能であるが，なかなか「言葉」が出てこないことは多く「あれやん，あれ」「あの時の！」と言うように，一生懸命思い出せる言葉を駆使して伝えようとしていた。

　Bさんは，休日，一人で外出することも多かった。路線図も読めないし，お金の計算もできない。しかし，Bさんは「奈良の大仏さんのとこいきたいんやけど」と駅員さんなどに聞いたりしながら，交通系ICカードを使って出かけていた。一人で余暇を満喫できるといえばそうであった。しかし，朝出発して，昼ごろには帰ってくる。時間を計算すると，どう考えても，目的地には30分も滞在していないのではないかと思われた。「行った」だけであり，そこを楽しめているのかな……，と職員は感じていた。ちょうどその頃，知的障害のある人たちの学びを目的にしたサークルが立ち上がり，メンバーを募集していたので「Bさんも楽しめるかもしれない」と感じた相談支援専門員が，Bさんをサークルに誘ってみた。

　「サークル」というのが何をすることなのかわからなかったBさんであるが，「行ってみるわ」と答えた。最初は，休日の余暇活動と同じように「行く」ということが目的になっていて活動の中身を楽しめているのかどうかはわからなかった。でも，回数を重ねるうちにBさんに変化が見える。サークルの日の服装がピンクのシャツなどおしゃれになってきたのである。サークルでは「おしゃれ」についてみんなで学ぶなどの活動もしていた。Bさんはとある特定の支援者の服装をマネているようであった。そして，自分から連絡をして待ち合わせをするな

ど，サークル活動に積極的になる姿が見えてきたのである。

　サークル活動に参加し始めて1年が過ぎた頃，Bさんは突然「わし，ひとり暮らしがしたいんや」と職員に告げた。今までBさんからそのような発言を聞いたことがなかった周囲の人間は，その言葉で表出された希望に驚き，半信半疑の気持ちで，「どうしてそんなことを言い出したのだろう？」「GHで嫌なことがあったんじゃないか？」などといろいろ原因を考えた。それに対してBさんは「ホームは嫌なことはない。みんなやさしい」「ひとり暮らしがしてみたい。あかんのか？」と繰り返しまっすぐに伝えた。

　相談支援専門員がBさんとゆっくり話してみてわかったのは，Bさんの二大目標は「飛行機に乗ること」と「ひとり暮らしをすること」。今まで周囲の人間が聞いたことのない話だった。しかし，Bさんの突然とも思われる希望に対し，相談支援専門員は思い当たることがあった。サークルのメンバーが最近，「一人で飛行機に乗ったんや」という話をしていたのだ。他にも，「親から離れて自立する」なども話題に上がっていた。「もしかしたらサークルメンバーの海外旅行や自立の話の中から何かを感じたのではないか……」と思いながらより深く理由を聞いてみたものの，Bさん自身の口からはそういった話はまったく出てこず，ただとてもストレートに「練習してみたくなったんや」（ひとり暮らしを）と言った。

　正直にいえば，Bさんの重度の知的障害の状況ではひとり暮らしは難しいと思われる。でも，ただ反対するだけではなく，Bさんのことをもう一度きちんと捉え直す必要があるのではないか，そう考え，相談支援専門員は2つの方法でBさん像を捉えなおしてみることにした。

　2つとは，①Bさんの歴史をたどってみること，②発達検査を受けてもらうことであった。①はここまでのBさんの生きてきた道を知るために，②は今のBさんを知るために，であった。

　記録によると，Bさんは小学校入学時に障害を理由に就学猶予となり1年遅れて地域の小学校の障害児学級に入学した。その後，13歳で知的障害児の入所施設B学園に入所していた。職員はB学園を訪問し，50年前のBさんの記録をみせてもらった。記録からは，Bさんが仲間や職員とともに様々な活動を通してたくましく育つ姿が読み取れた。洗濯当番になって，みんなの洗濯を夜遅くまでがん

ばっていたこと。畜産班に所属し，仲間と一緒に協力し合って牛や豚の世話に取り組んでいたこと。楽しそうに水泳をする絵も残っていた。そして，18歳になる頃には就職する先輩の様子を見て「僕も卒業して，畜産の仕事がしたい」と言うようになり，22歳の時，地元の農家で住み込み就職して学園を卒業していた。記録から，数や言葉がわからなくても，仲間と共通の目標に向かって活動する中で，モデルにしたい仲間を見つけて「僕もあんな風になりたい」と感じて「みようみまね」で自分なりにつかみとり，努力し，新たな自分を獲得してきた人生であることもわかった。

次に，今のBさんをより深く知るための手段の一つとして発達検査を受けてもらった。発達相談員の先生からは，以下の助言を受けた。

- 自由に失敗することがひとり暮らしのよさです。失敗させないのではなく，失敗も含めて応援してあげましょう。
- ちょっとうまくいかないところは「あかんで」と止めるよりは，「よう見ときや，こうするねんで」とモデルを提示をするとわかりやすいでしょう。
- 様々な体験はしているが語彙が不足しているので，思い出を引っ張り出せない状態です。言葉ではなく，他者と気持ちを共有できる活動や生活づくりをしていくことが大切です。
- 練習してもお金の計算ができたり，料理ができるようになることは難しい。今の力で生活できるように応援してあげてください。

そして，「Bさんが"ひとり暮らししたい"と言えるのは，職員の実践とかみ合っているからです。発達的にはひとり暮らしに大きな困難のある人が，したいと願い，支援を受けてできるという，本人の中にある潜在的な力と，外にある支援者の実践の相互作用で，ひとり暮らしの事実ができるのですよ」と言われた。

その言葉を聞いた職員は，自分たちの実践が間違っていなかったこと，だからこそ，Bさんの中に「ひとり暮らし」という新たな要求が生まれたのだということがわかり，とてもうれしく感じた。

その後，Bさんは様々な支援を得てひとり暮らしにチャレンジをし，新しい生活をスタートさせている。ひとり暮らし初日の翌朝，Bさんは相談センターに電

話をかけてきた。「初めてのひとり暮らし，どうやった？」と聞いた相談員に対し，Bさんは「気持ちよかった！」と，とてもうれしそうに答えた。

（２）潜在的な「願い」「力」を引き出す社会福祉専門職のあり方

　Bさんのひとり暮らしのきっかけはサークル活動であったと思われる。一人で楽しく休日を過ごしていたBさんが，サークル活動を通して今までにはなかった人間関係をつくる。
　それまでは，雇用主や職員，あるいは自分より障害の重い仲間など，モデルにして自分を作り変えようとすることは難しい集団の中にいることが多かった。それに対してサークルには同じような障害者がいて，その中で感情を共有できる仲間関係が生まれた。Bさんの参加したサークルは，「学び」を目的としたサークルであったため，みんなで一緒に「それは知らんかった」「僕はこうしてきた」と，学び合い，教え合いながら対等な人間関係を実感したのではないか。そこには「モデルの存在」があり「共通の目的を持った活動」（白石 1994：179-194）を通して，目的に向かってお互いに調整し合い役割分担をしていた。その中でBさんは「僕にもできるかもしれない」と感じ，「〇〇君みたいに飛行機に乗ってみたい」「ひとり暮らししてみたい」などの要求を形成したと思われる。これは，対等な仲間集団の存在だからこそ生まれた願いである。
　サークルを担当した職員のインタビューからは，活動の中でメンバーの主体性を尊重しながらも，時にはうまく表現できない気持ちを代弁したり，メンバー間の意見の調整を手伝ったりして集団としてのまとまりを作る実践に取り組んでいたこともわかる。これは，知的障害についての専門知識に基づいた社会福祉専門職ならではの実践である。
　当初，サークル活動にBさんが馴染めるかどうか不安視する声もあった。しかし，Bさんは馴染むだけではなく，変化した。その姿は，人間は高齢になっても人間関係の中でモデルを作り，学んで経験を拡大し，自分の望む生き方を見つけ，新たな自己形成に向かうことを示している。
　Bさんは，発達相談で指摘されたように，自分の思いを言葉でうまく表現することが難しい。「なんでそう思ったの？」と問われても理由を述べることも難しい。Bさんのような障害者の「願い」や「要求」を社会福祉専門職はどのように

摑んでいけばいいだろうか。

　Bさんを見ていると，言葉で表現することが難しくても，表面に現れる行動の背景には「新しい自分を作りたい」という発達要求があり，自分の持っている力量を使って主体的に外界に働きかけていることがわかる。このような働きかけ方は，人それぞれに違いがあり，また，それを受け止める周囲の他者からの働きかけも違う。知的障害者の，人間としての発達の過程（新しい自己を形成する過程）を周囲がどのように理解してどのように働きかけたかによって，その相互作用の結果として，本人も周囲の人間も変化し，その生活も変化する。働きかけ，働きかけられる中で，一人ひとりがかけがえのない自己を形成していく。

　しかし，障害があるがゆえに発達に制約を受けており，その変化の兆しは，いつ，どんなふうに現れるのかわかりにくく，捉えることが難しい。本人が自分で意識することができるものもあるが，本人には意識されていない人間の発達の仕組みとして潜在的に存在しているものがある。それらを周囲の人間が把握し，意識的に働きかけていかなければならない。そのためには知的障害についての専門知識が必要である。

　そして，一人ひとりの人間を捉える時には「この発達段階だから」「○○障害だから」「こういう生育暦だから」と機械的に当てはめるのではなく，普遍的な人間の発達の過程を理解した上で，人それぞれの個別性も考慮し実践を組み立てていかなければならない。個別性とは，その障害の特徴，家族との関係，暮らしてきた地域の文化，どんな社会情勢の中で，どのような教育や社会福祉の実践と出会ってきたか等によってそれぞれ個性豊かに作りあげられる。それによって，大切にしたいと価値を置くことも，やってみたいと感じることも違ってくるのである。この共通性と個別性を結びつけてより豊かに相手を理解し，かけがえのない自己を形成する過程にある人だという視点をもって実践に取り組むことが必要である。

　前述したように，Bさんにとってサークル活動は，彼の人間としての発達過程に必要な活動であったが本人はその要求を自分では意識していなかった。Bさんが「サークルに入りたい」とか「友だちがほしい」とかいう言葉で要求を伝えたわけではない。Bさんの姿を見て，「こういう活動が彼の生活をより充実したものにするのではないか」と考えた知的障害についての専門知識をもった社会福祉

専門職からサークルへの参加を促している。

Bさんのような人への実践には以下のような理由から，社会福祉専門職としての専門性はもちろんのこと，知的障害について，より専門性の高い実践が求められる。

① 一見，「問題がない」と判断されてしまい，働きかけがなされない。
② 自分で自分の「願い」や「要求」を認識しにくい。
③ 自分の思いを言葉で伝えることに困難がある。
④ 潜在的な力を社会の中でうまく使いこなせない。
⑤ 周囲も本人の潜在的な力に気づきにくい。

つまり，表面に出てきていない潜在的で見えにくい要求に働きかける専門的な実践である。例えば，サークル活動もただ無目的に集まっていたわけではなく，意図をもった実践であった。本人が主体的に活動できるよう，障害の状況を判断しながら時には導き，時には代弁し，時には距離を置きながら見守るという専門職としての知識や技術に基づいた実践が展開されていた。

しかし，知的障害の理解については大きな課題がある。現在においても，知的障害がどういった障害であるのかということについては，研究が積み重ねられてきたものの基本的な認識が確立されているとは言い難いのである。知的障害（児）者に交付される療育手帳の判定が，知的障害のない人の平均値と比較した数値による知能テスト（IQ）を中心に行われていること一つをとってみても，知的障害を障害のない状態と比べて，「劣っている」「遅れている」といった劣弱性や遅滞性の視点で捉える理解のしかたが中心になっていることがわかる。

劣弱性や遅滞性の視点は，知的障害のある人を分類し，劣等処遇をすることに使われやすいことは，様々な研究者が指摘している（田中：1960，伊藤：1960，白石：2009，中村：2013）。さらに，2006（平成18）年に障害者自立支援法の成立時に導入された「障害程度区分認定」により，その傾向はより一層強まった（現在は障害者総合支援法における障害支援区分）。区分認定調査では，障害者の心身の状態や日常生活動作を「できるか，できないか」の視点でチェックをし「必要な介護時間」が算出され，障害支援区分が決まり，それによって利用できる福祉サービ

スの内容や量が決まる。[(1)]

　そこには，知的障害のある人を「変化し得る人間」とする捉え方がない。「できかたの過程」や「できないときは何に躓いているか」などの視点は持ち込まれていないため，「できかたに働きかける」というような実践をするための時間は当然算出されない。その結果，障害福祉の実践現場では，知的障害者の「変化」に対する働きかけは少なくなり，知的障害を固定的に捉えた上で，生活するにあたって足りない部分にだけ，訓練や介護を提供することに実践が陥ってしまう傾向が強まっている。

　社会福祉実践は，生活に不足しているものを補うだけのものではない。本人が自分自身を発見し，新たな人生を作り出す過程をともに歩むものである。

　知的障害を固定的に捉えるのではなく，「主体的に変化し得る人間」として捉えるのがまず始まりである。知的障害への専門知識・視点・援助技術を持つ社会福祉専門職が，本人の生き方を協働で発見し，社会の中で実現させていく。それが「私はこんな風に生きたい」と本人が価値を置く人生を共に作り上げていく実践である。

4　実践者の自己形成をも創り出す

(1) お互いの「願い」が醸し出される

　私たちは，障害者や家族と，彼らを対象にして実践する人間の立場を分けて考えることが多い。しかし，実践を続けていると，それだけでは割り切れないものに出会うことが多々ある。人間の人格と人格の響き合いというか，お互いが主体としてそこに存在し働きかけ合うことで，そこから生み出される「何か」を感じることがある。

　第2節に登場したAさんとの関わりの中で，相談員は「女性の生き方」に対する価値観を大きく変化させられた。それまでは家事労働の意味や「生活する」ということの大切さを捉えきれず，社会の中で労働し金銭対価として賃金を得て，経済的に自立することが女性の自己実現であると，非常に狭い価値観の中で生きていた。しかし，Aさんの生き方を理解しようと受け止め，寄り添い，試行錯誤しながら実践に取り組む中で，お互いに新たな「生き方の価値観」が生み出さ

れていくことに気が付いた。それは、お互いの生き方を否定したり、うらやむのではなく、「自分が大切にしたいことを大切にして生きる」ということであり、そのために、社会福祉実践は存在するのだと気づかされた。

また、第3節に登場したBさんの参加したサークルに支援者として参加していた職員も、「僕がサークルに参加していなければ、彼らの変化を感じ取ることができなかったかもしれない」と述べ、それは「場の共有」により本人理解が深まったために、自分が障害者の変化を感じ取れる人間に変化したからだと述べた。

2事例の社会福祉実践は、結果を想定して取り組まれたものではなかったかもしれない。しかし、社会福祉専門職としての実践の軸をもちながら、働きかけ、共に悩み、その経過の中で、気がつき、実践を修正し、やり取りを重ね、次の展開が新たに生み出される。共に歩む実践の中で、お互いがエンパワメントされて新たな願いが醸し出されていく。

そして、それぞれが働きかけ合いながらお互いの願いを醸成し、自己形成に取り組んでいくと、お互いに、その人の抱える生活困難はその人だけの問題ではなく、みんなの課題であり、社会的に解決を求められていることだと気がついていく。それは、社会福祉実践が、個人と個人の関係の中でのみ展開されるのではなく、その人を取り巻く集団、所属する社会との関係の中で展開されるからである。何かしら生活がうまくいかない状況に陥っている人たちは、それが「自分だけの悩みである」と思いがちである。私たち社会福祉専門職の実践者は、一人の悩みの背景にある社会的な課題にまで目を向けなければならない。そして、「一人の悩み」として抱え込んでしまっている人たちに、「それはあなただけの悩みではない」ということを伝え、一緒に社会を作っていかなければならない。その過程にお互いの自己形成があるからこそ、それぞれが「自分が価値を置く人生」を歩んでいける社会を作っていけるのである。

(2) ひとりのねがいを、みんなのねがいへ

エンパワメントされた社会福祉専門職は、何をすべきだろうか。

一つの例としてではあるが、障害者自立支援法(現・障害者総合支援法)[2]により「地域障害者自立支援協議会」が位置づけられた。滋賀県の地域障害者自立支援協議会には、様々なキャッチフレーズがある。甲賀地域の自立支援協議会は「一

人の不安を一人だけの不安にしないために」。大津地域では「あるものは利用する，ないものは創りだす」，などであり，一人の困りごとをみんなの悩みへ，みんなの悩みを地域課題へと，個別の悩み事で終わらせずに制度施策につなげていく活動（ソーシャルアクション）をしている。その中には，提言を作成し，制度施策につながったものもある。相談活動を展開する中で発見された社会的な課題を制度施策につなげていくためには，発せられたその声を，地域全体のものにしていく仕組みが必要である。このように，一人の「願い」に真摯に向き合うことから，みんなのねがいに気がつき社会を作る力になっていく。社会福祉専門職は，私たちの中に醸成された新たな願いを，個人の問題の解決で終わらせるのではなく，社会づくりにつなげていく責任をもっている。

5　生存権保障に深く関わる社会福祉実践が作り出す社会

繰り返しになるが，生存権は生命活動が維持できたらいいというものではない。前述の①「生命活動」②「日々の暮らし」③「人生」のすべてを含む，人間が人間らしく生きる権利であると考える。

障害者の権利に関する条約第24条〈教育〉の条項には，生涯学習も含み，以下の権利を保障すると書かれている。

> 「人間の潜在能力と尊厳と自己の価値について全面的に発達させること」
> 「障害のある人が，その人格，才能，創造力並びに精神的及び身体的な能力を可能な最大限度まで発達させること」[3]。

社会福祉実践には，「教育」の機能も含まれる。これは狭い意味での学校教育のことではない。何かしらの困りごとのある人が，学ぶことによりその困りごとの原因や解決策を自分でつかみとり，主体的に人生を切り拓いていく。そのような場に参加できる機会を生涯にわたって保障されるということである。そのような「学びの場」を組織し，活動を展開することも社会福祉実践者の大切な仕事である。

AさんやBさんの社会福祉実践の経過を通して，障害のある人もない人も，

今，表出されている力だけではなく，潜在的な力があり，社会福祉実践がその力を発揮できるようなものとしてかみ合えば，可能な最大限度まで自己を発達させ，新しい人生を作り出すことができるということを，私たちは知ることができた。

糸賀（1968：177）は「この子らはどんなに重い障害をもっていても，誰ともとりかえることのできない個性的な自己実現をしているものなのである…（中略）…この子らが生まれながらに持っている人格発達の権利を徹底的に保障せねばならぬ」と述べている。

障害のある人もない人も，誰とも取り替えることのできない個性的な自己実現をしている。私たちは，社会福祉実践を通して，お互いにエンパワメントされ，そのぶつかり合いと繰り返しの中で，新しい自分を発見し，それを認め合い，お互いの人格を発達させて，人生を紡ぎ出していく。お互いの自己実現に向けて「自分が価値を置く人生を生きる」という幸福追求を支え合う。お互いの幸福追求に向けて，新たな社会を作ることが社会福祉実践である。その一つひとつは「おいしいケーキを作ってわけあえた」とか，「飛行機に乗って旅行に行けた」という小さな生活のひとコマかもしれないが，その繰り返しがなされてこそ，振り返った時「自分が価値を置く人生を生きた」と感じて目を閉じることができるのではないだろうか。

注
(1) 障害者自立支援法第4条の4「この法律において『障害程度区分』とは，障害者等に対する障害福祉サービスの必要性を明らかにするため当該障害者等の心身の状態を総合的に示すものとして厚生労働省令で定める区分をいう。」
(2) 障害者総合支援法第89条の3「地方公共団体は，単独で又は共同して，障害者等への支援の体制の整備を図るため，関係機関，関係団体並びに障害者等及びその家族並びに障害者等の福祉，医療，教育又は雇用に関連する職務に従事する者その他の関係者（次項において「関係機関等」という。）により構成される協議会を置くように努めなければならない。2　前項の協議会は，関係機関等が相互の連絡を図ることにより，地域における障害者等への支援体制に関する課題について情報を共有し，関係機関等の連携の緊密化を図るとともに，地域の実情に応じた体制の整備について協議を行うものとする。」
(3) 障害のある人の権利に関する条約（仮訳）
　　川島聡＝長瀬修仮訳（2008年5月30日付）から24条「第24条　教育　1　締約国は，

教育についての障害のある人の権利を認める。締約国は,この権利を差別なしにかつ機会の平等を基礎として実現するため,あらゆる段階におけるインクルーシブな教育制度及び生涯学習であって,次のことを目的とするものを確保する。

(a) 人間の潜在能力並びに尊厳及び自己価値に対する意識を十分に開発すること。また,人権,基本的自由及び人間の多様性の尊重を強化すること。
(b) 障害のある人が,その人格,才能,創造力並びに精神的及び身体的な能力を可能な最大限度まで発達させること。
(c) 障害のある人が,自由な社会に効果的に参加することを可能とすること。

参考文献

伊藤隆二(1960)「精神薄弱児の類型論およびその研究方法——教育心理学的立場から」大木会心身障害者福祉問題総合研究所『「精神薄弱児」研究の方法論的検討』。
糸賀一雄(1968)『福祉の思想』NHKブックス。
窪田暁子(2013)『福祉援助の臨床——共感する他者として』誠信書房。
きょうされん(2016)「障害のある人の地域生活実態調査の結果報告」。
白石正久(1994)『発達の扉 上』かもがわ出版。
白坂史樹・新田收(2004)「学齢障害児母親における腰痛発症と介護負担の関係」『日本保健科学学会誌』7(3),169-174頁。
白石恵理子(2009)「知的障害者の理解における『可逆操作の高次化における階層——段階理論』の意義」『障害者問題研究』37(2)。
田中昌人(1960)「精神薄弱児の類型学的研究をすすめるにあたっての方法論的問題点——教育現場から」『児童精神医学とその近接領域』1(6)(1980 再録『人間発達の科学』青木書店所収)。
中村隆一(2013)『発達の旅——人生最初の10年 旅支度編』クリエイツかもがわ。
峰島厚(2017)「『我が事・丸ごと』地域共生社会は何が問題か」『みんなのねがい』。

(坂本 彩)

第12章　「生活困窮者支援」に社会福祉協議会が取り組む意義

1　経済的困窮・社会的孤立に関する相談援助の増加
　　　――「生活困窮者支援」に取り組む背景

(1) 大津市社会福祉協議会の概要

　京都，大阪の通勤圏内に位置する大津市は，2017（平成29）年4月現在，人口34万人，世帯数は14万4,000世帯である。少子高齢化の進行とともに，大津市においても，今後は，人口が減少すると予想されている。高齢化率は，22.0％，自治会加入率は少しずつ下がっており62.7％である。

　大津市社会福祉協議会（以下，大津市社協）では，1953（昭和28）年から学区社会福祉協議会（以下，学区社協）づくりを始め，現在では，36小学校区のすべてに学区社協が設置されている。発足当時の学区社協の中心課題は，貧困対策や防貧対策であったが，今では，民生委員児童委員，自治会，各種団体と協力関係を作り，地域住民の暮らしの場における地域福祉活動を進める事務局としてふれあい活動を中心とした活動に取り組んでいる。この学区社協における地域福祉活動が大津市の地域福祉を推進する原動力であり，基盤となっている。また，大津市社協は介護保険事業に取り組んでおらず，実質的にも地域福祉の推進が社会福祉協議会（以下，社協）の中心的な事業として位置づけられているのである。

　地域福祉を推進する中で，様々な地域課題や住民の暮らしの問題が明らかになった。特に，近年では，大津市においても経済的困窮状態にある人，複合的な課題を抱え社会的孤立状態にある人たちの暮らしの問題が地域の課題となってきていることが特徴的である。大津市社協では，これらをまちづくりや地域福祉の課題として位置づけ，その解決にあたることを社協活動の重要な柱として取り組んだ。活動のキーワードは，「困ったときは，大津市社協へ」であり，それを職員全員で共有した。

　特に生活困窮者支援については，市社協の総合相談窓口の中に自立相談支援事

業を位置づけ、各部門と連携し、チーム支援を行い、「どんな困りごとも断らない」という姿勢をもって相談支援に臨んだのである。この姿勢は、地域福祉を進める社協としてこだわりでもあった。結果、総合相談窓口で受け止めている様々な相談援助の件数は年々増加し、2016（平成28）年度には延べ2万5,700件を超えることになった。現在では、1日約100件の相談援助を行っている。このように大津市社協が相談活動を通して生活困窮者支援に取り組んだのには、次のような背景がある。

（2）「生活支援戦略」に対する対応

　厚生労働省は、2012（平成24）年7月に「生活支援戦略」（中間まとめ）（以下、「戦略」）を発表した。「戦略」が必要な背景としては、「経済的困窮や社会的孤立の状態にある生活困窮者をめぐる問題が深刻化」していること、中でも「稼動層の生活保護受給者が急増していること」を挙げ、今後は①本人の主体性と多様性の重視、②「早期対応」による「早期脱却」と「貧困の連鎖」の防止、③国民の信頼に応えた生活保護制度の構築、という3つの基本的視点から取り組むと述べた。

　滋賀県内の各市町社協では、地域課題として生活困窮者支援に取り組む必要性をひしひしと感じていたことから、早速に、この「戦略」を受けて、中間マネージャー会議と事務局長の緊急プロジェクト会議を同時にスタートさせた。これにより、すべての市町社協が自社協の相談対応を振り返り、滋賀県版のトータルサポートを共通化させるための取り組みに着手することが可能となったのである。緊急プロジェクト会議では、生活困窮や社会的孤立の問題は、社協がこれまで脈々と取り組んできた問題であり、県内すべての市町社協が共通の目標を立てて、相談の実践を強化することで一致した。この会議で合意した内容は、2012（平成24）9月に「生活困窮者の支援に取り組んでいる滋賀の社会福祉協議会からの提案」（滋賀県社会福祉協議会・市町村社協会長会 2012）として取りまとめ、市町社協の役職員の研修会で共有した。加えて、全国の都道府県社協、指定都市社協、全社協、厚生労働省にも冊子を届け、オール滋賀で取り組む活動内容や方向性を発信した。

(3) 生活困窮者自立促進支援モデル事業を受ける

　大津市社協では、その後も国や県の動きを注視し、役職員を中心に政策学習を実施し、社協として取り組むべき課題を社協全体で共有していった。その過程で、国の生活困窮者自立促進モデル事業について、大津市の担当の幹部職員と勉強会の場を設けるなど、モデル事業の内容とその意義を確認した。そして、2013（平成25）年度、2014（平成26）年度の2年間、国のモデル事業を大津市から大津市社協が受託することになったのである。

　大津市社協が取り組んだ生活困窮者自立支援モデル事業は、「自立相談支援モデル事業」（必須事業）と「家計相談支援モデル事業」「子どもの学習支援モデル事業」（いずれも任意事業）である。

　これらの事業を展開することで、より具体的に生活困窮者が直面している生活問題を把握することができるようになった。たとえば、「自立相談支援モデル事業」を実施する中で、困窮者の相談は、多問題を抱えた場合が多く、他の制度の窓口に振り分けるだけではうまくいかない事例が多い。また、相談を受ける中で、経済的に困窮状態にある相談者は、生活保護の受給よりも就労を希望する場合が多いこともわかってきた。そこで、就労支援として、履歴書の作成、面接の訓練や、スーツ・革靴の調達、障害者の事業所との連携に取り組み、さらに、自立相談支援モデル事業の中で就労支援担当者を配置することにしたのである。

(4) 全国と滋賀県内の生活困窮者自立支援事業の実施状況の比較

　2015（平成27）年4月からは、生活困窮者自立支援制度が全国の自治体で本格的に実施されることとなった。同年5月時点の全国社会福祉協議会地域福祉部の調査によると、自立相談支援事業を実施する「圏域」は、全国で1,127カ所であった。そのうち、行政直営483カ所（42.8％）、民間団体への委託は644カ所（57.2％）である。民間団体への委託先は、「社協」が526カ所に上り、その割合は81.7％を占めている。同調査によると、全国の市町村社協の生活困窮者自立支援事業の受託は、約3割となっている（全国社会福祉協議会 2015：33）（表12-1）。

　一方、滋賀県内をみると、生活困窮者自立支援事業を受託しているのは、13市社協のうちの3市社協、町レベルでは6町社協のすべてが実施している。滋賀県内の社協のうち、47.4％が実施しており、全国平均に比べると、実施率は相対的

表12-1　全国の市町村社協の自立相談支援事業受託の有無

(2015〔平成27〕年度)

受託している	受託していない	無回答	合　計
565	1,265	16	1,846
30.6%	68.5%	0.9%	100.0%

出所：全国社会福祉協議会「社協・生活支援活動強化方針」2017年。

に高いことがわかる。なお，家計相談支援事業は，7市社協が受託し，学習支援事業は4市社協が受託している。

また，大津市社協では，生活困窮者自立支援モデル事業の経験を活かして，2015年度より「生活困窮者自立支援事業」のうち，自立相談支援事業，就労準備支援事業，子どもの学習支援事業を大津市から受託することとなった。家計相談支援事業については，モデル事業に取り組む中で，相談者が少なかった経験に学び，事業としては受託せず，自立相談支援事業の中で家計相談として進めることにしたのである。

2　多様な社会資源と連携した生活困窮者自立支援事業

（1）具体的な生活困窮者自立支援事業への取り組み

前述したように，大津市社協では「生活困窮者自立支援事業」を市から受託，「生活困窮者の自立と尊厳の確保」及び「生活困窮者支援を通じた地域づくり」を目標に掲げ，具体的な事業を実施した。大津市での生活困窮者自立支援事業の実施状況ならびに受託先は表12-2の通りである。

表12-2に示すように，事業によっては複数の受託先があること，また市社協だけでなく，地域の暮らしの問題に関わる団体が担っていることがわかる。ここから，大津市における生活困窮者自立支援事業は，様々な組織・団体がこれまでに蓄積してきたノウハウを活かした連携と協働を基盤にして展開してきていることがわかる。社協としても，相談の内容に応じて市役所の生活福祉課や認定NPO法人大津夜まわりの会（以下，大津夜まわりの会）との連携が不可欠であり，それらなしには事業を展開することは不可能といえる。また，社協が他の団体と連携するという単一な横の関係だけでなく，生活困窮者自立支援事業に取り組む

第12章 「生活困窮者支援」に社会福祉協議会が取り組む意義

表12-2 大津市の生活困窮者自立支援事業の実施状況

必須・任意	事業名	受託先
必須事業	自立相談支援事業	大津市社会福祉協議会 大津市生活福祉課 大津夜まわりの会
	住宅確保給付金	大津市生活福祉課
任意事業 (法に基づく事業)	一時生活支援事業	大津夜まわりの会
	家計相談支援事業	(実施していない)
	就労準備支援事業	大津市社会福祉協議会 おおつ「障害者の生活と労働」協議会
	学習支援事業	大津市社会福祉協議会 大津市生活福祉課

出所:大津市社会福祉協議会(2015)。

図12-1 大津市の生活困窮者自立支援事業の支援体制

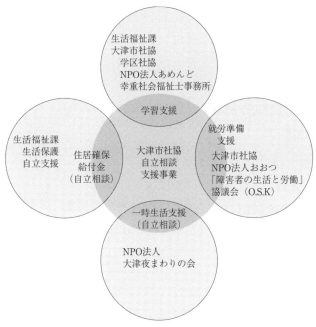

出所:表12-2と同じ。

第Ⅲ部　社会福祉課題を越えるための取り組み

表12-3　自立相談支援事業の相談受付状況

(2015〔平成27〕年度)

実施機関名	新規相談件数	内　訳	
		プラン作成件数	他機関・他制度につないだ件数
大津市社会福祉協議会	344	85	162
生活福祉課	72	32	1
大津夜まわりの会	84	23	22
合　計	500	140	185

出所：表12-2と同じ。

表12-4　自立相談支援事業の相談受付状況

(2016〔平成28〕年度)

実施機関名	新規相談件数	内　訳	
		プラン作成件数	他機関・他制度につないだ件数
大津市社会福祉協議会	327	113	153
生活福祉課	81	45	1
大津夜まわりの会	61	13	28
合　計	469	171	182

出所：大津市社会福祉協議会（2016）。

諸団体のネットワークをつくる要に市社協が位置づいている。こうした事業は，住民の暮らしに関わる団体が相互に連携し合うネットワーク型事業として展開することが必要であり，その事務局的な役割をしているのが，大津市社協である。大津市社協の位置づけと，大津市における生活困窮者自立支援事業の支援体制をイメージ図としてあらわしたものが図12-1である。

　2015（平成27）年のスタート時点では，社協として主任相談員1名，相談員4名，大津市への出向1名（市で生活困窮者事業を担当）という体制をとり，事業に取り組んだ。

　表12-3は，2015（平成27）年度の各機関での相談受付状況及び支援状況，表12-4は2016（平成28）年度の状況を示したものである。2015年度と2016年度を比較すると，新規相談件数は若干減ったもののプラン作成件数が1.2倍の増加となっている。新規相談件数，プラン作成件数とも，一番多いのは，大津市社協で

あることがわかる。また，この件数は当該年度における新規の実人数であり，複数回にわたる相談や，前年度からの継続相談は含まれていないので，実際に相談に応じた件数は数倍になる。

具体的な支援プラン作成に関する取り組みでは，法に基づく事業だけでなく，家計管理等のサポートや滞納整理のほか，就労の定着に向けた支援や生活改善に向けた支援など，様々な制度や専門機関などの社会資源を活用しつつ，本人と一緒に相談し，その結果を支援計画に盛り込みながら，自立の促進を図っている。相談件数の約3人に1人は，他の制度や機関へつなぐことで当面の困りごとの解決を図っているが，その後生活再建につながっているか，生活改善が図れたかなど，他機関に状況確認を行うことや，本人に直接，電話・訪問による安否確認などの経過支援を適時行うことで相談者との関係継続に努めており，いつでも困ったときには大津市社協に相談に来ることを促している。

(2) 就労準備支援事業の利用

就労準備支援事業には，大津市社協と就労準備支援事業所である大津働き暮らし応援センターがチームを組み取り組んでいる。相談者の特徴として，「働きたいけど，仕事を辞めてからしばらく期間が空いているので不安」「働いた経験が無くて，何をしたらいいのか分からない，自信がない」「外に出ることができないため，いきなり働くのは不安」「コミュニケーションが苦手で人と話すことがうまくできない」などのことがある。こうした不安や，特に働きたいけど働けない相談者の不安や悩みに丁寧に寄り添うことが不可欠である。そのため，毎月，進捗状況を共有し，よりよい支援をするための検討会議を開催している。

2016（平成28）年度の大津市社協における就労準備支援事業の対象者は，16名，2017（平成29）年度（8月末）では現在12名である。これまでの取り組みの中で，働いたことがない人を対象にポケットティッシュにチラシを入れる作業の準備をした事例や，生まれて初めて散髪に行くことに成功した事例，ホテルの清掃の体験就労から正規職員に採用になった事例もある。大津市社協では，その人の気持ちや状態にあったメニューを開拓しながら支援を行っていくことを大事にしているのである。

また，大津市社協では，2014（平成26）年1月から，当事者サロン「ふわりサ

ロン」を月1回開催している。この取り組みは，生活困窮者・生活保護受給者など，誰でも，いつでも参加できるゆるやかな居場所として，定着している。「ふわりサロン」では，料理教室やコミュニケーション講座，町工場の社長さんによる就職ガイダンスなどのメニューのほか，大津市社協の主催するイベントのボランティア活動にも参加を呼びかけている。参加者の中には，生活困窮者支援を通して，一旦，生活保護受給となった方も参加しており，サロンに通う中で，自信がつき，生活保護から自立する人も出てきた。また，就職後にも「ふわりサロン」に参加している人は，仕事の定着にもつながっている。ボランティア活動やイベントに参加することで，支えられる側から，支える側を体験する場ともなっている。こうしたことから，「ふわりサロン」は，生活困窮者への支援を途切れさせないための重要なツールになっているといえる。

（3）子どもの学習支援事業の実施状況

　子どもの学習支援事業は，地域で子どもを育み，ネットワークの力で子どもを守り，支えることを目指しているもので，市内の様々な団体と連携を図り，支援の輪を広げている。特に，市社協では，「トワイライトステイ事業」と「寺子屋プロジェクト」を二本柱に取り組んでいる。

　「トワイライトステイ事業」は，学校生活の要因に加えて，生活困窮や親が病気・障害を抱えている家庭に課題があるために，学校に行きにくく，社会から孤立しがちな子どもたちを対象に，生活意欲や学習意欲，自己肯定感の向上を図ることを目的としている。大津市が直営で実施している「中3学習会」と連携して実施しており，専門職と地域ボランティアが担い手となって，夕方から夜の子どもたちの居場所をつくり，学習支援や，夕食の調理・食事，野外活動等を行っている。現在では市内3カ所で，毎週1回ずつ実施しており，述べ実施回数131回，子どもの参加者288名，スタッフ・ボランティアは646名となっている（人数は述べ人数）。トワイライトステイ事業に参加した子どもたちは，半年から1年間の参加を通して，少しずつできることが増えていくことがスタッフから報告されている。最初は，初対面の人に暴言をはくなど，他者を受け入れることを拒否していた子どもが，徐々にスタッフと話すことができるようになったり，自主的に宿題に取り組み，学校に課題を提出することができるようになった子どもも増えて

いる。

　「トワイライトステイ事業」とともに，子どもたちの長期休暇中の地域での居場所作りと宿題支援活動として，「寺子屋プロジェクト」を実施している。このプロジェクトを支えているのが学区社協である。現在，大津市内の36カ所の半数以上の学区社協が，子どもの居場所作りや学習意欲の向上を目指し，「地域の子どもは地域で育み見守る」という視点で取り組んでいる。具体的には，学区内の小学生・中学生を対象に，長期休暇中の宿題支援をはじめ，野外活動，工場見学，調理実習，書初め，かるた大会などを企画し，地域の小中学校，PTA，地元大学生の協力のもとに実施している。この取り組みは市内の各地に広がりを見せ，2016（平成28）年度には，21学区社協で，計209回実施された。参加者数も増え，子ども数は延べ7,190名，スタッフ数も延べ2,325名にも達したのである。参加した子どもや保護者からは，「家ではなかなかできない宿題ができてよかった」「季節の行事が楽しい」という声が届き，学区社協の役員やボランティアの励みにもなっている。また，中学生の時に寺子屋プロジェクトに参加していた子どもが，高校生になってボランティアとして参加した事例も出てくるようになっている。寺子屋プロジェクトを重ねるごとに，地域の中で育てられた子どもが地域で活躍し，寺子屋プロジェクトが地域福祉の貴重な資源となっていることがわかる。

（4）生活の「当面」をしのぐ緊急的な支援（生活支援物資）

　生活困窮者の中でも逼迫した生活実態にある人にとっては，生活の「当面」をしのぐ緊急的な支援が非常に重要であるし，求められている。市社協では，生活困窮者自立支援事業に取り組む従前より，こうした支援がまちづくりを進める上でも重要であると認識し，取り組んできた。具体的には，「何日も食べていない」「暖房器具が買えない」など緊急的な支援が必要な人のために，学区社協や地区民生委員児童委員協議会を通じて，支援物資の提供をお願いし，地域住民や企業から寄付をいただいて，たちまちの緊急支援に供してきた。特に，学区社協や民児協はこの取り組みの大きな支えとなっている。

　2015（平成27）年度の支援物資のうち食料品は，金額に換算すると200万円近くにのぼる。支援をいただく物資は，食料品以外に，電化製品や就職用の背広，カッターシャツ，革靴，鞄など，多岐にのぼる。相談を受ける中で，支援物資によ

第Ⅲ部　社会福祉課題を越えるための取り組み

りまず「食の確保」ができることは，相談者の不安を軽減するためにも非常に大きな意味がある。このような支援を通して，スムーズな相談援助につながっているのである。こうした支援物資は，大津市社協から，他の相談機関へも提供しており，アウトリーチ等の訪問のきっかけや緊急的な支援として活用している。

3　「三方よし」の生活困窮者自立支援事業
――利用者・地域・行政・社協の視点から

　ここでは，大津市社協が生活困窮者自立支援事業に取り組み意義について，利用者，地域，行政，社協の四者それぞれについて述べていく。

（1）利用者にとっての利点・価値

　大津市社協が，生活困窮者自立支援事業に取り組む第1の意義は，利用者の自立につながることである。大津市社協では，「総合ふれあい相談所」や生活福祉資金事業などの相談者に対して，できる限りボランティア活動や市社協主催のイベントにお誘いをしてきた。支援を受けた人が，自分ができる時に何らかの形でお返しをすることで住民同士の対等な関係が維持でき，やりがいや張り合いが生まれるからである。そうした働きかけを大津市社協の大切な活動として積み重ねてきた。

　先に紹介した当事者サロン「ふわりサロン」は，「生活福祉資金貸付相談」等の相談者を対象に，当事者の居場所づくりを目的にスタートしたものである。相談員による個別の相談支援ではなく，当事者が相互に出会う場を設けることで，地域活動やボランティア活動に参加することを通して，人や地域，社会とつながることの喜びや，社会的な孤立からの脱却を目指すことを目的としている。「ふわりサロン」では，琵琶湖の周辺で路上生活をしている人に支援の声をかけて回る夜回り活動を定期的（年に2回）に行っており，かつて夜回り活動の支援者に声をかけてもらった経験のある元ホームレスの人も参加している。ホームレスの人の夜の行動パターンなどの体験談は，夜回り活動にとても役に立っている。当事者が集う「ふわりサロン」に参加した人のうち，現在までに10人が就労に結びついたのである。

　「ふわりサロン」の実践から学ぶことは，「相談者自身は立派な一人の人間であ

る」「このことを基本として，その人の持っておられるいろんな能力を活かしながら，解決のお手伝いをする」ことが重要であるということである。

（2）地域にとっての利点・価値

　大津市社協が，生活困窮者自立支援事業に取り組む意義の第2は，子どもの学習支援活動を地域福祉活動として位置づけて取り組むことができることである。

　現在のように学区社協が「寺子屋プロジェクト」などの子どもの学習支援に取り組むようになったのは，2012（平成24）年に始まった市内の唐崎学区社協の活動がモデルとなっている。当時，唐崎学区では，「家庭で宿題に取り組めていない子どもたちが多くいること」から，地域で何とかできないかということが話題になっていた。そこで，唐崎学区社協が事務局になり，小・中学校の校長先生や，PTA役員，教員のOB等が実行委員会を作り，話し合いを重ねた結果，宿題にうまく取り組めない家庭の子どもたちを対象に（実際にはすべての子どもたちに案内をし，ケースワーカー等が個別に誘いかけを行う），長期休暇中の宿題を支援するという「寺子屋プロジェクト」が生まれたのである。先生役は，教員のOBや現役の先生や大学生が行っている。

　この先駆的な取り組みに学び，市社協では，「生活困窮など様々な要因により，長期休暇中の宿題に取り組めていない子どもたちが多くいる」「長期休暇中の宿題を提出しないことが，学校生活で自己肯定感を下げる要因の一つになっている」など学校の先生の声を紹介しながら，地域の子どもたちの状況を学区社協の役員に説明することから検討を始めた。その結果，36か所の学区社協の役員に，子どもたちに焦点を当てた取り組みを行うという問題意識を共有してもらい，それぞれの学区で「寺小屋プロジェクト事業」に取り組み，子どもたちの学習支援や，居場所作りを盛り上げていくという方向性に到達したのである。2017（平成29）年度には，23カ所の学区社協で，取り組まれるに至っている。現在では，学区社協による「寺子屋プロジェクト」は，子どもたちや保護者，学校の先生たちから大きな反響を呼んでいる。学区社協が，地域性を考慮し，子どもたちの課題に主体的に取り組んだことで，5年が経過した今では地域福祉の重要な資源となっている。

第Ⅲ部　社会福祉課題を越えるための取り組み

（3）行政にとっての利点・価値

　第3の意義は，大津市として，多様なメニューで生活困窮者自立支援事業を市民に提供できることである。これは，行政にとっての大きな利点である。

　大津市では，前述したように，生活困窮者自立支援事業の必須事業である自立相談支援事業をはじめ，任意事業である就労準備支援事業や，子どもの学習支援事業，一時生活支援事業に行政と民間団体がネットワークを組んで取り組んでいる。中でも大津市社協が，ネットワークの事務局的な役割を果たすことで，各事業に機能的に取り組むことができているのである。

　その背景には，大津市社協が「総合相談窓口」として，心配ごと相談事業，生活福祉資金貸付事業，地域福祉権利擁護事業（日常生活自立支援事業）等において，早くから経済的困窮，引きこもり，孤立死，自殺，虐待やDVなど，地域における深刻な生活課題・福祉課題を受け止めてきたことによる経験が蓄積され，職員間で共有されていることがある。さらに，こうした事業に長年取り組んできたことで，地域における他の専門機関と社協が信頼関係を構築してきたことも大きい。生活困窮者自立支援事業を大津市から社協が受託することで，社協が築いてきた関係を市民にフィードバックすることにもつながるといえよう。

　大津市社協では，相談者の不安な思いを大切にし，伝統的に窓口では相談者にまずは「お茶」を出すところから面談をスタートさせている。(2)いわば，「どんな相談も断らない」スタイルの「総合相談窓口」を意識した取り組みである。これが，市民にとっては，社協への信頼につながり，社協への信頼が行政への信頼へとつながるともいえる。

（4）社会福祉協議会にとっての利点・価値

　利用者，地域，行政にとっても重要な意義があることを述べてきたが，市社協にとっても大きな意義をもつのが，この生活困窮者自立支援事業である。

　大津市社協は，前述したように，地域福祉の推進を社協活動の重要で本質的な事業として一貫して位置づけ，取り組んできた。いわば，大津市社協が取り組む事業は，総じてまちづくりにつながるものと捉えている。

　これをふまえて，生活困窮者自立支援事業に市社協が取り組む意義を考えると，この事業が単に生活に困窮している個人に対して実施するものではなく，まちづ

くりにつながる取り組みとして位置づけることができるという点である。これは，今まで市社協が地域福祉を中心的な活動として重要視し，取り組んできたからこそできることである。つまり，大津市社協の持ち味をさらに活かすことができる事業として捉え，そのことを通じて職員体制が充実する点に意義があるといえる。

　大津市社協では，2000（平成12）年度から「地域福祉権利擁護事業」（日常生活自立支援事業）に取り組んでいる。滋賀県内の市町社協の地域福祉権利擁護事業の契約者の数は，人口10万人当たり全国トップクラスである。その中でも，大津市社協は，地域福祉権利擁護事業の開始以来，通算約550件の契約者の支援を実施しており，常に約150件の契約者の支援活動を行っている。2016（平成28）年度からは，法人後見事業も推進している。

　地域福祉権利擁護事業は，大津市社協の総合ふれあい相談事業とともに，「困ったときには大津市社協」というキャッチコピーができるほどに，関係専門職や相談者から頼りにされる事業となっている。こうした，大津市社協の伴走型の支援によって生まれた関係機関との信頼関係が，生活困窮者自立支援事業を進める上で，重要な役割を果たしているのである。

　大津市社協では，生活福祉資金の相談を受ける中で，求職中の世帯に貸し付けをするだけではなく，就労の支援をする必要性を痛感していた。生活困窮者支援の中で，就労支援は，最も重要な支援である。大津市社協では，生活困窮者自立支援事業に取り組むまでは，就労支援の経験はほとんど無かったことから，この事業をきっかけに地域の中小企業の協力を得て，就労支援に取り組んでいるところである。

　このように大津市社協では，総合相談事業や，相談事業を支えるための学区社協による生活支援物資，民生委員児童委員協議会連合会の事務局等に長い時間をかけて取り組んできた。そうしたことが背景となり，国の「生活支援戦略」中間まとめを役職員と共有し，大津市の関係部局の幹部職員との勉強会を通じて，住民の深刻な生活課題に積極的に取り組むことこそが，大津市社協の役割であると考えて，生活困窮者自立支援事業を担うという共通認識を持ちえたのである。

　こうした，仕組みを早くから作ることができたのは，心配ごと相談所に来た相談者のおかげであり，まさに，「利用者が先生」（熊やんプロジェクト 2013）という思想が根づいているのである。

また、生活困窮者自立支援事業の受託を通して、6名の職員（主任相談員1名、相談員4名、大津市への出向1名）を迎えることができたことは大津市社協にとっては、重要なことである。

4　社会福祉協議会における専門職の役割

（1）地域福祉にとって必要な事業を積極的に担うこと

　大津市社協では、2012（平成24）年度に作成された大津市の第2次地域福祉計画（委員長・筒井のり子龍谷大学教授）にコミュニティソーシャルワーカー（以下、CSW）の配置が明記されたことがとても重要な転機となった。これまでの計画では、大津市社協には大津市からの出向職員が地域福祉文化交流センターという隣保館事業を拠点に地域福祉を進めるということで、10年間に、最大で同時に7名が在籍していた。それが、第2次の地域福祉計画前後から、大津市の理解と協力により出向職員が減り、大津市社協に個別支援と地域支援を担う専門職として、6名の社会福祉士の資格を持つCSWが計画的に増員されていくことになったのである。

　また、2016（平成28）年度からは、生活支援体制整備事業の受託により生活支援コーディネーターが配置され、2017（平成29）年度までに3名の職員が、地域で生活支援体制の推進を担当している。

　振り返ってみると大津市社協の職員数（正規、嘱託、臨時含む）は、2012（平成24）年度の24名から、2017（平成29）年10月現在49名と倍増している。これは、CSWの増員、地域包括支援センターへの社会福祉士の派遣、生活困窮者自立支援事業や生活支援体制整備事業、子ども若者総合相談窓口事業の受託等による事業の拡大によるものである。

　大津市社協が、大津市の地域福祉活動にとって必要な事業を大津市と調整の上、積極的に受託して、推進していることが職員の増員につながった。49名の職員の内訳は、正規職員26名、嘱託14名、臨時9名である。そのうち資格をもっている職員数は、社会福祉士23名、精神保健福祉士5名、主任介護支援専門員1名、保育士2名、防災士11名となっている。

　職員が増えたことで、今まで少ない人数で進めていた大津市社協の地域福祉活

動の取り組みが，多くの専門職集団で助け合って担うことができるようになったことは大変重要な変化である。専門職の数は大きな力となり，地域福祉の推進にとって必要で重要な事業や活動を積極的に担う土台ともなっている。

（2）地域に足を運ぶこと

　大津市社協では，専門職の第1の役割として，各種事業や相談活動を通じて，職員ができるだけ地域に足を運び，住民と対話をして，住民とのつながりを絶えず作っていくことを大切にしてきた。住民が日々，日常生活を営む現場に直接出向き，その場で対話を積み重ねることはまちづくりを進める上での原点である。

　大津市社協の専門職は，事務所で相談者や情報を待つのではなく，時間があれば地域に足を運び，住民の悩みや困り事を聞くことで，よりよい解決方法を一緒に考えることを自らの活動スタイルとして大事にしている。専門職は，相談支援部門や地域支援部門，総務部門に配属されるが，できるだけ地域（市内7ブロック）を兼務で担当するようにしている。専門の事業を担当するとともに，地域を担当することで，地域に足を運びやすくなり，住民と信頼関係ができることで，担当している専門的な事業に良い影響を与えるのである。

（3）ネットワークづくりの事務局を担うこと

　大津市社協では，専門職の第2の役割として，地域福祉のネットワークづくりの事務局を担うことを大切にしている。現在，学区社協会長会議や，ブロック毎の社協連絡会，地区民生委員児童委員協議会連合会，相談機関連絡会，生活困窮者自立支援を担う各種団体の連絡会，子どもの学習支援を担う団体の連絡会，市内の福祉施設の連絡会，断酒会等の依存症当事者の連絡会等，数々の事務局を担っている。

　大津市社協が，地域福祉のネットワークの事務局を担うことで，個々に活動している団体が力を合わせて地域福祉に取り組むことができるようになる。また，事務局を担う専門職は，各種関係者とのつながりの場を作ることができる。地域福祉に関係する専門職のネットワークを広げることが，大津市社協が取り組んでいる個別の相談活動や，地域支援活動に大いに役に立つのである。

（4）一人の問題をみんなの課題にすること

　大津市社協では，専門職の第3の役割として，一人の問題をみんなの課題にすることを常に意識することを大切にしてきた。一人の問題がみんなの課題になることで，住民主体の地域福祉活動が生まれ，活動が長く続くことにつながる。

　そのためには，専門職は一人の抱える問題をしっかりと受け止める相談援助の技術とともに，問題を整理して，時間をかけて地域の皆さんと一緒に考え，地域で取り組むことができるように提案することが必要になる。専門職は，地域で住民が取り組むことができるように，住民との話し合いを大切にし，住民にできるだけわかりやすく伝えるスキルを身に付けることとともに，一緒に活動を作っていく中で，住民との距離感をつかむことが求められる。

（5）地域福祉政策の動向の把握と2面性の理解

　大津市社協では，地域福祉の専門職として，政策や制度を2つの側面で理解することを大切にしてきた。簡単にいうと，政策的な意図を正しく捉え，そのことが住民にとってはどのような影響をもたらすのかを常に考えて事業を展開するということである。

　近年の地域福祉政策は，2013（平成25）年に「2025年問題と地域包括ケア」，2015（平成27）年に新しい「地域包括支援体制」の構築，2016（平成28）年には厚生労働省に「我が事・丸ごと」地域共生社会実現本部ができる等，新しい表現で，非常に目まぐるしく提起されてきている。

　さらに厚生労働省は，生活困窮者自立支援事業をはじめ，生活支援体制整備事業，我が事・丸ごとの地域づくりの強化に向けた推進事業等について，市町村行政に対して実施に向けた提案をしている。それを受けて，市町村行政は，地域福祉の担い手である市町村社協等と調整を図りながら事業の実現を目指すという流れになっている。地域福祉政策をどのように理解するのかは，事業を展開する上で，極めて需要であると考えている。

　大津市社協では，地域福祉政策を理解する方法として，専門職には政策を2つの側面で理解することを大事にし，職員間で勉強しながら共有している。一つの側面は，政策の意図する側面である。厚生労働省によると「我が事・丸ごと」の地域づくりの強化に向けた取り組みの推進とは，住民が主体的に地域課題を把握

して解決を試みる体制づくりを支援するとし，「他人事を我が事に変えていくような働きかけ」が求められているのである。最近の地域福祉政策は，福祉財源の問題を背景にして，地域福祉を住民の助け合いに頼っているという側面があることを把握することが重要である。

　地域福祉政策を理解する2つ目の側面は，住民の側に立った側面である。住民は，地域福祉活動を通して，住民だけでは解決できない問題があること，そういう場合は専門職や行政に働きかけないと解決できない場合があることに気づく。住民は，単に助け合いの担い手になるのではなく，地域福祉活動を通して，地域の課題を知り，本来対応しなければならないのはどこなのかを感じ，学ぶこととなる。大津市社協の専門職は，住民懇談会や活動の反省会などを通して住民自治の力を上げること，また住民の思いや感想を聞き取り，整理をして，行政に届ける等の役割がある。この役割を明確に認識する上でも，政策の2面性の理解は重要である。

(6) 独自の研修体系，職員のモチベーションを上げる工夫

　大津市社協では，全職員がいきいきと働けるように，独自に階層別研修を進めている。新任研修をはじめ，6カ月フォロー研修，2〜3年目の研修，臨時嘱託職員を対象としたキャリア開発セミナー，専門職を対象にした業務研修等を実施している。また，県社協や全社協，大津市や関係団体が行う研修会には，職員が積極的に参加できるようにしている。

　そして，職員のモチベーションを上げる工夫としては，地元の路面電車である京阪電車の車体に大津市社協の宣伝を大きくラッピングしたり，大津市社協が入っているビルに「困りごと，ボランティアは大津市社協」という大型看板を掲げることや，毎月の職員会議を参加型にすること，毎週の幹部会の開催，毎日の各グループのミーティング等の充実が挙げられる。

　また，2013（平成25）年の大津市社協60年記念事業の一環として，職員全員で作った「大津市社協職員6か条」は，毎週，朝礼の場で職員全員が唱和している。職員が全員で作成した6か条だからこそ，大津市社協の職員が大切にする役割をみんなで確認し合うことができるのである。

　大津市社協は，他の社協との交流や，異分野に学ぶことを通して，今後も住民

主体の地域福祉を担う専門職集団として，今の地域福祉施策の動向を注視し，提案される事業が住民にとって役に立つのかどうかを判断しつつ，独自の研修システムを常にバージョンアップし，個人・集団のモチベーションを上げる工夫を継続的に進める団体であり続けたい。

注
(1) 故・熊澤孝久氏の言葉である。享年82歳，大津市社協の名誉相談員。2014年4月に死亡。82歳まで現役の相談員。アルコール依存症，薬物依存症の当事者。滋賀県断酒同友会顧問，びわこダルク理事長を歴任。
(2) お茶を出すスタイルを確立したのは，故・熊澤孝久氏である。
(3) 京阪電車の石山寺駅から坂本駅までを走る石坂線。2008（平成20）年から2015（平成27）年までの7年間は1編成2車両が大津市社協のラッピング電車（京阪の社会貢献活動等）として，約半年間運行した。
(4) 大津市社協の職員6か条。市社協60周年に職員が全員で作成した。
　　1．住民よし，地域よし，社協よし，三方よしを大切に
　　2．目配り，気配り，心配りを大切に
　　3．スピード感を持って取り組みます
　　4．つながりを大切にします
　　5．笑顔で人と接します
　　6．頼りにされる存在を目指します

参考文献
糸賀一雄（1968）『福祉の思想』NHK ブックス。
大津市社会福祉協議会（2015）「大津市生活困窮者自立支援事業報告書」。
大津市社会福祉協議会（2016）「大津市生活困窮者自立支援事業報告書」。
熊やんプロジェクト（2013）『「聴く」が「効く」──熊澤孝久物語』いしづみ。
滋賀県社会福祉協議会・市町社協会長会（2012）「生活困窮者の支援に取り組んでいる滋賀の社会福祉協議会からの提案」。
全国社会福祉協議会（2015）『月刊福祉』8月号。
三塚武男（1992）『住民自治と地域福祉』法律文化社。

（山口浩次）

終　章	問われる「福祉」の存在意義と専門職教育
	――政策と現場をつなぐ大学の役割

1　なぜ，今，「福祉」の存在意義を問わねばならないのか？

(1) 大学における社会福祉教育のジレンマ

　現在，大学等において社会福祉教育に携わっている者は，誰しも様々なジレンマを感じているのではないだろうか。その一つは，人口減少・超高齢社会を迎えた日本社会において，社会福祉実践の必要性／重要性が増しているにもかかわらず，一方で社会福祉を学ぼうとする学生が減少し，さらに卒業後に社会福祉現場に従事する者が減っているという現象についてである。

　就職に関して言えば，むろん以前から福祉系学科を卒業しても福祉分野ではなく一般企業等に就職する学生はたくさん存在した。また，福祉社会の実現という大きな枠組みからは，社会福祉を学んだ学生が一般企業や地方自治体等で働くことにも大きな意味がある。しかし，昨今，福祉系学部や学科への入学希望者の減少や福祉現場における人材確保の難しさを聞くにつけ，日本社会においては，誰もが以前よりも「社会福祉」というものをより身近に感じるようになったはずなのに，それを学び，また仕事として選ぼうとする者が少ないのはなぜなのか，大学としてどのような役割を果たすべきなのか自問せざるを得ない。

　第2に，1987（昭和62）年に社会福祉士及び介護福祉士法が成立し，社会福祉士という国家資格が誕生したことに伴い，その国家試験受験資格取得のための指定科目が大学等のカリキュラムにそのまま反映されたことから来るジレンマである。序章でも指摘されているように社会福祉士及び介護福祉士法の成立背景には，高齢社会に向けた「マンパワー確保」という側面が強く，社会福祉実践の専門性については十分に議論されないままだった。これについては，2007（平成19）年に法改正があり，2009（平成21）年4月からの新しい養成カリキュラムでは，実習科目と演習科目の基準が新たに設けられたこと等により，資格付与型の教育か

ら専門職養成型の教育へと転換が図られたとされる(中谷 2011)。
　しかし、いずれにしても、各大学における社会福祉教育の独自性は継続しにくく、また学生も指定科目の単位取得に追われ、それ以外の選択科目を幅広く学んだり、学習の場を自ら組織化したりすることを避ける傾向が見られるようになった。
　さらにその傾向は加速しそうである。厚生労働省は、2018(平成30)年3月までに新たな社会福祉士養成見直しの方向性をまとめ、2018年度中にカリキュラム改正の詳細を固めるとした(第13回社会保障審議会福祉部会福祉人材確保専門委員会2018.2)。地域共生社会の実現を推進する実践力のある社会福祉士(ソーシャルワーク専門職)を養成するために、実習時間の大幅な増加を含む新カリキュラムが検討されている。このように現場で活躍できるソーシャルワーカーを輩出していく重要性と、社会福祉教育や研究における社会科学としての視点の弱まりへの危惧との間で、大学における福祉教育はどうあるべきか悩むところである。

(2) 現代社会における「社会福祉」のゆらぎ

　さて、大学等における社会福祉教育の問題とも連動することであるが、今日の日本社会の変化とそれに伴う社会福祉政策・制度の変化、そしてそれが実践に及ぼす影響という点からも、今、社会福祉の存在意義を問い直さざるを得ない状況が生まれている。ここでは、5つの側面から考えてみたい。

1) 社会構造との関連で社会福祉を問い直す必要性

　戦後から1970(昭和45)年頃まで、社会福祉の主たる問題は貧困問題であった。しかし1960年代の高度経済成長を経て1970年代になると貧富の差は縮まり、「一億総中流」という言葉に象徴されるように国民の大多数が自分は中流階級だと考える意識が広がった。また、経済成長による豊かさのイメージの広がりによって、貧困問題はなくなったかのような認識がなされるようになった。これにより、社会福祉が向き合う問題も、貧困問題から高齢者介護の問題へとシフトしていった。高齢者介護の問題は経済的状況に関わりなく発生するものでもあるため、その後、介護問題は貧困問題と切り離されて議論が進んでいった。その結果、社会福祉の問題を社会構造との関連で捉える視点が弱まったと指摘されている(岩崎 2017)。
　しかし、2000年代に入ると日本社会では格差が拡大し、新たな貧困問題が登場

してきた。たとえば2016年の子どもの貧困率は13.9％で，前回調査（2012年）より2.4ポイント低下したものの，7人に1人が貧困状態にある。またひとり親世帯の貧困率は5割を超えており，OECD加盟国の中では，最低水準のままである（厚生労働省 2017）。

こうした状況下において，改めて社会構造との関連で「社会福祉」を問い直す必要が生じている。

2）公的責任が限定化されていく中での社会福祉の位置づけ

政府は，近年，介護報酬の引き下げ（2015年）や生活保護基準額の引き下げ（2018年度より）に見られるように，社会保障や社会福祉関係予算の抑制を進めている。さらに，社会保障や社会福祉の社会的位置づけを変えてきていることに注目しなければならない。

従来，社会福祉や社会保障の分野では「自助・互助・公助」あるいは「自助・共助・公助」という枠組みを前提としていた。そこでは，社会保険は「公助の一形態」とされていた。しかし，2006（平成18）年に出された「今後の社会保障の在り方について」では，「共助」を「生活リスクを相互に分散する」という意味で用い，そのシステムとして社会保険を位置づけている（社会保障の在り方に関する懇談会 2006：5）。その後2009（平成21）年に出された「地域包括ケア研究会 報告書」では，「自助・互助・共助・公助」の4つの枠組みが提示された。そこでは，互助を「家族・親族等，地域の人々，友人たち等との間の助け合いにより行われるもの」とし，共助を「介護保険サービス」としている（地域包括ケア研究会 2009：7）。そして2013（平成25）年に発表された報告書では，少子高齢化や財政状況を考慮すれば，今後「共助」「公助」の拡充は難しく，「自助」「互助」の果たす役割が大きくなっていくとしている（地域包括ケア研究会 2013：5）。

格差が拡大・固定化しつつある日本社会において，このように公的責任を限定化しようとする動きをどう捉えるのか。改めて，社会福祉とは何かを問う必要があるのではないか。

3）「地域への過剰期待」と住民主体・ボランティアの意味

上記の流れを受けて，今，「地域」への過剰な期待がなされている。先に紹介した地域包括ケア研究会の2013年報告書では，「今後は『自助』『互助』の果たす役割が大きくなっていくことを意識して，それぞれの主体が取り組みを進めてい

くことが必要である」（地域包括ケア研究会 2013：5）としている。そして現在進められている「我が事・丸ごと」地域共生社会づくりでは，まさに地域住民が助け合い，主体的に地域づくりに参画することが強調されている。①制度・分野ごとの「縦割り」を超え，②「支え手」「受け手」という関係を超え，③住民や多様な主体が「我が事」として参画，④人と人，人と資源が「丸ごと」つながる，という理念自体は，社会福祉や地域福祉に関わるものが，かねてより主張してきたことであり，方向性として誰しも異論はないだろう。しかし，第1章で詳しく述べられていたように，地域コミュニティが衰退している現状や住民全体の高齢化，また格差の拡大などを考えると，一方で社会保障の整備や社会福祉専門職の拡充などの政府の方針が示されない限り，現実の問題解決につながるのか疑問も拭えない。

要は，住民主体の地域づくりやボランティア活動の意味をどのように捉え，どのようにそれを支援するのかが，今，社会福祉専門職に問われているのである。

もとより，社会福祉制度・サービスの多くは，少数のニーズにも気づき，共感の下で問題解決に向けて新たな活動や仕組みを生み出していった"ボランティア"と"当事者"とによって生み出されたものである。ボランティア活動は，「サービス提供型」と「アクション（運動）型」とに分けて説明されることもあるが，それらは切り離されて存在するものではなく，特に社会福祉分野においては，それらが一体的あるいはスパイラル状に展開されることに意味がある。地域住民の助け合いは極めて大切であるが，同時に必要に応じて新たな制度やサービス創出を求めていくソーシャルアクションを起こす主体であることの認識が重要となる。

改めて，社会福祉における住民主体の意味，ボランティア活動の本質，そしてNPOや社会的企業の意義について，議論をする必要があるだろう。

4）社会福祉実践とサービス業の整理

2000（平成12）年以降，社会福祉サービスは営利企業を含む多様な主体によって供給されるようになった。その結果，サービスの種類や量が増え，より多くの人が利用できる福祉サービスが増えたのは事実である。しかしそれは，提供されるサービスに対して受け手が対価（市場価格）を支払うという"サービス業"であるとすると，果たして社会福祉実践といえるのか，新たな議論が生じる。すな

わち，サービス業の場合，顧客満足を目指して質の高いサービスを提供しようとするが，顧客の満足を満たすことがイコール社会福祉実践の目的といえるのかということである。

　社会福祉実践，すなわちソーシャルワークの支援は，生活モデルに基づいて人と環境との交互作用の状況に関心をもち必要な介入を行うことにより，本人が抱える生活上の問題を解決しようとするものである。社会福祉実践が目指すものは，本人の生活そのものに対する満足である。したがって，本人や家族の希望をそのまま受け入れてサービスを提供するとは限らない。

　一方，サービス業における顧客満足は，本人や家族の目先の満足を追ってしまい，結果として生活の一部のニーズを満たすことで得られる限定的・短期的な満足にとどまる傾向がある。また，利用者主体と言いつつも，供給主体の事情（経営）という側面からサービス提供の有無が決められてしまうこともある。

　こうしたことに対して矛盾を感じつつ勤務しているソーシャルワーカー，あるいは介護専門職は多数いるはずだ。しかし一方で，接客業化した役割に疑問を抱かずに働いている人も多く，その両者が混在すること自体にストレスを感じている人も見られる。こうした中で，改めて「社会福祉実践」とは何か，その専門性とは何なのかを問い直し，発信していく必要に迫られている。

5）ソーシャルワークの専門性／専門職性の越境

　2017（平成29）年7月に開催された日本ソーシャルワーク学会第34回大会の大会テーマは，「専門性／専門職性の越境」であった[1]。地域包括ケアや地域共生社会づくりの推進が叫ばれる中，ますます相談や調整といった機能が重要になっているが，これはソーシャルワーカーのみが唯一有するというものではない。では，ソーシャルワーカー同様に調整機能などを担う他職種（保健師や訪問看護師，他資格をベースとしたケアマネジャー等）との連携において，ソーシャルワーカーは何を強みとするのか。さらに，当事者や地域住民によるソーシャルワーク機能を有する福祉実践も広がりを見せる中，専門職としてのソーシャルワーカーの本来機能（強み）とは何なのか。こうした問題意識を元にしたテーマ設定であった。

　加えて，これからますます需要が高まる成年後見制度を見ても，後見人の役割には財産管理と身上監護（生活支援）があり，弁護士や司法書士などの法律職も生活支援に関わるようになってきており，改めて社会福祉士の専門性とは何かが

問われるようになるだろう。

　元来，社会福祉は他の学問（社会学，経済学，経営学，法学，政治学，哲学，心理学，医学，保健学など）からもアプローチ可能な研究領域であり，その意味で学際的分野であるといえる。また，その実践も生活の全体を視野に入れた取り組みであるため，特定の専門分野のみを守備範囲とするわけではない。専門性／専門職性の「越境」時代におけるソーシャルワークの固有性や強みは何か，そして，それを発揮できるソーシャルワーカーを養成するにはどうすればよいのかを議論していかねばならない。

2　本書における13の問題提起

　こうした点を踏まえて，本書では13人の著者によって，様々な角度から「社会福祉」や「社会福祉実践」についての問いかけがなされた。

　序章では，日本における社会福祉教育の歴史を振り返り，今後ますます多様化・複雑化する福祉問題との関わりで今後の社会福祉教育の方向を示した。以下，本書は，「政策」「ソーシャルワーカー養成」「実践現場からの報告」の3部構成となっている

　第Ⅰ部は，「現代社会の諸相と社会福祉政策の行方」と題して，5本の論文を掲載した。第1章では，様々なデータを基に社会の構造変化を明らかにし，その現状と将来の問題に対処するために，現在，政府が進めようとしている「我が事・丸ごと」地域共生社会づくりについて，「上から地域での共助の仕組みをつくる」という危険性について言及している。

　第2章では，生活保護制度に焦点を当て，2005（平成17）年の自立支援プログラム導入，2013（平成25）年の生活保護法改正と生活困窮者自立支援法成立の経緯を振り返り，労働力ある生活困窮者の生活保護制度への包摂／排除という観点から「自立支援」施策を検討している。

　第3章では，介護保険制度と障害者福祉サービス制度統合の動きについて，統合の議論が始まった経緯やその内容，また2017（平成29）年に創設された「共生型サービス」について検討し，制度統合に向けた今後の動きや内包する問題について述べている。

終　章　問われる「福祉」の存在意義と専門職教育

　第4章では，"災害と社会福祉"について整理した上で，地域福祉という観点からの被災者支援について論じ，さらに原子力災害によって避難を余儀なくされた福島県双葉郡における「地域福祉（活動）計画」を検証し，災間期における地域福祉の課題について言及している。
　第5章では，「市民による社会貢献」の本来的価値を"制度への補完"ではなく"制度に対する先駆性"とし，その事業化としての社会的企業について論じている。多文化共生の社会的企業を事例に取り上げ，社会変革を目指す際の課題とその解決の方向について検討している。
　第Ⅱ部は「現代社会に求められるソーシャルワーカーの養成と支援」と題して，3本の論文を掲載した。
　第6章では，政府が進める"地域共生社会"について，その理念はソーシャルワークの実践理念の具体化であるとしつつも，社会保障体制の見直しや関連費用抑制の下に自己責任の強調などが懸念される状況下で，ソーシャルワーカーはどのような専門性を持つべきかについて，「多職種連携」に焦点を当てて検討している。
　第7章では，近年，利用者の地域での自立生活が強調される中で，生活型福祉施設を選ぶ（選ばざるを得ない）利用者はより多くの課題を抱えているとし，生活型施設の機能を整理した上で，施設ワーカーの専門性について論じ，日本におけるレジデンシャルワークの確立に言及している。
　第8章では，学生が国家資格を取得して社会福祉現場で働くことになっても，それは「マラソンランナーがマラソンと言う競技に参加するチケットを得ただけ」のようなものとし，自身の取り組みを基に，卒業後のソーシャルワーカーの教育における大学の役割について論じている。
　さらに，第Ⅲ部「社会福祉課題を越えるための取り組み──実践現場からの報告」では，4人のソーシャルワーカーが執筆している。いずれも龍谷大学の卒業生である。
　第9章では，地域包括支援センターにおけるソーシャルワーク実践の困難性について，実践，政策の変化，社会福祉士の専門性の揺らぎ，の3点から考察し，今後"立体的なソーシャルワーク実践"が必要とされることを述べている。
　第10章では，権利擁護支援が必要となる社会的背景に触れた上で，自身が勤務

する権利擁護センターにおける相談事業から見える権利擁護支援の課題を整理し，そこから地域において権利擁護システムの構築が必要であることと社会福祉士が関わる意義について検討している。

　第11章では，2つの相談事例（社会福祉実践）を基に，障害のある本人だけでなくその家族全員の自己実現を視野に入れること，また潜在的な「願い」や「力」を引き出す社会福祉専門職のあり方について論じ，相談者も専門職も互いにエンパワメントされていく社会福祉実践のあり方に言及している。

　第12章では，自身が勤務する社会福祉協議会（社協）の実践を基に，生活困窮者自立支援事業を行う際に，社協が有している地域コミュニティ，テーマ型NPO，企業，行政等とのネットワーク力が鍵となることを明らかにし，さらに利用者，地域，行政，社協の各々の立場から，社協が本事業に取り組む意義をまとめている。

3　政策と現場をつなぐ
　　　　　——龍谷大学の取り組み

（1）政策に対するクリティカル・シンキングの訓練

　いうまでもなく，ソーシャルワーカーは社会福祉制度や政策の動向と無関係にその実践を展開することはあり得ない。複数の章で触れられているが，ソーシャルワーカーはめまぐるしく変わる制度の変化に翻弄されたり，利用者のニーズと制度との狭間で苦しんだりする。また，大きな政策転換に際し，そのマイナス面も認識しつつもそれを推進する立場に置かれることもあり，大いなるジレンマと戦うことになる。

　こうした時に，社会福祉専門職として自らの立ち位置を確認しながら，利用者や住民の主体性を尊重する実践を完遂できるようなソーシャルワーカーはどのようにして生み出せるのか。大学における社会福祉教育及び社会福祉専門職養成はどうあるべきなのだろうか。

　改めて，社会福祉とは何だろうか。ここでは，日本学術会議の社会学委員会社会福祉分野の参照基準検討分科会がまとめた社会福祉学の定義を以下，紹介する。[2]

　「社会福祉学が対象とする『社会福祉』とは，人々が抱える様々な生活問

題の中で社会的支援が必要な問題を対象とし，その問題の解決に向けた社会資源の確保，具体的な改善計画や運営組織などの方策や，その意味づけを含んだ『社会福祉政策』(以下，政策)と，問題を抱えた個人や家族への個別具体的な働きかけや地域・社会への開発的働きかけを行う『社会福祉実践』(以下，実践)によって構成される総体である。この点をふまえ，社会福祉学は第一に，社会福祉の政策と実践の『現実(実体)』を対象とし，なぜそのような現実が存在するかを，その矛盾も含めて系統的に追究する学問であり，第二に，多様な個人の幸福(well-being)の追求を支える，誰にとっても生きやすい社会の幸福を追求するためのあり方を提起する学問である。」

さらに，分科会では，社会福祉学の学問としての固有性を，第1に「実体としての社会福祉を，政策と実践に分け，これらが相互に連関するシステムとして捉えること」，第2に「政策と実践の連関システムとしての社会福祉の実体を，これを貫く価値や規範とともに把握すること」と述べている(日本学術会議社会学委員会社会福祉と分野の参照基準検討分科会〔2015〕: 3-4)。こうした二段構えの複眼的視点に立つことこそ，社会福祉学の特徴であるとしている。

また，岩崎(2017)は，「過去からつながっている『いま』の社会福祉を批判的にとらえ(歴史を踏まえた現状分析)，そして『これから』どこへ向かうべきなのかを示すこと(社会構造分析を踏まえた規範理論)」ことがいつの時代でも社会福祉原論研究に求められる」と指摘している。

龍谷大学の社会福祉教育は，制度・政策研究を重視してきた歴史がある。社会福祉が，「"社会福祉政策"と"社会福祉実践"によって構成される総体」であるなら，その伝統を守っていくことが，今の時代にこそ求められているように思われる。学生時代に政策の背景や中身を学び，それに対する批判的検討を行う経験を積むことは，卒業後に社会福祉専門職として自らの立ち位置を確認しながらよりよい実践を展開していくことにつながるだろう。もちろん，批判のための批判であってはならない。問いをたて，問題を定義し，根拠を検討する，他の解釈を考慮する，といった「クリティカル・シンキング」の力を学生時代から付けることにより，逆に，実践から得た知見を政策にフィードバックする役割も果たしていけるのではないだろうか。

（2）優れた社会福祉実践に早くから触れる

　龍谷大学では，2つの福祉学科を再編し，2016（平成28）年度から現代福祉学科がスタートした。新学科では1年生の必修科目として新たに2つの科目を新設した。その一つが「社会福祉実践論」である。

　概して福祉職に対するイメージが貧困である学生が多いことから，より早い段階で実際の社会福祉実践の具体的な取り組みに触れる機会を作ろうと意図したものである。

　幸い，龍谷大学の社会福祉教育は，50年の歴史を持ち，卒業生が様々な福祉現場で活躍している。そこで，そうした卒業生を大学に招き，社会福祉の仕事とは何か，ソーシャルワークの実際はどうか，専門職としての役割や働きがいなどの「生の声」を聞くことで，社会福祉の仕事を理解し，社会福祉学を学ぶ動機づけをはかりたいと考えた。また，学生にとってのキャリアモデルとなるように，なるべく卒業後2～5年目の人，かつ，所属分野や組織も様々な人を複数（5～6名）選んで授業に参加してもらっている。

　この取り組みは，在学生にとっての意味の大きさはもちろんであるが，卒業生自身にとっても卒業後数年経った時点で自らの社会福祉実践を後輩の前で話すことにより，自らの実践を振り返り，改めて専門職としての自負を確認する機会にもなっている。

　第8章でもその必要性が論じられていたが，今後大学として，社会福祉現場で働く卒業生とのネットワークづくりへと発展させていくことを考えていきたい。

（3）社会変革機能を発揮するための基盤づくり

　1年生の必修科目として新設したもう一つの科目が「社会イノベーション実践論」である。社会イノベーションとは，社会的ニーズや課題への新規の解決策を創造することで新たな価値を生み出し社会的に変化を起こすことである。現代社会が直面する少子高齢化とそれに伴う人口減少，コミュニティの維持・再構築，子育てや介護問題，自然災害等の社会問題を解決するためには，既存の制度の枠組みや常識を超えたアイディアや実践が必要とされているからである。

　そこで，本科目では，先駆的な実践を行っている人を複数（5～6人）招き，各々が取り組んでいる社会問題の現状や背景，どのような視点で活動（事業）を

終　章　問われる「福祉」の存在意義と専門職教育

起こしたのか，活動（事業）の内容とその思いなどを語ってもらい，その生き生きとした発想や具体的な事業の展開方法を学ぶことで，受講者の福祉課題への主体的アプローチの姿勢や社会貢献意識を高めることを意図している。

　先に紹介した日本ソーシャルワーク学会のシンポジウムでは，「専門性／専門職性の越境――"社会的なるもの"の復権」と題して，ソーシャルワークの本来機能は「開発的実践（社会変革機能）」といえるのではないかという問いを投げかけていた。しかし同時に，開発的実践（社会変革機能）に関する方法論的な理論基盤は発展途上であり，ソーシャルワーカー間でも明確に共有されていないのではないかということも指摘されている。

　社会変革には様々なアプローチがあるが，その一つとして，「ソーシャルアクション」（社会的に弱い立場にある当事者や協力者が目標達成のために権力者に働きかける実践）がソーシャルワークの専門性の要件として位置づけられていた。しかし，室田（2017）は，「結論から言えば，現在の日本のソーシャルワークの中にソーシャルアクションの存在を確認することはできない。ソーシャルアクションという言葉は存在するが，本来の意味内容からは異質なものとなっている」と述べている。かつてコミュニティオーガニゼーション研究の中で，ロスマンは「社会計画」「小地域開発」「ソーシャルアクション」という3つの実践モデルを提示していたが，最近の日本の社会福祉学では，「小地域開発」として整理されて来た実践を「ソーシャルアクション」と位置づけているというのである（Rothman 1995）。たしかに，生活困窮者自立支援法の施行で，その中における地域資源開発などの実践をソーシャルアクションとして位置づける傾向が見られる。改めて，「社会変革機能」や「ソーシャルアクション」「アドボカシー」等について，言葉の概念を理解するだけでなく，それを実践していけるソーシャルワーカー養成のあり方を模索していく必要があるだろう。

　龍谷大学においては，1年次の「社会イノベーション実践論」によって，学生が感覚的であれ「社会変革機能」の重要性を実感してもらうところからスタートした。さらに，今後，ソーシャルワーク演習（社会福祉援助技術演習）などで，どのように実践力をつけていくのか検討していきたい。

　今後導入が予定されている新養成カリキュラムの動向も見据えつつ，これからも，社会福祉研究や社会福祉専門職養成のあり方を真摯に探っていきたい。

注
(1) 日本ソーシャルワーク学会HP（http://www.jsssw.org/annual-meeting/post-286. html，2017年2月20日アクセス）。
(2) 日本学術会議社会学委員会社会福祉分野の参照基準検討分科会（2015）「報告　大学教育の分野別質保証のための教育課程編成上の参照基準　社会福祉学分野」，要旨ⅱ。

参考文献

岩崎晋也（2017）「学問としての社会福祉の展開と課題」『社会福祉研究』130，29-35頁。
厚生労働省（2017）「平成28年国民生活基礎調査結果」。
社会保障の在り方に関する懇談会（2006）「今後の社会保障の在り方について」。
第13回社会保障審議会福祉部会福祉人材確保専門委員会（2018）「資料1　ソーシャルワーク専門職である社会福祉士に求められる役割等について」。
地域包括ケア研究会（2009）「地域包括ケア研究会報告書――今後の検討のための論点整理」。
地域包括ケア研究会（2013）「〈地域包括ケア研究会〉地域包括ケアシステム構築における今後の検討のための論点」。
中谷陽明（2011）「社会福祉士養成教育の現状と今後の展望――ライセンス付与型教育からプロフェッション養成型教育へ」三原博光編著『日本の社会福祉の現状と展望』岩崎学術出版社，152-167頁。
室田信一（2017）「社会福祉におけるソーシャルアクションの位置づけ」『社会福祉研究』129，23-32頁。
Rothman, J. (1995) "Approaches to Community Intervention", Rothman, J., J. L. Erlich & J. E. Tropman (eds.) *Strategies of Community Intervention* (5th Ed.), Peacock.

（筒井のり子）

あとがき

　龍谷大学（以下，本学）が社会福祉教育に本格的に着手するのは1968（昭和43）年のことである。翌1969年に文学部社会学科社会福祉学専攻の第1期卒業生を送り出してから，ちょうど50年目の節目を迎えようとしている今，本学で社会福祉研究・教育に携わるものが卒業生の協力も得て，社会福祉の存在意義を改めて世に問う本書を刊行できたことは本当に感慨深い。

　この50年間，社会福祉は激動の中にあった。次々と政策が打ち出され，制度・施策の新設や変更が途切れることなく続いている。裏を返せば，それだけ解決を迫られる社会福祉課題が顕在化しているということであり，国民の生活問題が深刻化するとともに拡大し続けている現実の中に私たちが存在しているということに他ならない。ともすれば，政策の変遷にばかり目を奪われたり，表面的で現象的な面ばかりに注目しがちであるが，社会福祉の対象が生活問題である以上，社会構造や社会のしくみとの関連で実態を分析するとともに，社会福祉政策の本質的理解がこれまで以上に重要となってきている。それと不可分な関係で各分野や領域における課題や展望を切り開くことが求められているのである。

　本書では，とりわけ今日において問題がより深刻であるとか，社会福祉実践の新しい形が求められている分野をできるだけ取り上げるようにした。ぜひ，関心のあるところから，読んでいただきたい。社会福祉現場は，国の政策・制度と国民の生活問題がぶつかりあう，まさにそのせめぎ合いの場である。それは，言葉を換えれば，国民のいのちを守るかどうか，輝かすことができるかどうか，それがかかっている現場と言えよう。まさに，その意味で社会福祉実践の真価が問われているのである。国の政策に対する理解，各分野の最先端の課題，地道に蓄積されている社会福祉実践，それらを丸ごと1冊の本の中に収めたのが本書である。いろいろな角度からの刺激的なご批判をいただけることを楽しみにしている。

　いま，日本における社会福祉現場は大きな危機を迎えている。人々の生活問題解決に向けて優れた社会福祉実践を展開している社会福祉専門職は，各地に無数

に存在している。しかし，それが社会的評価を受け，全国に波及しているかといえば，必ずしもそうではない。未だに「きつい，きたない，給料が低い」といういわゆる3K職場というイメージは広く国民の間に浸透しているのである。その結果，必要性の拡大に比して，担い手の不足が著しいのがこの分野である。それは，総じて大学の社会福祉教育への関心の薄れとして表れているともいえる。

　いま，求められていることは，社会福祉への負のイメージを払拭し，現代社会において人間らしく生きるために不可欠な存在としての社会福祉専門職の役割と実践価値を世に示すことである。それこそが現場の危機を乗り越える大きな力となるであろう。社会福祉専門職には，想像力（相手の暮らしを想像する力）と創造力（新たに必要な仕組みや制度を創り出す力）が不可欠である。本書を通じて，社会福祉の存在意義を確認していただくとともに，それを実践的に担っている専門職にも大いに関心をもっていただくならば幸甚である。

　最後に，本書の出版に協力していただいた多くの方々に心より感謝するとともに，出版に際して多大な援助をしていただいた本学社会学部学会，さらには本学社会学部教務課の野澤信孝氏，ミネルヴァ書房の音田潔氏に深く御礼申し上げる次第である。

2018年3月

長上深雪

索　引

あ行

アウトリーチ型（相談活動）　90
アクティブシニア　110
アセスメント　137
アドボカシー　113
アドミッションケア　162
アドミニストレーション　160
アフターケア　162
意思決定支援　211
一般扶助主義　39
異文化理解　117
医療型障害児入所施設　151
医療通訳システム　117
インクルーシブな避難所　101
インケア　162
インフォーマルサービス　140
エンパワメント　162
オン・ザ・ジョブ・トレーニング　171

か行

介護支援専門員　65
介護支援専門員　133, 209
　　主任──　195
介護保険事業計画　94
介護予防・日常生活支援総合事業　71
介護予防給付　68
介護予防ケアマネジメント　195
家計相談支援　247
仮設住宅　89
　　地域型──　89
家族依存　228
感情労働　160
虐待　1
救護法　38
共生型サービス　24, 62
協働　177
協同組合　112

居住系サービス　60
居住支援ソーシャルワーク　155
居宅サービス　60
禁治産・準禁治産制度　211
クリティカル・シンキング　270
グループスーパービジョン　174
グループホーム　62
グループワーク　192
ケアの関係性　155
ケアの非対称性　158
ケアの本質　156
ケアプラン　133
ケアホーム　62
ケアマネジメント　133
ケアマネジャー　→介護支援専門員
ケアリング　157
ケアワーク　160
継続教育　179
欠格条項　39
限界集落　1
減災　75
原子力災害　81
　　──対策特別措置法　82
権利擁護　141
権利擁護支援　209
　　──ニーズ　214
高額介護サービス費　69
恒久住宅　91
合計特殊出生率　13
公私分離の原則　3
幸福追求権　225
高齢者虐待防止法　176
国際障害者年　152
子育て支援　12
コーディネーション　136
子どもの学習支援　247
子どもの貧困率　14
個別支援　98

277

ゴミ屋敷問題　1
コミュニケーション　137
コミュニティソーシャルワーカー　100
コミュニティの再構築　91
孤立　18
　――死　1
コンサルテーション　225
コンピテンス　133
コンフリクト・マネジメント　140

さ行

災害救助法　78
災害ソーシャルワーク　79
災害対策基本法　78
災害派遣福祉チーム　80
災害福祉　79
災間　75
最低生活保障　38
里親　151
参加型民主主義　120
支援困難ケース　214
ジェネラリスト・ソーシャルワーク　143
支援費制度　58
資源開発機能　193
自己決定の原理　174
自己決定の尊重　177
自助　23
市場セクター　113
施設サービス　60
施設ワーカーの専門性　155
自治会　245
質的データ分析法　200
児童委員　21
児童館　97
児童自立支援計画　160
児童の権利に関する条約　151
自発的社会福祉　106
市民後見人　21
市民参加　116
市民社会　120
市民セクター　113
市民による社会貢献　107
社会イノベーション　272

社会貢献志向企業モデル　113
社会構造の変化　12
社会資源開発　136
社会的インパクト評価　117
社会的企業　106
　アメリカ型――　112
　EU型――　112
社会的排除　106
社会的包摂　107
社会福祉援助技術　8
社会福祉基礎構造改革　23
社会福祉協議会　22
　学区　245
社会福祉士　7
　――及び介護福祉士法　6
　――会　210
　――養成カリキュラム　161
社会福祉実践　227
社会福祉主事制度　3
社会福祉政策　12
社会福祉法　26
社会福祉法人　21
社会変革機能　272
社会保障制度審議会　3
社会連帯経済モデル　113
「就業構造基本調査」　13
集団援助技術　192
集団処遇　160
住民懇談会　98
住民参加　98
住民自治　261
住民主体の原則　22
住民の参加と自治　21
就労準備支援事業　251
恤救規則　38
障害支援区分　62
障害者支援施設　149
障害者自立支援法　59
障害者総合支援法　65
障害者の権利に関する条約　242
障害相談支援員　65
障害程度区分　60
障害福祉サービス　58

少子化対策　12
ショック・ドクトリン　76
ショートステイ　61
初任者研修　171
自立支援プログラム　38
自立助長　39
自立相談支援事業　245
シングルマザー　43
人口構造の変化　12
身上監護　210
心配ごと相談事業　256
スーパービジョン　100
　　グループ——　174
　　ピア・——　142
ステークホルダー　121
ストレングス・パースペクティブ　143
生活型施設　149
生活困窮者支援　245
生活困窮者自立支援制度　24
生活困窮者自立支援法　45
生活困窮者自立支援モデル事業　247
生活支援コーディネーター　193
生活支援戦略　246
生活支援相談員　88
生活相談員　209
生活の質（QOL）　157
生活福祉資金貸付事業　256
生活保護　38
生活保護「適正化」政策　41
生活保護基準　15
生活保護制度　18
生活保護法　38
生活保障　32
生活モデル　267
政策形成機能　193
精神保健福祉士法　7
生存権保障　32, 242
成年後見・権利擁護支援システム　209
成年後見制度　8
　　——利用促進法　211
政府セクター　113
政府の失敗　108
セーフティネット　44

専業主婦モデル　110
全世代・全対象型地域包括支援　31
専門職間連携　132
専門職後見人　210
専門職連携　132
総合相談支援機能　189
相互扶助　23
相対的貧困率　14
ソーシャル・アクション　136
ソーシャル・イノベーション　123
ソーシャル・インクルージョン　46
ソーシャル・キャピタル　112
ソーシャルサポート・ネットワーク　140
ソーシャルワーカー　6
　　コミュニティ——　100
措置制度　30

た　行

多職種連携　132
　　——教育　138
脱施設化　149
縦割り福祉　24
多文化共生　107
地域ケア会議　94
地域コミュニティ　20
地域支援　98
　　——組織　203
地域住民　26
地域障害者自立支援協議会　241
地域生活支援　90
地域型仮設住宅　89
地域福祉　23, 77
地域福祉活動　22
　　——計画　92
地域福祉計画　80
地域福祉権利擁護事業　256
地域福祉政策　260
地域福祉の固有性　81
地域福祉ビジョン　92
地域への過剰期待　265
地域包括ケア強化法　25
地域包括ケアシステム　24, 132
地域包括支援センター　94

地域防災計画　78
地域を基盤とするソーシャルワーク　91
地方創生交付金　32
地方分権化　8
チームアプローチ　196
中3学習会　252
中央社会福祉審議会　4
デイサービス　63
寺子屋プロジェクト　252
当事者主権　157
特定入所者介護サービス費　70
年越し派遣村　43
トワイライトステイ事業　252

　　　　　　　な　行

21世紀福祉ビジョン　30
二重の住民登録　99
日常生活自立支援事業　256
日中活動系サービス　60
ニッポン一億総活躍プラン　19
ニート　1
日本学術会議　8
日本型雇用慣行　43
日本型福祉社会　23
認定NPO法人　248
ネオリベラリズム　111
ノーマライゼーション　152

　　　　　　　は　行

パターナリズム　156
発達相談員　236
パートナーシップ　119
阪神・淡路大震災　78
伴走型支援　46
非営利組織　111
東日本大震災　75
ひきこもり　1
被災者　82
非正規雇用労働者　14
避難者　82
ファシリテーション　136
ファミリーサポートセンター　97
フィランソロピー　117

福祉型障害児入所施設　151
福祉協力員　98
福祉国家　108
福祉事務所　25
福祉避難所　101
福祉見直し論　5
複線型復興　98
双葉8町民住民実態調査　86
復興公営住宅　91
プランニング　137
包括的支援体制　24, 132
防災　75
報酬水準　61
法人後見　213
法律に基づく福祉　108
保護率　42
ポスト工業化　106
ホームヘルプサービス　58
ホームレス　1
ボランティア　79
　──元年　79
　──センター　96

　　　　　　　ま　行

マルチステークホルダーエンゲージメント　122
みなし仮設　89
民間借上げ住宅　89
民生委員　3, 21
無差別平等原理　38

　　　　　や・ら・わ行

役割葛藤　174
ユニットケア　153
養育のパーマネンシー　151
要介護認定　64
リカレント教育　179
リスクマネジメント　161
リーダーシップ　137
リービングケア　162
リフレクション　137
リーマンショック　43
利用契約制度　30
利用者本位　132

倫理的ジレンマ　174
劣等処遇　239
老障介護　233
労働契約法　14
ロビーイング　118
「我が事・丸ごと」地域共生社会　12
ワーキングプア　1
ワークテスト　50

ワークフェア　45

欧　文

DWAT　→災害派遣福祉チーム
IPE　→多職種連携教育
NPO　32
OECD　107
OJT　→オン・ザ・ジョブ・トレーニング

執筆者紹介（所属，執筆分担，執筆順，＊は編者）

＊村井 龍治（むらい りゅうじ）（編著者紹介参照：序章）
＊長上 深雪（おさかみ みゆき）（編著者紹介参照：第1章）
砂脇 恵（すなわき めぐみ）（龍谷大学社会学部准教授：第2章）
髙松 智画（たかまつ ともえ）（龍谷大学社会学部准教授：第3章）
＊筒井 のり子（つつい のりこ）（編著者紹介参照：第4章・終章）
川中 大輔（かわなか だいすけ）（龍谷大学社会学部講師：第5章）
山田 容（やまだ よう）（龍谷大学社会学部准教授：第6章）
土田 美世子（つちだ みよこ）（龍谷大学社会学部教授：第7章）
荒田 寛（あらた ひろし）（龍谷大学社会学部教授：第8章）
吉岡 祐紀（よしおか ゆうき）（勧修福祉会ケアマネジャー：第9章）
桐高 とよみ（きりたか とよみ）（甲賀・湖南成年後見センターぱんじー所長：第10章）
坂本 彩（さかもと あや）（彩社会福祉士事務所代表：第11章）
山口 浩次（やまぐち こうじ）（大津市社会福祉協議会事務局次長：第12章）

編著者紹介

村井龍治（むらい・りゅうじ）
1952年生。
1981年　龍谷大学大学院文学研究科修士課程修了。
現　在　龍谷大学社会学部教授。
主　著　『障害者福祉論――障害者自立支援の制度と方法 改訂版』（編著）ミネルヴァ書房，2013年。

長上深雪（おさかみ・みゆき）
1956年生。
1987年　龍谷大学大学院文学研究科博士後期課程単位取得。
現　在　龍谷大学社会学部教授。
主　著　『現代に生きる仏教社会福祉』（編著）法藏館，2008年。
　　　　『仏教社会福祉の可能性』（編著）法藏館，2012年。

筒井のり子（つつい・のりこ）
1958年生。
1983年　関西学院大学大学院社会学研究科博士課程前期課程修了。
現　在　龍谷大学社会学部教授。
主　著　『コミュニティソーシャルワーク』ミネルヴァ書房，2004年。
　　　　『ボランティアコーディネーション力――市民の社会参加を支えるチカラ 第2版』（共著）中央法規出版，2017年。

MINERVA社会福祉叢書�59	
現代社会における「福祉」の存在意義を問う	
――政策と現場をつなぐ取り組み――	

2018年11月30日　初版第1刷発行　　〈検印省略〉

定価はカバーに表示しています

編著者	村　井　龍　治
	長　上　深　雪
	筒　井　のり子
発行者	杉　田　啓　三
印刷者	江　戸　孝　典

発行所　株式会社　ミネルヴァ書房
607-8494 京都市山科区日ノ岡堤谷町1
電話代表 075-581-5191
振替口座 01020-0-8076

© 村井龍治ほか，2018　　共同印刷工業・新生製本

ISBN978-4-623-08375-6
Printed in Japan

福祉の哲学とは何か
広井良典編著
四六判／332頁／本体3000円

福祉は「性」とどう向き合うか
結城康博・米村美奈ほか著
四六判／244頁／本体2200円

「参加の力」が創る共生社会
早瀬 昇著
A5判／256頁／本体2000円

子どものニーズをみつめる児童養護施設のあゆみ
大江ひろみ・山辺朗子・石塚かおる編著
A5判／304頁／本体3000円

福祉職員研修ハンドブック
津田耕一著
A5判／198頁／本体2000円

ジェネラリスト・ソーシャルワーク
L.C.ジョンソン・S.J.ヤンカ著／山辺朗子・岩間伸之訳
A5判／632頁／本体12000円

――― ミネルヴァ書房 ―――
http://www.minervashobo.co.jp/